Dr. John Coleman

DIPLOMATIE DOOR
LEUGENS

EEN VERSLAG VAN HET VERRAAD VAN DE
REGERINGEN VAN ENGELAND
EN DE VERENIGDE STATEN

ΘMNIA VERITAS.

John Coleman

John Coleman is een Britse auteur en voormalig lid van de geheime inlichtingendienst. Coleman heeft verschillende analyses gemaakt van de Club van Rome, de Giorgio Cini Stichting, Forbes Global 2000, het Interreligieus Vredescolloquium, het Tavistock Instituut, de Zwarte Adel en andere organisaties met thema's uit de Nieuwe Wereldorde.

DIPLOMATIE DOOR LEUGENS

EEN VERSLAG VAN HET VERRAAD VAN DE REGERINGEN VAN ENGELAND EN DE VERENIGDE STATEN

DIPLOMACY BY DECEPTION
An account of the treasonous conduct by the governments of Britain and the United States

Vertaald uit het Engels en uitgegeven door Omnia Veritas Limited

© Omnia Veritas Ltd - 2023

OMNIA VERITAS®

www.omnia-veritas.com

VOORWOORD

Ik besloot dit boek te schrijven omdat veel mensen die *De hiërarchie van de samenzweerders - Geschiedenis van het comité van 300*[1] gelezen, mij vroegen om specifieke voorbeelden en concrete gevallen te geven van hoe het Comité op zo'n grote schaal controle uitoefent. Dit boek is een manier om aan die verzoeken te voldoen.

Na lezing van *Diplomatie door liegen bestaat er* weinig twijfel over dat de Britse en Amerikaanse regeringen de meest corrupte ter wereld zijn en dat dit supranationale orgaan zonder hun volledige medewerking bij de uitvoering van de plannen van het Comité van 300 niet in staat zou zijn zijn plannen voor de oprichting van een één-wereldregering, die voormalig president Bush, een van zijn meest bekwame dienaren, "de Nieuwe Wereldorde" heeft genoemd, door te zetten.

Ik hoop van harte dat dit boek een beter inzicht zal geven in hoe geheime genootschappen werken en hoe hun opdrachten worden uitgevoerd door precies die mensen die geacht worden de nationale belangen te dienen en de nationale veiligheid van hun respectieve landen en bevolkingen te bewaken.

Dr. John Coleman

---

[1] Zie *De hiërarchie van de samenzweerders - Geschiedenis van het comité van 300*, Omnia Veritas Limited, www.omnia-veritas.com.

I. De dreiging van de Verenigde Naties

Het verhaal van de oprichting van de Verenigde Naties is een klassiek geval van diplomatie door leugens. De Verenigde Naties volgden de ter ziele gegane Volkenbond op, de eerste poging om één wereldregering op te richten in de nasleep van de Vredesconferentie van Parijs die aanleiding gaf tot het Verdrag van Versailles.

De vredesconferentie werd geopend in Versailles, Frankrijk, op 18 januari 1919, met 70 afgevaardigden die de internationale bankiers van de 27 "zegevierende" geallieerde mogendheden vertegenwoordigden. Het is een feit dat de afgevaardigden onder leiding stonden van de internationale bankiers vanaf het moment dat zij werden geselecteerd tot aan hun terugkeer naar hun land, en zelfs nog lang daarna.

Laten we duidelijk zijn, de vredesconferentie ging over het leegbloeden van Duitsland; het ging over het binnenhalen van enorme sommen geld voor de internationale roofbankiers die al obscene winsten hadden gemaakt bovenop de verschrikkelijke verliezen van de vijfjarige oorlog (1914-1919). Groot-Brittannië alleen al leed 1.000.000 doden en meer dan 2.000.000 gewonden. Oorlogshistoricus Alan Brugar schat dat internationale bankiers 10.000 dollar winst maakten op elke gesneuvelde soldaat. Het leven is goedkoop als het gaat om het Comité van 300 Iluminati-Rothschild-Warburg bankiers, de meesters van de Federal Reserve, die beide kanten van de oorlog financierden.

Het is ook goed te bedenken dat H. G. Wells en Lord Bertrand Russell deze verschrikkelijke oorlog voorzagen, waarin miljoenen mensen - de bloemen van overwegend christelijke naties - onnodig stierven. De leden van het Comité van 300 planden de oorlog zodanig dat de internationale bankiers er flink van zouden profiteren. H.G. Wells stond bekend als de "profeet" van het Comité van 300. Het is waar dat Wells slechts de ideeën van de British East India Company (BEIC) actualiseerde, die werden uitgevoerd door Jeremy Bentham en Adam Smith, om slechts twee van de slopers te noemen die door koning George III werden gebruikt om de economische toekomst van de Noord-Amerikaanse kolonisten te ondermijnen en teniet te doen, die probeerden te ontsnappen aan de economische ontberingen die het gevolg waren van de overname van hun land door de Venetiaanse bankierskaste aan het eind van de jaren 1700.

In een artikel van Wells, gepubliceerd in de *Banker* (waarvan ik een exemplaar vond in het British Museum in Londen), beschrijft Wells de toekomstige rol van het Internationaal Monetair Fonds (IMF) en de bank der banken, de Bank voor Internationale Betalingen (BIS). Wanneer wij, de soevereine volkeren, de rol van internationale banken bij het ontketenen van oorlogen begrijpen, en vervolgens bij het financieren van beide partijen, zullen oorlogen wellicht tot het verleden behoren. Tot dan blijven oorlogen het favoriete instrument van de internationale banken om hun inkomsten te verhogen en zich te ontdoen van ongewenste bevolkingsgroepen, zoals Bertrand Russell het zo treffend uitdrukte.

In zijn boek *After Democracy* betoogt Wells dat zodra de economische orde (sociale energie) van een enkele, dictatoriale wereldregering is gevestigd, een politieke en sociale orde zal worden opgelegd. Dit is precies wat de vredesbesprekingen van Parijs, die in 1919 begonnen, beoogden, grotendeels gebaseerd op een memorandum opgesteld door het Koninklijk Instituut voor Internationale Zaken (RIIA).

De RIIA stelde een voorstel van 23 punten op dat zij naar Woodrow Wilson stuurde, die het aan Mandel Huis, (alias Kolonel House) gaf, Wilsons controleur van Nederlands-Joodse afkomst. Kolonel Huis vertrok onmiddellijk naar Magnolia, zijn privé-woning in Massachusetts, waar hij het aantal voorstellen terugbracht tot 14, en zo de basis legde voor de "14 punten" die president Wilson in december 1918 aan de Vredesconferentie van Parijs voorlegde.

Wilsons aankomst in Parijs werd met ongebreideld enthousiasme begroet door de arme en misleide bevolking die de oorlog beu was en in Wilson de voorbode van de eeuwige vrede zag. Wilson hulde zijn toespraken in waarheidsgetrouwe taal en een nieuwe geest van idealisme, terwijl hij van plan was de controle over de wereld door de internationale bankiers te verzekeren via de Volkenbond.

De lezer mag de gelijkenis niet uit het oog verliezen tussen de wijze waarop het verdrag van de Volkenbond en zijn opvolger, de Verenigde Naties, werden gepresenteerd. De Duitse afgevaardigden werden buiten de debatten gehouden totdat de voorwaarden klaar waren om aan de conferentie te worden voorgelegd. Rusland was niet vertegenwoordigd, omdat de publieke opinie fel gekant was tegen het bolsjewisme. De Britse premier Lloyd George en president Wilson wisten heel goed dat de bolsjewistische revolutie op het punt stond te slagen, met vreselijke gevolgen voor het Russische volk.

Vanaf het begin had de Hoge Raad van de Grote Tien (voorlopers van de VN-Veiligheidsraad) de overhand. De raad bestond uit Wilson, Lansing, Lloyd George, Balfour, Pichon, Orlando, Sonnino (beiden vertegenwoordigden de bankiers van de zwarte adel van Venetië), Clemenceau, Saionji en Makino.

Op 25 januari 1919 kreeg de agenda van de RIIA de overhand en namen de afgevaardigden van de conferentie unaniem een resolutie aan voor de oprichting van een Volkenbond. Er werd een comité gekozen (waarvan de leden in feite door de RIIA waren benoemd) om de herstelbetalingen van Duitsland te behandelen. Op 15 februari 1919 keerde Wilson terug naar de Verenigde Staten en Lloyd George naar Londen. In maart waren beide heren echter terug in Parijs om te werken aan de beste manier om Duitsland financieel te laten bloeden, en de Raad van Tien, die te groot bleek, werd teruggebracht tot de Raad van Vier.

De Britten nodigden generaal Jan Christian Smuts, een veteraan uit de Boerenoorlog, uit om deel te nemen aan de besprekingen, om een aura van goede trouw toe te voegen aan dit betreurenswaardige complot. Smuts was een verrader van zijn eigen volk. Als premier had hij Zuid-Afrika bij de Eerste Wereldoorlog betrokken, tegen de wil van 78% van zijn volk, dat meende geen ruzie met Duitsland te hebben. [2]Smuts was lid van het comité dat bestond uit Wilson, House, Lord Cecil controleur van het Britse koninklijk huis (zie mijn monografie *King Makers/King Breakers*), Bourgeois en Venizelos.

De Volkenbond werd opgericht in januari 1920. Deze bestond uit een secretaris-generaal, een raad (gekozen uit de vijf grootmachten) en een algemene vergadering. De Duitse natie werd verraden, de vredesvoorwaarden gingen veel verder dan wat was overeengekomen toen Duitsland werd overgehaald de wapens neer te leggen. Het Duitse leger werd niet verslagen op het slagveld. Het werd verslagen door bedrieglijke diplomatie.

De internationale bankiers werden de grote winnaars, waarbij Duitsland uiteindelijk van al zijn belangrijke activa werd ontdaan en enorme "herstelbetalingen" ontving. De RIIA dacht nu "alles in kannen en kruiken" te hebben, om Wilson te citeren. Maar de RIIA had geen rekening gehouden met het grote aantal Amerikaanse senatoren die de Amerikaanse grondwet kenden. Daarentegen is het aantal senatoren en congresleden dat de Amerikaanse grondwet echt kent tegenwoordig slechts een twintigtal.

Zo heeft senator Robert Byrd, een uitgesproken protégé van Rockefeller, onlangs verklaard dat een verdrag de hoogste wet van het land is. Blijkbaar weet senator Byrd niet dat een verdrag alleen geldig is als het wordt gesloten met een soeverein land, en de Verenigde Naties hebben, zoals we zullen zien, geen soevereiniteit. Hoe dan ook, een verdrag is slechts een wet en kan geen voorrang hebben op de Amerikaanse grondwet, noch kan het worden gehandhaafd wanneer het de soevereiniteit en veiligheid van de Verenigde Staten bedreigt.

Als senator Byrd er zo over denkt, waarom stemde hij dan voor

---

[2] *Koningmakers en koningbrekers.*

het weggeven van het Panamakanaal? Toen de VS het land van Colombia verwierven voor het Panamakanaal, werd dat land soeverein Amerikaans grondgebied. Daarom was de overdracht van het Panamakanaal ongrondwettelijk en illegaal, zoals we zullen zien in het hoofdstuk over het Carter-Torrijos Panamakanaalverdrag.

Toen het verdrag van de Volkenbond in maart 1920 aan de Amerikaanse Senaat werd voorgelegd, begrepen 49 senatoren de immense implicaties ervan en weigerden het te ratificeren. Er was veel discussie, vergeleken met wat doorging voor debat toen het Handvest van de Verenigde Naties in 1945 aan de Senaat werd voorgelegd. Verschillende amendementen op het verdrag van de Society werden ingediend door de RIIA. Ze waren aanvaardbaar voor president Wilson, maar werden verworpen door de Senaat. Op 19 november 1920 verwierp de Senaat het verdrag met en zonder voorbehoud met een stemming van 49-35.

De internationale bankiers vroegen Wilson vervolgens een veto uit te spreken over een gezamenlijke resolutie van het Congres waarin het einde van de oorlog met Duitsland werd afgekondigd, zodat zij nog een jaar lang konden doorgaan met het afslachten van het Duitse volk. Pas op 18 april 1945 werd de Volkenbond ontbonden, waarbij al zijn bezittingen (voornamelijk het geld dat na de Eerste Wereldoorlog van het Duitse volk was afgepakt en de nog uitstaande oorlogsleningen van de geallieerden aan de Verenigde Staten) werden overgedragen aan de Verenigde Naties. Met andere woorden, het Comité van 300 heeft zijn plan voor één enkele wereldregering nooit opgegeven en heeft gewacht tot de Verenigde Naties bestonden om de in diskrediet geraakte Volkenbond te ontbinden.

Het geld dat de Volkenbond heeft overgedragen aan de Verenigde Naties behoort rechtmatig toe aan het soevereine volk van de Verenigde Staten. De Verenigde Staten hadden miljarden dollars voorgeschoten aan zogenaamde bondgenoten om de buit binnen te halen nadat ze ruzie hadden gemaakt met Duitsland in 1914 en het risico liepen de strijd te verliezen...

In 1923 werd een Amerikaanse waarnemer naar de conferentie

van de geallieerde mogendheden in Lausanne gestuurd voor besprekingen over de terugbetaling van de 10,4 miljard dollar die de Verenigde Staten verschuldigd waren en de onderlinge verdeling van de olieproducerende landen in het Midden-Oosten. De internationale bankiers verzetten zich tegen de Amerikaanse interventie in Lausanne op basis van instructies van Chatham House, het hoofdkwartier van de RIIA. De eerste terugbetalingsovereenkomst was met Groot-Brittannië, dat de oorlogsleningen moest terugbetalen over een periode van 62 jaar, tegen een rente van 3,3%.

In november 1925 en april 1926 ondertekenden de Verenigde Staten overeenkomsten met Italië en Frankrijk om hun deel van de oorlogsleningen over dezelfde periode terug te betalen. In mei 1930 hadden 17 landen waaraan de VS geld hadden geleend overeenkomsten ondertekend om hun volledige oorlogsleningen, bijna 11 miljard dollar, terug te betalen.

In november 1932 werd de eerste openlijk socialistische president van de Verenigde Staten gekozen, Franklin D. Roosevelt. Zijn komst in het Witte Huis begon met de moord op president William McKinley, gevolgd door de verkiezing van de 'patriot' Teddy Roosevelt, die de deuren moest openen voor het socialisme dat door Franklin D. Roosevelt zou worden ingehuldigd. Op instructie van Chatham House verspilde Roosevelt geen tijd om het in gebreke blijven van de door de bondgenoten ondertekende leningsovereenkomsten te bekrachtigen. Op 15 december 1932 waren alle landen die miljarden dollars aan de Verenigde Staten verschuldigd waren voor oorlogsschulden in gebreke. Groot-Brittannië was de grootste schuldenaar en de grootste wanbetaler.

Veel van dit geld, evenals veel van wat Duitsland na de Eerste Wereldoorlog werd afgeperst, ging naar de kas van de Volkenbond en uiteindelijk naar de rekening van de Verenigde Naties. Zo offerde Amerika niet alleen nodeloos zijn soldaten op op de slagvelden van Europa, maar ook de naties die de Eerste Wereldoorlog begonnen pikten zijn zakken. Erger nog, waardeloze oorlogsherstelobligaties werden op de Amerikaanse financiële markt gedumpt, wat de belastingbetaler nog eens miljarden kostte.

Als er één ding is dat we geleerd hebben over het Comité van 300, is het dat ze nooit opgeven. Er is een gezegde dat zegt dat de geschiedenis zich herhaalt; dit geldt zeker voor het voornemen van het Comité van 300 om de Verenigde Staten een éénwereldregering op te leggen. [3]H.G. Wells beschreef deze organisatie in zijn boek *The Shape of Things to Come* als "een soort openlijke samenzwering - een cultus van de wereldstaat" (d.w.z. één wereldregering).

De wereldstaat, zei Wells, "moet de enige landeigenaar op aarde zijn. Alle wegen moeten naar het socialisme leiden." In zijn boek *After Democracy maakt* Wells duidelijk dat zodra de economische wereldorde is gevestigd (via het Internationaal Monetair Fonds en de Bank voor Internationale Betalingen), de politieke en sociale orde op totalitaire wijze zal worden opgelegd. In het hoofdstuk over het Tavistock Institute for Human Relations wordt uitgelegd hoe het "operationeel onderzoek" van Tavistock de drijvende kracht moest zijn achter drastische hervormingen in economie en politiek.

In het geval van de Verenigde Staten is het plan niet om de Amerikaanse regering of haar grondwet omver te werpen, maar om haar "verwaarloosbaar te maken". Dit werd grotendeels bereikt door het langzaam en zorgvuldig uitvoeren van het socialistische manifest dat de Fabian Society in 1920 schreef en dat gebaseerd was op het Communistisch Manifest van 1848.

Is het "irrelevant" maken van de grondwet niet precies wat er gebeurt? In feite maakt het de Grondwet "irrelevant" wanneer de Amerikaanse regering bijna dagelijks en ongestraft de Grondwet schendt. Uitvoeringsbevelen, zoals oorlog voeren zonder een formele oorlogsverklaring, zoals in de Golfoorlog, hebben ertoe bijgedragen dat de grondwet totaal "irrelevant" is geworden. De Grondwet voorziet absoluut niet in het uitvaardigen van

---

[3] "The shape of things to come", NDT.

uitvoeringsbevelen. Uitvoeringsbevelen zijn eenvoudigweg proclamaties waartoe de president noch de bevoegdheid noch het gezag heeft. Alleen een koning kan proclamaties uitvaardigen.

De opgewarmde Volkenbond werd in 1945 door de Amerikaanse Senaat geperst, onder een nieuwe naam: het Verdrag van de Verenigde Naties. De senatoren hadden slechts drie dagen om de implicaties van het verdrag te bespreken, die in minstens 18 maanden discussie niet volledig konden worden overwogen. Als de senatoren volledig hadden begrepen wat ze bespraken, wat ze, op een paar uitzonderingen na, niet deden, zouden ze een adequate discussieperiode hebben geëist. Feit is dat de Senaat het document niet begreep en er daarom niet voor had mogen stemmen.

Als de senatoren die over het VN-verdrag debatteerden het document goed hadden begrepen, zou het zeker zijn verworpen. Los daarvan was het document zo slecht geschreven, en in veel gevallen zo vaag, misleidend en tegenstrijdig, dat het alleen al op die gronden verworpen had kunnen worden.

Een wet, de eigenlijke definitie van een verdrag, moet duidelijk geschreven en ondubbelzinnig zijn. Het VN-verdrag voldeed hier bij lange na niet aan. In ieder geval konden de Verenigde Staten, gebonden door hun grondwet, het VN-verdrag niet ratificeren, om de volgende redenen:

(1) Onze grondwet is gebaseerd op het fundament van de soevereiniteit, zonder welke er geen grondwet kan zijn. Het buitenlands beleid van de VS is gebaseerd op het "volkenrecht" van Vattel, waardoor soevereiniteit het probleem wordt. Hoewel de Grondwet zwijgt over wereldregering en buitenlandse agentschappen, is het, wanneer de Grondwet zwijgt over een bevoegdheid, en deze niet ondergeschikt is aan een andere bevoegdheid in de Grondwet, een belemmering van die bevoegdheid, of een VERBOD van die bevoegdheid.

(2) De Verenigde Naties zijn geen soeverein orgaan; zij hebben geen meetbare macht die zich beperkt tot hun eigen grondgebied. Het is gehuisvest op Amerikaanse bodem, in New York, in een

gebouw geleend door de Rockefellers. Volgens de Amerikaanse grondwet kunnen we geen verdrag sluiten met een natie of instantie die niet soeverein is. De Verenigde Staten kunnen geen verdrag sluiten met een organisatie of natie die geen soevereiniteit heeft. De Verenigde Staten kunnen een verdrag sluiten met een land of organisatie zonder soevereiniteit, maar kunnen nooit een verdrag sluiten met een organisatie zonder soevereiniteit.

(3) Als de Senaat probeert een verdrag te ratificeren met een orgaan, staat of land zonder soevereiniteit, vastgestelde grenzen, demografische gegevens, een monetair systeem, een reeks wetten of een grondwet, namelijk de Verenigde Naties, dan verraadt hij de eed om de Grondwet te verdedigen die de senatoren hebben gezworen af te leggen. Dit is algemeen bekend als verraad.

(4) Willen de Verenigde Staten lid worden van de Verenigde Naties, dan moeten er twee amendementen op de grondwet worden aangenomen. Het eerste amendement zou het bestaan van een wereldorgaan moeten erkennen. In zijn huidige vorm kan de grondwet de Verenigde Naties niet erkennen als een wereldorgaan. Een tweede amendement zou moeten bepalen dat de Verenigde Staten een verdragsrelatie kunnen hebben met een niet-soeverein wereldorgaan. Geen van beide amendementen is ooit voorgesteld, laat staan door de Senaat aanvaard en door alle staten bekrachtigd.

Het VN-"verdrag", dat volkomen verdacht is, heeft in de Verenigde Staten dus nooit kracht van wet gehad. Zoals de zaken er in 1945 en 1993 voor stonden, heeft de president weliswaar de bevoegdheid om zijn zegje te doen in buitenlandse aangelegenheden, maar hij heeft niet de bevoegdheid, en heeft nooit de bevoegdheid gehad, om een overeenkomst - laat staan een verdrag - te sluiten met welk wereldorgaan dan ook. Dit betekent absoluut dat geen enkel ander wereldorgaan, met name de Verenigde Naties, de bevoegdheid heeft om het Amerikaanse leger in te zetten of de VS te bevelen te handelen buiten de grondwettelijke beperkingen die door onze Founding Fathers zijn opgelegd.

Senator David I. Walsh, een van de weinige politici die de constitutionele gevaren van het ernstig gebrekkige VN-Handvest begreep, zei tegen zijn collega's:

"De enige daden van agressie of schending van de vrede die het Handvest met zekerheid kan aanpakken, zijn die van kleine naties, dat wil zeggen, van naties die het minst in staat en het minst in staat zijn om een nieuw wereldconflict uit te lokken. Zelfs in deze gevallen, mijnheer de Voorzitter, kunnen onderzoek en preventieve actie willekeurig worden verlamd door een van de vijf grootmachten, die permanente leden van de Veiligheidsraad zijn...".

"Dus elk klein land dat het beschermheerschap geniet van, of dient als instrument of marionet voor, een van de grootmachten is even veilig voor inmenging als de Grote Vijf zelf. Laten we eerlijk zijn: het Handvest geeft ons een instrument om oorlogshandelingen van landen die niet de macht hebben om oorlog te voeren, te stoppen. De dreiging van grootschallge conflicten ligt niet in ruzies tussen landen. Deze ruzies kunnen worden beperkt en verzacht".

"De dreiging is veeleer dat de kleine mogendheden handelen in het belang van een groot buurland en door dat buurland tot actie worden aangezet. Maar in dit geval kan het vetoprivilege dat de grote mogendheid immuun maakt voor VN-actie, werken om de kleine satellietnatie immuun te maken. De pre-emptieve machinerie werkt soepel totdat het punt van echt gevaar wordt bereikt, het moment waarop een natie sterk genoeg is om een wereldoorlog uit te lokken, en dan kan worden gestopt."

"We kunnen in feite aannemen dat elk klein land in de verleiding kan komen en ertoe kan worden gedreven om de bescherming van een grote mogendheid te zoeken. Alleen op die manier kan het een indirect aandeel krijgen in het controlemonopolie dat de Grote Vijf hebben. Een van de tekortkomingen van het Handvest, mijnheer de Voorzitter, is dat de bestraffende en dwingende invloed ervan alleen kan worden toegepast tegen een werkelijk kleine en onafhankelijke natie." (Irak is een perfect voorbeeld van de verrotting van het VN-Handvest).

"Tegen de prijs van zijn onafhankelijkheid zou een van deze naties zich kunnen bevrijden van het dwingende gezag van het Handvest, eenvoudigweg door een overeenkomst te sluiten met een natie met vetorecht...".

Senator Hiram W. Johnson, een van de weinigen, behalve Senator Walsh, die het Handvest van de Verenigde Naties heeft gezien, zei

"In sommige opzichten is het een nogal zwak riet. Het houdt geen oorlog tegen die door een van de vijf grootmachten wordt begonnen; het geeft elke natie de volledige vrijheid om oorlog te voeren. Onze enige hoop om de wereldvrede te handhaven is daarom dat geen van de vijf grote naties ervoor kiest om oorlog te voeren...".

Dat het Amerikaanse volk geen bescherming en geen beroepsmogelijkheid heeft tegen het oorlogspotentieel van de Verenigde Naties werd bevestigd door de Golfoorlog, toen president Bush op hol sloeg en de bepalingen van de grondwet met voeten trad. Als president Bush de juiste procedures had gevolgd en om een oorlogsverklaring had gevraagd, zou de Golfoorlog nooit hebben plaatsgevonden, omdat hij dan geweigerd zou zijn. Miljoenen Irakezen en meer dan 300 Amerikaanse militairen zouden dan niet onnodig het leven hebben gelaten.

De president is pas opperbevelhebber van onze strijdkrachten als het Congres een wettelijke oorlogsverklaring heeft afgegeven en de natie officieel in oorlog is. Als de president te allen tijde opperbevelhebber zou zijn, zou hij dezelfde bevoegdheden hebben als een koning - wat de grondwet uitdrukkelijk verbiedt. Vóór de Golfoorlog aanvaardde CNN de onjuiste premisse dat Bush, als opperbevelhebber van onze strijdkrachten, het recht had om het leger tot oorlog aan te zetten. Deze gevaarlijke interpretatie werd snel opgepikt door de media en wordt nu als feit aanvaard, terwijl dat grondwettelijk niet het geval is.

Een grove misleiding van het Amerikaanse volk is dat de president te allen tijde opperbevelhebber van de strijdkrachten is. De leden van de Senaat en het Huis zijn zo slecht geïnformeerd over de Grondwet dat zij president George Bush hebben toegestaan bijna 500.000 troepen naar de Golf te sturen om een oorlog te voeren voor British Petroleum en zijn persoonlijke haat tegen Saddam Hoessein te bevredigen. Bush verloor op dat moment de relatie van vertrouwen die hij geacht werd te hebben met het Amerikaanse volk. President Bill Clinton gebruikte onlangs dit valse idee van "opperbevelhebber" om te proberen het leger te dwingen homo's in de diensten op te nemen, waartoe hij niet bevoegd is. Dit is minder een kwestie van moraal dan van de president die zijn autoriteit overschrijdt.

De tragische waarheid over Amerikaanse militairen die worden ingezet om te vechten - zoals door de Verenigde Naties in de Korea- en Golfoorlog - is dat degenen die in die oorlogen stierven, niet voor hun land stierven, omdat sterven voor ons land onder onze vlag een daad van soevereiniteit is, die in de Korea- en Golfoorlog volledig ontbrak. Aangezien noch de Veiligheidsraad noch enige raad van de Verenigde Naties soevereiniteit heeft, is de VN-vlag betekenisloos.

Geen enkele resolutie van de VN-Veiligheidsraad die de Verenigde Staten direct of indirect raakt, heeft enige geldigheid, aangezien deze resoluties worden gemaakt door een orgaan dat zelf geen soevereiniteit heeft. De grondwet van de Verenigde Staten staat boven elk zogenaamd wereldorgaan, en dat omvat in het bijzonder de Verenigde Naties, de grondwet van de Verenigde Staten staat boven en is superieur aan elke overeenkomst of verdrag met welke natie of groep van naties dan ook, al dan niet VN-gerelateerd. Maar de Verenigde Naties geven de president van de Verenigde Staten de facto en de jure onbeperkte dictatoriale bevoegdheden die de Amerikaanse grondwet niet verleent.

Wat president Bush in de Golfoorlog deed, omzeilde de Grondwet door rechtstreeks namens de VN-Veiligheidsraad een proclamatie (een uitvoerend bevel) uit te vaardigen. Het Huis en de Senaat van hun kant hebben hun grondwettelijke plicht verzaakt om de illegale uitvaardiging van een dergelijk bevel te voorkomen. Dat hadden ze kunnen doen door te weigeren de oorlog te financieren. Noch het Huis noch de Senaat hadden het recht, en hebben ook nu niet het recht, om een overeenkomst (of verdrag) te financieren met een wereldorgaan dat zichzelf boven de grondwet van de Verenigde Staten verheft, vooral wanneer dat wereldorgaan geen soevereiniteit heeft, en vooral wanneer dat orgaan de veiligheid van de Verenigde Staten bedreigt.

[4]Publieke wet 85766, sectie 1602, stelt:

> "...Geen enkel deel van de in deze of enige andere wet toegekende fondsen zal worden gebruikt om een persoon, firma of onderneming, of een combinatie van personen, firma's of ondernemingen te betalen om een studie of plan uit te voeren wanneer of hoe of onder welke omstandigheden de regering van de Verenigde Staten dit land en zijn bevolking moet overgeven aan een buitenlandse mogendheid."

Public Law 471, Section 109, stelt verder:

> "Het is illegaal om fondsen te gebruiken voor elk project dat wereldregering of burgerschap bevordert binnen een verenigde wereld."

Hoe hebben de Verenigde Naties dit grondrecht aangepakt? De oorlogen in Korea, Vietnam en de Golf schonden ook de Amerikaanse grondwet, aangezien zij in strijd waren met artikel 1, afdeling 8, clausule 11:

> "Het Congres zal de macht hebben om de oorlog te verklaren."

Er staat niet dat het ministerie van Buitenlandse Zaken, de president of de Verenigde Naties dit recht hebben...

De Verenigde Naties willen graag dat wij ons land inzetten voor oorlog in buitenlandse gebieden, maar artikel 1, sectie 10, clausule 1 stelt dat er geen voorzieningen worden getroffen voor de Verenigde Staten, als natie, om zich in te zetten voor oorlog in het buitenland. Bovendien staat artikel 1, sectie 8, clausule 1 toe dat belastinginkomsten alleen voor de volgende doeleinden

---

[4] Publiek recht, NDT.

worden besteed:

(1) "... betaal de schulden, zorg voor de algemene verdediging en het algemeen welzijn van de Verenigde Staten."

Het zegt niets over het betalen van contributies (eerbetoon) aan de Verenigde Naties of enig ander wereldorgaan, en er wordt geen bevoegdheid gegeven om dit toe te staan. Bovendien is er het verbod in artikel 1, afdeling 10, clausule 1, waarin staat:

(2) "Geen enkele staat mag zonder toestemming van het Congres... troepen of oorlogsschepen onderhouden in vredestijd... of oorlog voeren, tenzij hij daadwerkelijk is binnengevallen of in onmiddellijk gevaar verkeert."

Aangezien er sinds de Tweede Wereldoorlog geen geldige constitutionele oorlogsverklaring van het Congres is geweest, verkeren de Verenigde Staten in vrede en daarom zijn onze troepen die in Saudi-Arabië, of waar dan ook in de Perzische Golfregio, Botswana en Somalië zijn gestationeerd, daar in strijd met de grondwet en moeten zij niet worden gefinancierd, maar onmiddellijk naar huis worden gebracht.

De brandende vraag voor de VS zou moeten zijn: "Hoe heeft de VN toestemming gegeven voor het gebruik van geweld tegen Irak (d.w.z.: de oorlog verklaard), terwijl zij geen soevereiniteit hebben, en waarom hebben onze vertegenwoordigers ingestemd met een dergelijke travestie en schending van onze grondwet die zij hebben gezworen te verdedigen?". Bovendien heeft de VN geen soevereiniteit die nodig is om een verdrag met de Verenigde Staten te sluiten, volgens onze eigen grondwet.

Wat is soevereiniteit? Het is gebaseerd op een adequaat grondgebied, een vorm van constitutionele valuta, een substantiële bevolking, binnen duidelijk afgebakende en definitief meetbare grenzen. De Verenigde Naties voldoen absoluut niet aan deze voorwaarden en, wat onze politici ook zeggen, de VN kunnen nooit worden beschouwd als een soeverein orgaan in de zin van de definitie van soevereiniteit in de Amerikaanse grondwet. Hieruit volgt dat we nooit een verdrag met de VN kunnen sluiten, nu niet en nooit niet. Het antwoord zou kunnen zijn dat de senatoren in 1945, uit pure onwetendheid over de grondwet of als dienaren van het Comité van 300, het VN-handvest goedkeurden in strijd met hun eed om de grondwet van de Verenigde Staten te verdedigen en hoog te houden.

De Verenigde Naties is een doelloze, wortelloze bloedzuiger, een parasiet die zich voedt met zijn Amerikaanse gastheer. Als er VN-troepen in dit land zijn, moeten zij onmiddellijk worden uitgezet, want hun aanwezigheid in ons land is een smet op onze grondwet en mag, ja kan, niet worden getolereerd door degenen die hebben gezworen de grondwet te handhaven. De Verenigde Naties zijn een voortdurende uitbreiding van het in 1920 opgerichte Fabiaans-Socialistische platform, waarvan elk element precies is uitgevoerd in overeenstemming met het Fabiaans-Socialistische project voor Amerika. De aanwezigheid van de VN in Cambodja en haar passiviteit in Bosnië-Herzegovina hoeven niet te worden versterkt.

Sommige wetgevers doorzagen het VN-akkoord. Een van hen was vertegenwoordiger Jessie Sumner van Illinois:

> "Mijnheer de Voorzitter, u weet natuurlijk dat de vredesagenda van onze regering geen vrede is. Het wordt geleid door dezelfde oude oorlogsstokers, die zich nog steeds voordoen als de prinsen van de vrede, die ons in de oorlog hebben betrokken terwijl ze deden alsof hun doel was om ons uit de oorlog te houden (een zeer treffende beschrijving van diplomatie door liegen). Net als Lend-Lease en andere wetsvoorstellen die ons bij de oorlog betrokken, terwijl ze beloofden ons uit de oorlog te houden, zal deze maatregel (het VN-verdrag) ons bij alle toekomstige oorlogen betrekken."

Rep. Sumner werd vergezeld door een andere slimme wetgever, Rep. Lawrence H. Smith:

> "Voor dit voorstel stemmen is goedkeuring geven aan het wereldcommunisme. Waarom zou het anders de volledige steun hebben van alle vormen van communisme elders? Deze (VN) maatregel raakt het hart van de Grondwet. Het bepaalt dat de macht om de oorlog te verklaren aan het Congres wordt

ontnomen en aan de president wordt gegeven. Dit is de essentie van dictatuur en dictatoriale controle, waar al het andere onvermijdelijk op volgt."

Smith verklaarde ook:

"De president krijgt absolute bevoegdheden (die de grondwet van de Verenigde Staten niet geeft), om op elk door hem gekozen moment en onder elk voorwendsel onze zonen en dochters van huis weg te halen om te vechten en te sterven in de strijd, niet alleen voor elke tijdsduur die hem uitkomt, maar voor elke tijdsduur die de meerderheidsleden van de internationale organisatie uitkomt. Bedenk dat de Verenigde Staten in de minderheid zullen zijn, zodat het beleid inzake de duur van het verblijf van onze soldaten in het buitenland in een toekomstige oorlog meer een zaak van buitenlandse dan van onze eigen naties zal zijn...".

Smiths vrees bleek gegrond, want dat is precies wat president Bush deed toen hij onze zonen en dochters uit hun huizen rukte en hen naar de Golfoorlog stuurde onder de dekmantel van de Verenigde Naties, een wereldorgaan dat geen soevereiniteit heeft. Het verschil tussen een verdrag (wat de door de Senaat in 1945 aangenomen documenten moesten zijn) en een overeenkomst is dat een verdrag soevereiniteit vereist en een overeenkomst niet.

In 1945 heeft de Amerikaanse Senaat slechts drie dagen gedebatteerd - als je dat debatteren over verdragen kunt noemen. Zoals we allemaal weten, hebben verdragen een geschiedenis van duizenden jaren, en de Senaat kon het VN-Handvest niet volledig onderzoeken, en deed dat ook niet. Het Amerikaanse ministerie van Buitenlandse Zaken stuurde zijn meest slinkse figuren om te liegen en de senatoren in verwarring te brengen. Een goed voorbeeld hiervan was de getuigenis van wijlen John Foster Dulles, een van de 13 leidende Amerikaanse Illuminati, lid van het Comité van 300 en een één-wereld regering in hun opdracht.

Dulles en zijn team, uitgekozen door het Comité van 300, kregen de opdracht de Senaat te ondermijnen en totaal in verwarring te brengen, waarvan de meesten onbekend waren met de Grondwet, zoals duidelijk genoeg blijkt uit de getuigenis in de Congressional Record. Dulles was een oneerlijk man, die openlijk loog en bang was als hij dacht dat hij op een leugen betrapt kon worden. Een volkomen verraderlijk en perfide optreden.

Dulles had de steun van Senator W. Lucas, de agent van de bankiers in de Senaat. Hier is wat Senator Lucas te zeggen had namens zijn meesters, de Wall Street bankiers:

"...Ik ben er zeer aan gehecht (het Handvest van de Verenigde Naties), want het is nu het moment voor de senatoren om te bepalen wat het Handvest betekent. We moeten niet een jaar wachten, of anderhalf jaar, wanneer de omstandigheden anders zullen zijn (dan in de onmiddellijke naoorlogse periode). Ik wil niet dat een senator zijn oordeel pas over anderhalf jaar intrekt..."

Het is duidelijk dat deze stilzwijgende bekentenis van senator Lucas inhield dat de Senaat minstens achttien maanden nodig zou hebben om het VN-Handvest naar behoren te bestuderen. Het was ook een erkenning dat als de documenten bestudeerd zouden worden, het verdrag verworpen zou worden.

Waarom deze ongepaste haast? Als het gezond verstand had gezegevierd, als de senatoren hun huiswerk hadden gedaan, zouden ze hebben gezien dat het minstens een jaar, en waarschijnlijk twee jaar, zou duren om het aan hen voorgelegde handvest naar behoren te bestuderen en erover te stemmen. Als de senatoren van 1945 dat hadden gedaan, zouden duizenden militairen nu nog leven in plaats van hun leven te hebben opgeofferd voor dit niet-soevereine orgaan dat de Verenigde Naties heet.

Hoe schokkend de waarheid ook mag lijken, de harde realiteit is dat de Koreaanse oorlog een ongrondwettelijke oorlog was, gevoerd namens een niet-soeverein lichaam. Onze dappere soldaten stierven dus niet voor hun land. Hetzelfde geldt voor de Golfoorlog. Er zullen nog vele "Koreaanse oorlogen" volgen; de Golfoorlog en Somalië zijn herhalingen van het falen van de Amerikaanse Senaat om het VN-verdrag in 1945 te verwerpen.

Hierdoor zijn de VS betrokken bij vele ongrondwettelijke oorlogen.

In zijn baanbrekende werk over constitutioneel recht schreef rechter Thomas M. Cooley:

> "De Grondwet zelf geeft nooit toe aan een verdrag of een stuk wetgeving. Het verandert niet met de tijd, noch buigt het, in theorie, voor de kracht van de omstandigheden... Het Congres ontleent zijn bevoegdheden om wetten te maken aan de Grondwet, die de maatstaf van zijn gezag is. De Grondwet legt geen beperkingen op aan de macht, maar het is onderworpen aan impliciete beperkingen dat niets mag worden gedaan onder de Grondwet van het land of een departement van de regering of een van de staten van zijn grondwettelijke bevoegdheid mag beroven - het Congres en de Senaat kunnen in een verdrag geen inhoud geven aan een verdrag dat groter is dan zijzelf, of aan de gedelegeerde macht van de Senaat en het Huis van Afgevaardigden."

Professor Hermann von Hoist schreef in zijn monumentale werk, *Constitutional Law of the United States*:

> "Over de omvang van een verdragsbevoegdheid zegt de Grondwet niets (d.w.z. zij is voorbehouden - verboden), maar het is duidelijk dat zij niet onbeperkt kan zijn. De bevoegdheid bestaat alleen krachtens de Grondwet, en elk verdrag dat onverenigbaar is met een bepaling van de Grondwet is dus niet-ontvankelijk en volgens het constitutionele recht ipso facto nietig."

Het VN-verdrag schendt minstens een dozijn bepalingen van de grondwet, en aangezien een "verdrag" geen voorrang kan hebben op de grondwet, is elke resolutie van de Veiligheidsraad nietig voor zover zij de Verenigde Staten betreft. Dit omvat ons vermeende lidmaatschap van deze parasitaire organisatie. De Verenigde Staten zijn nooit lid geweest van de Verenigde Naties, zijn dat nu niet en kunnen nooit lid worden van de Verenigde Naties, tenzij wij, het volk, ermee instemmen dat de Grondwet wordt gewijzigd door de Senaat en geratificeerd door alle staten om lidmaatschap van de Verenigde Naties mogelijk te maken.

Er is een groot aantal zaken waarin de jurisprudentie deze bewering ondersteunt. Aangezien het niet mogelijk is ze hier allemaal op te nemen, noem ik de drie zaken waarin dit beginsel is vastgesteld: Cherokee Tobacco vs. de Verenigde Staten, Whitney vs. Robertson en Godfrey vs. Riggs (133 U.S., 256).

Om ons standpunt over het lidmaatschap van de VN samen te vatten: wij, het soevereine volk van de Verenigde Staten, zijn niet verplicht de VN-resoluties te gehoorzamen, omdat de goedkeuring door de Senaat van het VN-Handvest, die bedoeld was om de grondwet in overeenstemming te brengen met de VN-wetgeving, in strijd is met de bepalingen van de grondwet en daarom ipso facto nietig is.

In 1945 werden de senatoren wijsgemaakt dat een verdrag bevoegdheden heeft die de grondwet te boven gaan. De senatoren hadden duidelijk niet gelezen wat Thomas Jefferson te zeggen had;

> "De bevoegdheid om verdragen te sluiten als onbeperkt beschouwen komt erop neer dat de Grondwet bij wijze van constructie een blanco stuk papier wordt".

Als de senatoren van 1945 de moeite hadden genomen om de uitgebreide informatie in het Congressional Record over het opstellen van verdragen en overeenkomsten te lezen, zouden zij niet uit onwetendheid hebben gehandeld door het Handvest van de Verenigde Naties goed te keuren.

De Verenigde Naties zijn in feite één enkele wereldregering, opgezet om de Amerikaanse grondwet te vermorzelen - duidelijk de bedoeling van de oorspronkelijke auteurs, de Fabianisten Sydney en Beatrice Webb, Dr. Leo Posvolsky en Leonard Woolf. Een goede bron van bevestiging van het bovenstaande is te vinden in *Fabian Freeway, High Road to Socialism in the U.S.* door Rose Martin.

De fundamenten van het socialistische complot om de Verenigde Staten te ondermijnen zijn te vinden in kranten als de *New Statesman* en de *New Republic*. Beide werden gepubliceerd rond 1915, en exemplaren bevonden zich in het British Museum in

Londen toen ik daar studeerde. In 1916 publiceerde *Brentanos* uit New York dezelfde documenten onder de titel "International Government", vergezeld van lovende woorden van Amerikaanse socialisten van allerlei pluimage.

Is het VN-Handvest echt geschreven door de verraders Alger Hiss, Molotov en Posvolsky? Bewijs van het tegendeel is er in overvloed, maar het komt erop neer dat de RIIA Beatrice Webb's Fabian Socialist document naar president Wilson stuurde om de bepalingen ervan op te nemen in de Amerikaanse wet. Het document werd niet door president Wilson gelezen, maar aan kolonel House gegeven voor onmiddellijke actie. Wilson, en eigenlijk alle presidenten na hem, handelden altijd alert als ze werden aangesproken door onze Britse meesters in Chatham House. Kolonel House trok zich op 13 en 14 juli 1918 terug in zijn zomerresidentie, "Magnolia", in Massachusetts, geholpen en bijgestaan door professor David H. Miller, van de Harvard Group of Harvard, Miller, van de Harvard Onderzoeksgroep, om Britse voorstellen uit te werken voor een verenigd wereldbestuur.

House keerde terug naar Washington met een voorstel van 23 artikelen, dat het Britse ministerie van Buitenlandse Zaken accepteerde als basis voor de Volkenbond. Het was niets meer dan een poging om de Amerikaanse grondwet te ondermijnen. Het "House" ontwerp werd naar de Britse regering gestuurd voor goedkeuring, en vervolgens teruggebracht tot 14 artikelen.

Zo ontstonden de "14 punten" van Wilson - eigenlijk niet die van Wilson, maar die van de Britse regering, geholpen door de socialist Walter Lippman - die later de basis werden van een document dat aan de vredesconferentie van Parijs werd voorgelegd. (Bij de verwijzing naar subversieve geheime genootschappen moet worden opgemerkt dat het woord "vrede" strikt in communistisch-socialistische zin wordt gebruikt).

Als de senatoren in 1945 hun huiswerk hadden gedaan, zouden ze snel hebben ontdekt dat het verdrag van de Verenigde Naties niets anders was dan een opgewarmde versie van het socialistische document dat door de Britse Fabians was bedacht en door hun Amerikaanse neven werd gesteund. Dat zou de alarmbellen hebben doen rinkelen. Als de senatoren hadden ontdekt wie de verraderlijke opstellers van de Volkenbond werkelijk waren, zouden ze het document zonder aarzelen hebben verworpen.

De senatoren wisten duidelijk niet waar ze naar keken, te oordelen naar de opmerkingen van Senator Harold A. Burton:

"Wij hebben opnieuw de mogelijkheid om niet een Volkenbond, maar het huidige Handvest van de Verenigde Naties te herstellen en op te richten, hoewel 80% van de bepalingen ervan (in het Handvest van de Verenigde Naties) in wezen dezelfde zijn als die van de Volkenbond in 1919...".

Als de senatoren het *Congressional Record* over de Volkenbond hadden gelezen, met name de pagina's 8175-8191, zouden zij een bevestiging hebben gevonden van de bewering van senator Burton dat het Handvest van de Verenigde Naties niets anders was dan een vernieuwd Handvest van de Volkenbond. Hun argwaan zou moeten zijn gewekt over de overdracht van de activa van de Volkenbond aan de voorgestelde Verenigde Naties. Ze zouden ook hebben opgemerkt dat de taak om de moderne versie van de Volkenbond opnieuw vorm te geven, werd uitgevoerd door een groep losbandige mensen die geen belang hadden bij het welzijn van de Verenigde Staten: Alger Hiss, wiens mentor de vernietiger van de Grondwet was, Felix Frankfurter, Leo Posvolsky, en achter hen de internationale bankiers gepersonifieerd door de Rothschilds, de Warburgs en de Rockefellers.

Voormalig congreslid John Rarick verwoordde het heel goed toen hij de Verenigde Naties "een schepsel van de onzichtbare regering" noemde. Als de senatoren slechts een blik hadden geworpen op de geschiedenis van de opgeknapte Volkenbond, zouden zij ontdekt hebben dat deze in Chatham House nieuw leven werd ingeblazen en in 1941 met RIIA instructies naar Cordell Hull, minister van Buitenlandse Zaken (gekozen door de Council on Foreign Relations, zoals alle staatssecretarissen sinds 1919), werd gestuurd, die de activering ervan beval.

De timing was perfect, 14 dagen na Pearl Harbor, toen onze

Britse meesters dachten dat het niet veel publieke aandacht zou krijgen, en in ieder geval, na de gruwel van Pearl Harbor, zou de publieke opinie gunstig zijn. Dus werd Cordell Hull op 22 december 1941, op verzoek van de internationale bankiers in het Comité van 300, gevraagd om president Roosevelt te informeren over zijn rol bij de presentatie van de "nieuwe en verbeterde" versie van de Volkenbond.

De zusterorganisatie van de RIIA, de Council on Foreign Relations (CFR), adviseerde dat Roosevelt onmiddellijk een presidentiële adviescommissie voor naoorlogse buitenlandse politiek zou instellen. Dit is hoe de CFR actie aanraadde:

> "Dat het Handvest van de Verenigde Naties de hoogste wet van het land wordt, en dat de rechters van elke Staat daaraan gebonden zijn, niettegenstaande andersluidende bepalingen in de grondwet van enige Staat."

Wat de senatoren in 1945 zouden hebben ontdekt, als zij de moeite hadden genomen om te kijken, was dat de CFR-richtlijn neerkwam op verraad, dat zij niet hadden kunnen goedkeuren zonder hun eed om de Grondwet te handhaven te schenden. Ze zouden hebben ontdekt dat in 1905 een groep internationale bankiers meende de Grondwet te kunnen ondermijnen door een wereldorgaan als vehikel te gebruiken, en dat de CFR-richtlijn slechts een onderdeel van dat lopende proces was.

Een verdrag kan juridisch niet boven de grondwet staan, en toch heeft het verdrag van de Verenigde Naties voorrang boven de grondwet. De Grondwet, of een deel daarvan, kan niet zomaar door het Congres worden ingetrokken, maar een verdrag kan wel nietig worden verklaard of geschrapt. Volgens de Grondwet is een verdrag gewoon een wet die op twee manieren door het Congres kan worden ingetrokken:

(1)   Een wet aannemen om het verdrag in te trekken.

(2)   Stop de financiering van het verdrag.

Om dergelijk machtsmisbruik te voorkomen, moeten wij, het soevereine volk, eisen dat onze regering de financiering van de Verenigde Naties, die meestal wordt uitgedrukt als "contributie", stopzet. Het Congres moet wetgeving aannemen om alle verplichtingen van de VS te financieren, maar het is duidelijk illegaal voor het Congres om financiering aan te nemen voor een illegaal doel, zoals ons vermeende lidmaatschap van de Verenigde Naties, die zichzelf boven de Grondwet heeft geplaatst. Hadden de senatoren van 1945 het juiste onderzoek gedaan, en niet toegestaan dat Dulles hen in de maling nam, loog, bedekte, misleidde en misleidde, dan hadden ze de volgende uitwisseling tussen senator Henry M. Teller en senator James B. Allen en er hun voordeel mee gedaan hebben. Hier is een welsprekende uitwisseling tussen twee Senatoren:

Senator Teller: "Er kan geen verdrag zijn dat de regering van de Verenigde Staten bindt wat betreft het innen van inkomsten.

Senator Allen: "Heel goed. Dat, in zijn aard, is heel nationaal, en kan niet het onderwerp zijn van een verdrag."

Senator Teller: "Het is niet omdat dit een binnenlandse aangelegenheid is; het is omdat de Grondwet deze zaak uitsluitend in handen van het Congres heeft gelegd."

Senator Allen: "Nee, Mr. President, niet noodzakelijk, want het innen van inkomsten is een zuiver nationale aangelegenheid. Het is fundamenteel voor het leven van de natie, en het moet worden uitgeoefend door de regering alleen, zonder de toestemming of deelname van een buitenlandse macht (of wereldorgaan)..."

Een verdrag is niet de hoogste wet van het land. Het is slechts een wet, en niet eens een zekere wet. Elk verdrag dat de Grondwet in gevaar brengt, is ipso facto onmiddellijk nietig. Bovendien kan een verdrag worden verbroken. Dit is goed vastgelegd in Vattel's "Droit des gens", pagina 194:

> "In het jaar 1506 drongen de Staten-Generaal van het Koninkrijk Frankrijk, bijeen in Tores, er bij Lodewijk XII op aan een verdrag te verbreken dat hij had gesloten met keizer Maximiliaan en aartshertog Filips, zijn zoon, omdat het verdrag verderfelijk was voor het koninkrijk. Ze besloten ook dat noch het verdrag, noch de bijbehorende eed het koninkrijk kon binden, dat niet het recht had de eigendommen van de

kroon te vervreemden."

Het VN-verdrag is zeker destructief voor de nationale veiligheid en het welzijn van de Verenigde Staten. Voor zover een constitutioneel amendement, dat vereist is voor de Verenigde Staten om lid te worden van de Verenigde Naties, niet is aangenomen en aanvaard door alle 50 staten, zijn wij geen lid van de Verenigde Naties. Een dergelijk amendement zou het recht van het Congres om de oorlog te verklaren aan banden hebben gelegd, en zou de oorlogsverklaring in handen hebben gelegd van de Verenigde Naties op een niveau dat boven dat van de Grondwet ligt, waardoor het Amerikaanse leger onder de controle en het bevel van de Verenigde Naties zou komen te staan.

Bovendien zou het een wijziging van de Grondwet vereisen om een oorlogsverklaring van de Verenigde Naties en de Verenigde Staten in hetzelfde document op te nemen, of er zelfs direct of impliciet mee in verband te worden gebracht. Alleen al op dit punt vormen de Verenigde Naties een bedreiging voor de veiligheid van de Grondwet en daarom is ons lidmaatschap van de Verenigde Naties alleen al op dit punt absoluut nietig en dient het niet te worden toegestaan. Senator Langer, een van de twee senatoren die tegen het VN-Handvest stemden, waarschuwde zijn collega's in juli 1945 dat het verdrag vol gevaren voor Amerika zat.

Wijlen de Amerikaanse vertegenwoordiger Larry McDonald legde de massale opruiing en het verraad van het VN-verdrag volledig bloot, zoals vermeld in het Congressional Record, Extension of Remarks, 27 januari 1982, onder de kop "Get Us Out:

> "De Verenigde Naties zijn de laatste drie en een halve decennia verwikkeld in een gigantische ongecontroleerde samenzwering, meestal op kosten van de Amerikaanse belastingbetaler, om onze republiek te onderwerpen aan een wereldregering die gedomineerd wordt door de Sovjet-Unie en haar derde wereld. Gevoed door deze vrijzinnige samenzwering, staan steeds meer verantwoordelijke

ambtenaren en bedachtzame burgers klaar om opzij te stappen..."

McDonald had gelijk, maar in de afgelopen twee jaar hebben we een duidelijke verandering gezien in de manier waarop de Verenigde Naties worden geleid door voornamelijk Groot-Brittannië en de Verenigde Staten, en daar komen we te zijner tijd op terug. Onder president Bush was er een duidelijke wens om in de Verenigde Naties te blijven, omdat dit paste bij zijn politieke stijl en zijn koninklijke aspiraties.

In 1945, ziek van de oorlog, dachten de senatoren dat de Verenigde Naties een manier zou zijn om een einde te maken aan oorlogen. Ze wisten niet dat het doel van de Verenigde Naties precies het tegenovergestelde was. We weten nu dat slechts vijf senatoren het door Alger Hiss opgestelde handvest hebben gelezen voordat ze voor het verdrag stemden.

Het doel van de Verenigde Naties, of liever gezegd het doel van de mannen achter de Verenigde Naties, is niet de vrede, zelfs niet in de communistische zin van het woord.

Het is in feite een wereldrevolutie, de omverwerping van goede regering en orde en de vernietiging van gevestigde religie. Socialisme en communisme zijn niet noodzakelijkerwijs het doel op zich; zij zijn slechts de middelen tot een doel. De economische chaos die nu tegen de Verenigde Staten wordt gepleegd, is een veel krachtiger middel om dat doel te bereiken.

De wereldrevolutie, waarvan de Verenigde Naties integraal deel uitmaken, is een heel andere zaak; haar doel is de volledige omverwerping van de morele en geestelijke waarden die de westerse naties eeuwenlang hebben genoten. Als onderdeel van dit doel moet christelijk leiderschap noodzakelijkerwijs worden vernietigd, en dit is al grotendeels bereikt door valse leiders te plaatsen op plaatsen waar zij aanzienlijke invloed uitoefenen. Billy Graham en Robert S. Schuler zijn twee goede voorbeelden van zogenaamde christelijke leiders die dat niet zijn. Veel van deze revolutionaire agenda werd bevestigd door Franklin D. Roosevelt in zijn boek *Our Way*.

Als u tussen de regels van het verraderlijke en opruiende VN-Handvest doorleest, zult u ontdekken dat veel van de in de voorgaande paragrafen beschreven doelstellingen impliciet en in sommige gevallen zelfs expliciet zijn opgenomen in het verderfelijke "verdrag" dat, als wij, het volk, het niet omverwerpen, onze grondwet met voeten zal treden en ons tot slaven zal maken van een uiterst wrede en repressieve dictatuur onder een één-wereldregering.

Kortom, de doelen van de wereldwijde spirituele en morele revolutie die nu woedt - en nergens meer dan in de Verenigde Staten - zijn de volgende:

(1) De vernietiging van de westerse beschaving.

(2) Ontbinding van de wettelijke overheid

(3) Vernietiging van het nationalisme, en daarmee het ideaal van patriottisme.

(4) Het volk van de Verenigde Staten tot schaarste brengen door progressieve inkomstenbelastingen, eigendomsbelastingen, successierechten, verkoopbelastingen enzovoort, ad nauseam.

(5) De afschaffing van het goddelijke recht op privé-eigendom door het belasten van eigendom zodat het niet meer bestaat en door erfenissen in toenemende mate te belasten. (President Clinton heeft al een grote stap in deze richting gezet).

(6) Vernietiging van de gezinseenheid door "vrije liefde", abortus, lesbianisme en homoseksualiteit. (Nogmaals, president Clinton heeft zich stevig achter deze revolutionaire doelen geschaard, waardoor elke twijfel over zijn positie ten opzichte van de krachten van de wereldrevolutie is verdwenen).

Het Comité van 300 heeft een groot aantal specialisten in dienst die ons willen doen geloven dat er ernstig gevaarlijke en vaak ontwrichtende veranderingen plaatsvinden vanwege de "veranderende tijden", alsof ze van richting zouden kunnen veranderen zonder dat een of andere kracht ze oplegt. Het Comité beschikt over een groot aantal "leraren" en "leiders" wier enige taak in het leven erin bestaat zoveel mogelijk mensen wijs te maken dat grote veranderingen "gewoon gebeuren" en daarom vanzelfsprekend moeten worden aanvaard.

Daartoe hebben deze "leiders", die voorop lopen bij de verwezenlijking van de "sociale programma's" van het Communistisch Manifest, handig gebruik gemaakt van de methoden van het Tavistock Institute for Human Relations, zoals "internal directional conditioning" en "Operation Research", om ons de veranderingen te laten accepteren alsof het onze eigen ideeën waren.

Uit een kritisch onderzoek van het Handvest van de Verenigde Naties blijkt dat het slechts in geringe mate afwijkt van het Communistisch Manifest van 1848, waarvan een onverkort en ongewijzigd exemplaar wordt bewaard in het British Museum in Londen. Het bevat een uittreksel uit het manifest, dat zogenaamd het werk is van Karl Marx (de jood Mordechai Levy) en Friedrich Engels, maar dat in feite is geschreven door leden van de Illuminati, die vandaag de dag nog steeds zeer actief zijn via hun 13 belangrijkste raadsleden in de Verenigde Staten.

In 1945 kregen de senatoren, die zich haastten om dit gevaarlijke document te ondertekenen, niets van deze vitale informatie te zien. Als onze wetgevers de Grondwet kenden, als ons Hooggerechtshof die zou handhaven, dan zouden we de woorden van wijlen senator Sam Ervin, een groot grondwetgeleerde die door de liberalen zo bewonderd wordt vanwege zijn werk over Watergate, kunnen herhalen: "We treden op geen enkele manier toe tot de Verenigde Naties" en onze wetgevers dwingen te erkennen dat de Amerikaanse Grondwet boven elk verdrag staat.

De Verenigde Naties zijn een oorlogsorgaan. Zij streven ernaar de macht in handen van de uitvoerende macht te leggen in plaats van waar deze hoort: bij de wetgevende macht. Neem als voorbeeld de Koreaanse Oorlog en de Golfoorlog. In de Golfoorlog waren het de Verenigde Naties, niet de Senaat en het Huis, die president Bush de bevoegdheid gaven om oorlog te voeren tegen Irak, waardoor hij de door de Grondwet voorgeschreven oorlogsverklaring kon gebruiken om deze te omzeilen. President Harry Truman beriep zich op dezelfde ongeoorloofde bevoegdheid om de Koreaanse oorlog te beginnen.

Als wij, het soevereine volk, blijven geloven dat de Verenigde Staten wettelijk lid zijn van de Verenigde Naties, moeten we voorbereid zijn op verdere illegale acties van onze presidenten, zoals we hebben gezien bij de invasie van Panama en de Golfoorlog. Door te handelen onder de dekmantel van resoluties van de Veiligheidsraad, kan de president van de Verenigde Staten de macht van een koning of dictator overnemen. Deze bevoegdheden zijn uitdrukkelijk verboden door de grondwet.

Op grond van de bevoegdheden die hem door de resoluties van de VN-Veiligheidsraad zijn verleend, kan de president ons meeslepen in elke toekomstige oorlog die hij besluit te voeren. De basis voor deze methode om de grondwettelijk voorgeschreven procedures voor oorlogsverklaringen te saboteren werd getest en toegepast in de dagen voorafgaand aan de Golfoorlog, die ongetwijfeld voor altijd zal worden gebruikt als precedent voor toekomstige niet-aangekondigde oorlogen, als onderdeel van de strategie van oorlogen. Oorlogen brengen diepgaande veranderingen teweeg die niet via diplomatie kunnen worden bereikt.

Laten we voor alle duidelijkheid eens kijken naar de procedures die in de grondwet zijn vastgelegd voordat de Verenigde Staten een oorlog kunnen beginnen:

(1) De Senaat en het Huis moeten afzonderlijke resoluties aannemen die verklaren dat er een staat van oorlog bestaat tussen de Verenigde Staten en de andere natie. In dit verband moeten we het woord "oorlogszuchtig" bestuderen, want zonder "oorlogszuchtig" kan er geen intentie zijn om oorlog te voeren...

(2) Het Huis en de Senaat moeten dan afzonderlijk en afzonderlijk resoluties aannemen waarin wordt verklaard dat er een staat van oorlog bestaat tussen de strijdende partijen, een of meer naties en de Verenigde Staten. Amerika was dus officieel gewaarschuwd dat het op het punt stond de oorlog in te gaan.

(3) Het Huis en de Senaat moeten dan afzonderlijke, individuele

resoluties aannemen om het leger te informeren dat de Verenigde Staten nu in oorlog zijn met de oorlogvoerende natie(s).

(4) Het Huis en de Senaat moeten dan beslissen of de oorlog een "imperfecte" of "perfecte" oorlog wordt. Een imperfecte oorlog betekent dat slechts één tak van het leger betrokken mag zijn, terwijl een perfecte oorlog betekent dat elke man, vrouw en kind van de Verenigde Staten in openbare oorlog is met elke man, vrouw en kind van de andere natie of naties. In het laatste geval zijn alle takken van de strijdkrachten betrokken.

Als de president geen grondwettelijke oorlogsverklaring van het Congres krijgt, moeten alle Amerikaanse militairen die naar de niet-aangekondigde oorlog zijn gestuurd, binnen 60 dagen na de datum waarop ze zijn gestuurd, terugkeren naar de VS (deze vitale bepaling is grotendeels nietig geworden). Het is gemakkelijk te zien hoe de grondwet is gekaapt door president Bush; ons leger is nog steeds in oorlog met Irak en wordt nog steeds gebruikt om een illegale VN-blokkade af te dwingen. Als we een regering hadden die de Grondwet werkelijk respecteerde, zou de Golfoorlog nooit hebben plaatsgevonden, en zouden onze troepen nu niet in het Midden-Oosten zitten, of zelfs in Somalië.

Deze maatregelen om de oorlog te verklaren zijn speciaal ontworpen om te voorkomen dat de Verenigde Staten in een oorlog worden betrokken, en daarom heeft president Bush de grondwet omzeild om ons in de Golfoorlog te betrekken. Ook hebben de Verenigde Naties niet het gezag om de Verenigde Staten een regel op te leggen die ons zegt te gehoorzamen aan een economische blokkade van Irak of een andere natie - omdat de Verenigde Naties geen soevereiniteit hebben. We zullen de Golfoorlog in latere hoofdstukken behandelen.

Deze bevoegdheden, die niet bij de president maar bij de feitelijke wetgever berusten, maken de Verenigde Naties tot het machtigste orgaan ter wereld via de resoluties van de Veiligheidsraad. Sinds we Jefferson's vorm van neutraliteit hebben verlaten, worden we geregeerd door de ene na de andere serie vagebonden die Amerika naar believen plunderen en dat blijven doen. Het was Thomas Jefferson die een scherpe waarschuwing gaf, die onze agenten in het Congres botweg hebben genegeerd, dat Amerika zou worden vernietigd door geheime overeenkomsten met buitenlandse regeringen die het Amerikaanse volk willen verdelen en regeren, zodat de belangen van buitenlandse regeringen worden gediend vóór de behoeften van ons eigen volk.

Buitenlandse hulp is niets anders dan een programma om landen te beroven en te plunderen van hun natuurlijke hulpbronnen, en het geld van de Amerikaanse belastingbetaler te overhandigen aan de dictators van die landen, zodat het Comité van 300 obscene winsten kan opstrijken met deze illegale plundering, terwijl het Amerikaanse volk, dat niet beter is dan de slaven van de Egyptische farao's, kreunt onder de enorme last van het bijdragen aan "buitenlandse hulp". In het hoofdstuk over moordaanslagen geven we Belgisch Congo als een goed voorbeeld van wat we bedoelen. Belgisch Congo werd duidelijk bestuurd ten voordele van het Comité van 300, niet van het Congolese volk.

De Verenigde Naties gebruiken buitenlandse hulp om de middelen van soevereine naties te plunderen. Geen piraat of dief heeft het ooit zo goed gehad. Zelfs Kubla Kahn had niet zoveel geluk als de Rothschilds, Rockefellers, Warburgs en hun soortgenoten. Als een land terughoudend is in het afstaan van zijn natuurlijke hulpbronnen, zoals Congo was in zijn poging zichzelf te beschermen tegen buitenlandse roofzucht, gaan VN-troepen erheen om het te "dwingen zich aan te passen", zelfs als dat betekent dat burgers moeten worden vermoord, wat de VN-troepen in Congo hebben gedaan door zijn leider af te zetten en te vermoorden, zoals ze met Patrice Lumumba hebben gedaan. De huidige poging om president Hoessein van Irak te vermoorden is een ander voorbeeld van hoe de Verenigde Naties de Amerikaanse wet en de wetten van onafhankelijke naties ondermijnen.

De vraag is hoe lang wij, het soevereine volk, ons illegale lidmaatschap van deze ene wereldregeringsorganisatie zullen blijven tolereren. Alleen wij, het soevereine volk, kunnen onze agenten, onze dienaren, in het Huis en de Senaat bevelen, om onmiddellijk ons lidmaatschap op te zeggen, van een wereldorganisatie, die schadelijk is voor het welzijn van de Verenigde Staten van Amerika.

II. De wrede en illegale Golfoorlog

De meest recente van de oorlogen die onder de dekmantel van de Golfoorlog zijn gevoerd, onderscheidt zich van de andere oorlogen doordat het Comité van 300, de Raad voor Buitenlandse Betrekkingen, de Illuminati en de Bilderbergers hun sporen op weg naar de oorlog niet afdoende hebben verborgen. De Golfoorlog is daarom een van de gemakkelijkste oorlogen om te herleiden tot Chatham House en Harold Pratt House en, gelukkig voor ons, een van de gemakkelijkste om onze zaak te bewijzen.

De Golfoorlog moet worden gezien als een uniek onderdeel van de algemene strategie van het Comité van 300 tegenover de olieproducerende Islamitische staten van het Midden-Oosten. Hier kan slechts een kort historisch overzicht worden gegeven. Het is van essentieel belang de waarheid te kennen en ons te bevrijden van de propaganda van de opiniemakers van Madison Avenue, ook bekend als "reclamebureaus".

De Britse imperialisten, geholpen door hun Amerikaanse neven, begonnen tegen het midden van de negentiende eeuw met de uitvoering van hun plannen om alle olie in het Midden-Oosten in handen te krijgen. De illegale Golfoorlog was een integraal onderdeel van dit plan. Ik zeg illegaal omdat, zoals uitgelegd in de hoofdstukken over de Verenigde Naties, alleen het Congres de oorlog kan verklaren, zoals bepaald in artikel I, sectie 8, clausules 1, 11, 12, 13, 14, 15 en 18 van de Amerikaanse grondwet. Henry Clay, een erkende autoriteit op het gebied van de grondwet, heeft dit bij verschillende gelegenheden gezegd.

Geen enkele gekozen functionaris kan de bepalingen van de grondwet terzijde schuiven, en zowel de voormalige minister van Buitenlandse Zaken James Baker III als president George Bush hadden wegens schending van de grondwet in staat van beschuldiging moeten worden gesteld. Een bron bij de Britse inlichtingendienst vertelde me dat Baker, toen hij koningin Elizabeth II op Buckingham Palace ontmoette, in feite opschepte over hoe hij de grondwet had omzeild en vervolgens, in het bijzijn van de koningin, Edward Heath uitscheldde voor zijn verzet tegen de oorlog. Edward Heath, de voormalige Britse premier, werd door het Comité van 300 ontslagen omdat hij het beleid van Europese eenheid niet steunde en omdat hij fel gekant was tegen de Golfoorlog.

Baker vertelde de bijeenkomst van staatshoofden en diplomaten dat hij pogingen om hem over constitutionele kwesties te laten praten had afgewezen. Baker schepte ook op over hoe zijn bedreigingen tegen het Iraakse volk waren uitgevoerd, en koningin Elizabeth II knikte instemmend. Het is duidelijk dat Baker en president Bush, die ook bij de bijeenkomst aanwezig was, hun loyaliteit aan de ene wereldregering boven hun eed plaatsten om de grondwet van de Verenigde Staten te handhaven.

Het land Arabië bestaat al duizenden jaren en heeft altijd bekend gestaan als Arabië. Dit land was via de families Wahabi en Abdul Aziz verbonden met gebeurtenissen in Turkije, Perzië (nu Iran) en Irak. In de 15 eeuw zagen de Britten, geleid door de Venetiaanse roofridders van de zwarte adel, een kans om zich te vestigen in Arabië, waar zij in conflict kwamen met de Koreische stam, de stam van de profeet Mohammed, de postume zoon van de Hasjemitische Abdullah, van wie de Fatimidische en Abbasidische dynastieën afstammen.

De Golfoorlog was slechts een uitbreiding van de pogingen van het Comité van 300 om de erfgenamen van Mohammed en het Hasjemitische volk in Irak te vernietigen. De heersers van Saoedi-Arabië worden gehaat en veracht door alle ware volgelingen van de Islam, vooral omdat zij hebben toegestaan dat de "ongelovigen" (Amerikaanse troepen) in het land van de profeet Mohammed zijn gestationeerd.

De essentiële artikelen van de islamitische godsdienst bestaan uit het geloof in één God (Allah), in zijn engelen en in zijn profeet Mohammed, de laatste der profeten, en het geloof in zijn geopenbaarde werk, de Koran; het geloof in de dag der opstanding en in Gods voorbeschikking van de mensheid. De zes fundamentele plichten van de gelovigen zijn het opzeggen van de geloofsbelijdenis, waarin de eenheid van God wordt bevestigd, en de vaste aanvaarding van de zending van Mohammed; vijf dagelijkse gebeden; volledig vasten tijdens de maand Ramadan, en een pelgrimstocht naar Mekka, minstens één keer in het leven van de gelovige.

Strikt vasthouden aan de fundamentele beginselen van de moslimreligie maakt iemand een fundamentalist, wat de families Wahabi en Abdul Aziz (de Saoedische koninklijke familie) niet zijn. Het Saoedische koningshuis heeft zich langzaam maar zeker van het fundamentalisme verwijderd, wat hen niet populair heeft gemaakt bij islamitisch-fundamentalistische landen als Irak en Iran, die hen nu verwijten dat zij de Golfoorlog mogelijk hebben gemaakt. We slaan eeuwen geschiedenis over en komen aan in 1463, toen in het Ottomaanse Rijk een grote oorlog uitbrak, op touw gezet en gepland door de Venetiaanse bankiers van Black Guelph. De Venetiaanse Guelphs (die rechtstreeks verwant zijn aan koningin Elizabeth II van Engeland) hadden de Turken misleid door te geloven dat zij vrienden en bondgenoten waren, maar de Ottomanen zouden een bittere les leren.

Om deze periode te begrijpen, moet je weten dat zwarte Britse adel synoniem is met zwarte Venetiaanse adel. Onder leiding van Mohammed de Veroveraar werden de Venetianen verdreven uit het huidige Turkije. De rol van Venetië in de wereldgeschiedenis is bewust zwaar onderschat. En zijn invloed wordt nu onderschat, net als de rol die het speelde in de bolsjewistische revolutie, de twee wereldoorlogen en de Golfoorlog. De Ottomanen werden verraden door de Britten en de Venetianen, die "als vrienden kwamen, maar een dolk achter hun rug verborgen hielden", zoals het verhaal gaat. Dit is een van de eerste uitstapjes in de wereld van de oorlog. George Bush heeft het met groot succes herhaald door zich voor te doen als vriend van het Arabische volk.

Dankzij Britse interventie werden de Turken verdreven van de poorten van Venetië en werd een Arabische aanwezigheid stevig gevestigd op het schiereiland. De Britten gebruikten de Arabieren onder kolonel Thomas E. Lawrence om het Ottomaanse Rijk ten val te brengen, alvorens hen te verraden en de zionistische staat Israël te stichten met de Balfour Verklaring. Dit is een goed voorbeeld van diplomatieke dubbelhartigheid. Van 1909 tot 1915 gebruikte de Britse regering Lawrence om Arabische troepen te leiden om de Turken te bestrijden en hen uit Palestina te verdrijven. Het door de Turken achtergelaten vacuüm werd opgevuld door Joodse immigranten die Palestina binnenstroomden onder de voorwaarden van de Balfour Verklaring.

De Britse regering zette haar misleiding voort door Britse troepen naar de Sinaï en Palestina te sturen. Sir Archibald Murray verzekerde Lawrence dat dit was om Joodse immigratie te voorkomen in het kader van de Balfour Verklaring, ondertekend door Lord Rothschild, een vooraanstaand lid van de Illuminati.

De voorwaarden waaronder de Arabieren instemden met een interventie in het conflict met de Ottomanen (aan wie de zwarte adel van Groot-Brittannië onvoorwaardelijke trouw had gezworen), werden uitonderhandeld door Sheriff Hoessein van Hedjaz, en omvatten specifiek een bepaling dat Groot-Brittannië geen verdere Joodse immigratie in Palestina, Transjordanië en Arabië zou toestaan. Hussein maakte deze eis tot de kern van het akkoord dat met de Britse regering werd gesloten.

Natuurlijk was de Britse regering nooit van plan de voorwaarden van haar overeenkomst met Hoessein na te komen, door de namen van andere landen aan Palestina toe te voegen, zodat ze konden zeggen: "Wel, we hebben ze uit die landen gehouden." Dit was de laatste druppel, want de Zionisten hadden geen belang bij het sturen van Joden naar andere landen in het Midden-Oosten dan Palestina.

De Britse regering speelde steeds de Abdul-Aziz en de Wahabis (de Saoedische koninklijke familie) uit tegen Sheriff Hoessein, door in het geheim een overeenkomst te sluiten met de twee families die beweerden Hoessein "officieel" te erkennen als koning van de Hijaz (wat de Britse regering deed op 15 december

1916). De Britse regering stemde ermee in om de twee families in het geheim te steunen door hen te voorzien van voldoende wapens en geld om de onafhankelijke stadstaten van Arabië te veroveren.

Hoessein was natuurlijk niet op de hoogte van de nevenovereenkomst en stemde in met een grootschalige aanval op de Turken. Dit zette de Wahabi en Abdul Aziz families aan om een leger te vormen en een oorlog te beginnen om Arabië onder hun controle te brengen. De Britse oliemaatschappijen slaagden er dus ongewild in om Hoessein namens hen tegen de Turken te laten vechten.

In 1913 en 1927 voerden de legers van Abdul Aziz-Wahabi, gefinancierd door Groot-Brittannië, een bloedige campagne tegen de onafhankelijke stadstaten van Arabië, waarbij Hijaz, Jauf en Taif werden ingenomen. De Hasjemitische heilige stad Mekka werd op 13 oktober 1924 aangevallen, waardoor Hoessein en zijn zoon Ali moesten vluchten. Op 5 december 1925 gaf Medina zich over na een bijzonder bloedige strijd. De Britse regering, die eens te meer blijk gaf van haar realiteitszin, verzuimde de Wahhabis en Saoedi's te vertellen dat haar werkelijke doel de vernietiging was van de heiligheid van Mekka en de algemene verzwakking van de moslimreligie, iets wat de Britse oligarchen en hun Venetiaanse neven in de zwarte adel ten zeerste wensten.

De Britse regering vertelde de Saoedische en Wahabitische families evenmin dat zij slechts pionnen waren in het spel om de Arabische olie voor Groot-Brittannië veilig te stellen tegenover de aanspraken van Italië, Frankrijk, Rusland, Turkije en Duitsland. Op 22 september 1932 verpletterden Saoedische en Wahabitische legers een opstand in het overwegend Hasjemitische gebied Transjordanië. Arabië werd vervolgens omgedoopt tot Saoedi-Arabië en zou voortaan worden geregeerd door een koning van beide families. Zo namen de Britse oliemaatschappijen door middel van diplomatieke misleiding met leugens de controle over Arabië over. Deze bloedige campagne wordt in detail beschreven in mijn monografie "Wie zijn de echte Saoedische koningen en Koeweitse sjeiks?".

Eenmaal bevrijd van de Ottomaanse dreiging en het Arabisch nationalisme onder het bewind van Sheriff Hoessein, ging de Britse regering namens haar oliemaatschappijen een nieuwe periode van welvaart tegemoet. Zij ontwierpen en garandeerden een verdrag tussen Saoedi-Arabië, zoals het bekend kwam te staan, en Irak, dat de basis werd voor een hele reeks inter-Arabische en islamitische pacten, waarvan de Britse regering verklaarde dat zij deze zou handhaven tegen Joodse immigratie naar Palestina.

In tegenstelling tot wat de Britse leiders de Arabisch-islamitische partijen vertelden, gaf de Verklaring van Balfour, waarover al was onderhandeld, de Joden niet alleen toestemming om naar Palestina te emigreren, maar om er een thuisland van te maken. Deze overeenkomst, vastgelegd in een Engels-Frans akkoord, plaatste Palestina onder internationaal bestuur. Dit wordt net zo gemakkelijk gedaan door de huidige Verenigde Naties, met Cyrus Vance die Bosnië-Herzegovina, een door de internationale gemeenschap erkend land, in kleine enclaves opdeelt zodat Servië ze te zijner tijd kan terugnemen.

Dan, op 2 november 1917, de openbare bekendmaking van de Balfour Verklaring, volgens welke de Britse regering - en niet de Arabieren of Palestijnen, wier land het was - voorstander was van de vestiging van Palestina als nationaal thuisland voor het Joodse volk. Groot-Brittannië beloofde al het mogelijke te doen om de verwezenlijking van dit doel te vergemakkelijken, "met dien verstande dat niets zal worden gedaan dat de burgerlijke en religieuze rechten van de in Palestina bestaande niet-joodse gemeenschappen kan schaden".

Een moediger stuk is elders moeilijk te vinden. Merk op dat de feitelijke inwoners van Palestina werden gedegradeerd tot "niet-joodse gemeenschappen". Merk ook op dat de verklaring, die in werkelijkheid een proclamatie was, werd ondertekend door Lord Rothschild, leider van de Britse zionisten, die geen lid was van de Britse koninklijke familie, noch lid van Balfour's kabinet en daarom nog minder recht had dan Balfour om een dergelijk document te ondertekenen.

Het flagrante verraad van de Arabieren maakte kolonel Lawrence zo boos dat hij dreigde de dubbelhartigheid van de Britse regering te ontmaskeren, een dreigement dat hem het leven zou kosten. Lawrence had Hoessein en zijn mannen plechtig beloofd dat de Joodse immigratie naar Palestina niet zou doorgaan. De documenten in het British Museum maken duidelijk dat de belofte die Lawrence aan sheriff Hoessein deed, werd gedaan door Sir Archibald Murray en generaal Edmund Allenby namens de Britse regering.

In 1917 marcheerden Britse troepen naar Bagdad, wat het begin van het einde van het Ottomaanse Rijk betekende. Gedurende deze hele periode werden Wahhabische en Saoedische families voortdurend door Murray gerustgesteld dat er geen Joden in Arabië zouden worden toegelaten, en dat de weinige Joden die mochten immigreren zich alleen in Palestina zouden vestigen. Op 10 januari 1919 gaven de Britten zichzelf een "mandaat" om Irak te besturen, dat op 5 mei 1920 wet werd. Geen enkele regering in de wereld protesteerde tegen de illegale actie van Groot-Brittannië. Sir Percy Cox werd benoemd tot Hoge Commissaris. Natuurlijk werd het Iraakse volk helemaal niet geraadpleegd.

In 1922 had de Volkenbond de voorwaarden van de Balfour (Rothschild) Verklaring goedgekeurd, die de Britse regering een mandaat gaf om Palestina en het Hasjemitische land Transjordanië te regeren. Men kan zich alleen maar verbazen over de vermetelheid van de Britse regering en de Volkenbond.

In 1880 raakte de Britse regering bevriend met een tamme Arabische sjeik genaamd Emir Abdullah al Salem Al Sabah. Al Sabah werd hun vertegenwoordiger in de regio langs de zuidgrens van Irak, waar de Rumaila olievelden werden ontdekt op Iraaks grondgebied. De familie Al Sabah hield een oogje in het zeil op dit rijke depot terwijl de Iraakse regering zich ermee bezighield.

Een andere Britse buit in 1899 waren de enorme goudvoorraden in de kleine Boerenrepublieken Transvaal en Oranje Vrijstaat, die we in latere hoofdstukken bespreken. We vermelden het hier ter illustratie van het streven van het Comité van 300 om zich de natuurlijke rijkdommen van naties toe te eigenen waar en wanneer het maar kon.

Namens het Comité van 300 sloot de Britse regering op 25 november 1899 - hetzelfde jaar dat de Britten ten strijde trokken tegen de Boerenrepublieken - een overeenkomst met Emir Al Sabah waarbij het land dat aan de Rumaila olievelden in Irak grenst, aan de Britse regering werd afgestaan, ook al maakte het land integraal deel uit van Irak en had Emir Al Sabah er geen rechten op.

De overeenkomst werd ondertekend door sjeik Mubarak Al Sabah, die met veel fanfare en zijn gevolg naar Londen reisde, met alle kosten betaald door de Britse belastingbetalers en niet door de Britse oliemaatschappijen, die de begunstigden van de overeenkomst waren. Koeweit werd de facto een zwart Brits protectoraat. De lokale bevolking had geen inspraak in de vestiging van de Al Sabahs, absolute dictators die al snel blijk gaven van hun meedogenloze wreedheid.

In 1915 vielen de Britten Irak binnen en bezetten Bagdad in een daad die president George Bush "onrechtvaardige agressie" zou hebben genoemd, een term die hij gebruikte om de actie van Irak tegen Koeweit te beschrijven om zijn door Groot-Brittannië gestolen land terug te vorderen. De Britse regering stelde een zelfbenoemd "mandaat" in, zoals we al zagen, en op 23 augustus 1921, twee maanden na aankomst in Bagdad, benoemde de zelfbenoemde Hoge Commissaris Cox de voormalige koning Faisal van Syrië tot hoofd van een marionettenregime in Basra. Groot-Brittannië had nu een marionet in Noord-Irak en een andere in Zuid-Irak.

Om hun positie te versterken, ontevreden over de duidelijk vervalste volksraadpleging die de Britten hun mandaat gaf, werd een uitgebreid en bloedig complot beraamd. Britse geheime agenten van MI6 werden erop uitgestuurd om een opstand onder de Koerden in Mosoel te ontketenen. Aangemoedigd door hun leider, sjeik Mahmud, organiseerden zij een grote opstand op 18 juni 1922. Maandenlang hadden Britse inlichtingenagenten van MI6 sjeik Mahmud verteld dat zijn kansen op een autonome staat voor de Koerden nooit beter zouden worden.

Waarom handelde MI6 zogenaamd tegen de belangen van de Britse regering in? Het antwoord ligt in diplomatie door middel van leugens. Terwijl de Koerden werd verteld dat hun eeuwenoude streven naar een autonome staat op het punt stond werkelijkheid te worden, vertelde Cox de Iraakse leiders in Bagdad dat de Koerden op het punt stonden in opstand te komen. Dit, zei Cox, was een van de vele redenen waarom de Irakezen een blijvende Britse aanwezigheid in het land nodig hadden. Na twee jaar vechten werden de Koerden verslagen en hun leiders geëxecuteerd.

In 1923 werd Groot-Brittannië echter door Italië, Frankrijk en Rusland gedwongen een protocol te erkennen dat Irak onafhankelijkheid verleende zodra het lid werd van de Volkenbond of in ieder geval niet later dan 1926. Dit maakte Royal Dutch Shell Co en British Petroleum woedend, die beide aandrongen op verdere actie, uit angst voor het verlies van hun olieconcessies die in 1996 zouden aflopen. In een verdere klap voor de Britse imperialisten en hun oliemaatschappijen kende de Volkenbond het olierijke Mosul toe aan Irak.

MI6 zorgde ervoor dat er tussen februari en april 1925 opnieuw een Koerdische opstand plaatsvond. Er werden valse beloften gedaan aan de Iraakse regering, met verhalen over wat er zou gebeuren als de Britten hun bescherming uit Irak zouden intrekken. De Koerden werden in opstand gedreven. Het doel was de Volkenbond te laten zien dat Mosoel aan Irak geven een vergissing was en dat het slecht was voor de wereld om een "onstabiele" regering de leiding te geven over een grote oliereserve. Het andere voordeel was dat de Koerden waarschijnlijk zouden verliezen en hun leiders opnieuw zouden worden geëxecuteerd. Deze keer werkte het complot echter niet; de Liga hield voet bij stuk wat Mosoel betreft. Maar de opstand eindigde opnieuw in een nederlaag voor de Koerden en de executie van hun leiders.

De Koerden hebben zich nooit gerealiseerd dat hun vijand niet Irak was, maar de Britse en Amerikaanse oliebelangen. Het was Winston Churchill, niet de Irakezen, die in 1929 de Royal Air Force opdracht gaf Koerdische dorpen te bombarderen omdat de Koerden zich verzetten tegen de Britse oliebelangen in de olievelden van Mosoel, waarvan zij de waarde ten volle begrepen.

In april, mei en juni 1932 lanceerden de Koerden een nieuwe opstand, geïnspireerd en geleid door M16, die tot doel had de Volkenbond te bewegen tot een compromisbeleid inzake de olie van Mosoel, maar de poging was tevergeefs en op 3 oktober 1932 werd Irak een onafhankelijke natie met volledige controle over Mosoel. De Britse oliemaatschappijen hielden het nog 12 jaar vol, tot ze in 1948 uiteindelijk gedwongen werden Irak te verlaten.

En zelfs nadat ze Irak hadden verlaten, trokken de Britten hun aanwezigheid in Koeweit niet terug met het valse argument dat het geen deel uitmaakte van Irak, maar een afzonderlijk land was. Na de moord op president Kassem vreesde de Iraakse regering voor een nieuwe opstand van de Koerden, die nog steeds onder controle stonden van de Britse geheime dienst. Op 10 juni 1963 dreigden de Koerden van Mustafa al-Barzani met een oorlog tegen Bagdad, dat zijn handen al vol had aan de communistische dreiging. De Iraakse regering sloot een overeenkomst om de Koerden enige autonomie te verlenen en vaardigde daartoe een proclamatie uit.

Aangemoedigd door Britse inlichtingendiensten hervatten de Koerden in april 1965 de strijd, omdat Irak geen vooruitgang had geboekt bij de uitvoering van de bepalingen van de proclamatie van 1963. De regering in Bagdad beschuldigde Groot-Brittannië van inmenging in haar interne aangelegenheden en de Koerdische onrust duurde nog vier jaar. Op 11 maart 1970 kregen de Koerden eindelijk autonomie. Maar zoals voorheen werd slechts een zeer klein aantal van de bepalingen van de overeenkomst toegepast. De regeling was in 1923 verstoord toen op aandringen van Turkije, Duitsland en Frankrijk een conferentie werd gehouden in Lausanne, Zwitserland, onder auspiciën van de Volkenbond.

De echte reden voor de conferentie van Lausanne in 1923 was de ontdekking van de Mosul-olievelden in Noord-Irak. Turkije besloot plotseling dat het rechten had op de enorme olievoorraden die onder het door de Koerden bezette land lagen. Op dat moment was ook Amerika geïnteresseerd, en John D. Rockefeller vroeg president Warren Harding een waarnemer te sturen. De Amerikaanse waarnemer accepteerde de illegale situatie in Koeweit. Rockefeller was niet van plan de Britse boot te laten wankelen, zolang hij maar zijn deel van de nieuwe olievondst kon krijgen.

Irak verloor zijn rechten uit hoofde van de oude overeenkomst met de Turkse Petroleum Maatschappij, en de status van Koeweit bleef ongewijzigd. De kwestie van de Mosul-olie werd op aandringen van de Britse afgevaardigde bewust vaag gehouden. Deze kwesties zouden worden opgelost "door toekomstige onderhandelingen", aldus de Britse delegatie. Het bloed van Amerikaanse militairen zal nog steeds worden vergoten om de olie van Mosoel veilig te stellen voor Britse en Amerikaanse oliemaatschappijen, net zoals het bloed werd vergoten voor de olie van Koeweit.

Op 25 juni 1961 viel de Iraakse premier Hassan Abdul Kassem Groot-Brittannië fel aan wegens de kwestie Koeweit, waarbij hij erop wees dat de op de conferentie van Lausanne beloofde onderhandelingen niet hadden plaatsgevonden. Kassem zei dat het gebied dat bekend staat als Koeweit een integraal deel was van Irak en al meer dan 400 jaar als zodanig was erkend door het Ottomaanse Rijk. In plaats daarvan hebben de Britten Koeweit onafhankelijkheid verleend.

Maar het was duidelijk dat de Britse truc om de status van Koeweit en de Mosul olievelden uit te stellen bijna door Kassem was verijdeld. Vandaar de plotselinge noodzaak om Koeweit onafhankelijkheid te verlenen, voordat de rest van de wereld de Britse en Amerikaanse tactiek ontdekte. Koeweit kon nooit onafhankelijk zijn omdat, zoals de Britten heel goed wisten, het een stuk van Irak was dat bij de Rumaila olievelden was opgedeeld en aan British Petroleum was gegeven.

Als Kassem erin geslaagd was Koeweit te heroveren, zouden de Britse machthebbers miljarden dollars aan olie-inkomsten hebben verloren. Maar toen Kassem na de onafhankelijkheid van Koeweit verdween, verloor de Britse protestbeweging aan kracht. Door Koeweit in 1961 onafhankelijkheid te verlenen en het feit te negeren dat het land hen niet toebehoorde, kon Groot-Brittannië de terechte aanspraken van Irak afweren. Zoals bekend deed Groot-Brittannië hetzelfde in Palestina, India en later Zuid-Afrika.

De volgende 30 jaar bleef Koeweit een vazalstaat van Groot-Brittannië, met oliemaatschappijen die miljarden dollars naar Britse banken brachten, terwijl Irak niets ontving. Britse banken floreerden in Koeweit, bestuurd vanuit Whitehall en de City of London. Deze situatie duurde tot 1965. Naast de wreedheid van de Al Sabahs was er geen "één man, één stem" systeem. In feite was er helemaal geen stem voor het volk. De Britse en Amerikaanse regeringen gaven er niets om.

De Britse regering sloot deze overeenkomst met de familie Al Sabah, die voortaan de soevereinen van Koeweit (de naam die aan dit deel van het Iraakse grondgebied werd gegeven) zouden blijven, onder de volledige bescherming van de Britse regering. Zo werd Koeweit van Irak gestolen. Het feit dat Koeweit geen aanvraag indiende om lid te worden van de Verenigde Naties toen Saoedi-Arabië dat wel deed, bewijst dat het nooit een land in de ware zin van het woord is geweest.

De oprichting van Koeweit werd hevig betwist door de opeenvolgende Iraakse regeringen, die weinig konden doen om het gebied terug te winnen tegenover de Britse militaire macht. Op 1 juli 1961, na jaren van protest tegen de annexatie van Koeweit, ondernam de Iraakse regering eindelijk actie in deze kwestie. Emir Al Sabah vroeg Groot-Brittannië de overeenkomst van 1899 na te komen en de Britse regering stuurde militaire troepen naar Koeweit. Bagdad krabbelde terug, maar gaf nooit zijn gerechtvaardigde aanspraak op het grondgebied op.

De inbeslagname door Groot-Brittannië van Iraaks grondgebied, dat het Koeweit noemde en waaraan het onafhankelijkheid verleende, moet worden beschouwd als een van de stoutmoedigste daden van piraterij in de moderne tijd, en droeg rechtstreeks bij tot de Golfoorlog. Ik heb veel moeite gedaan om de achtergrond van de gebeurtenissen die tot de Golfoorlog hebben geleid uit te leggen, om aan te tonen hoe onrechtvaardig de Verenigde Staten jegens Irak hebben gehandeld, en om de macht van het Comité van 300 aan te tonen.

Hier is een samenvatting van de gebeurtenissen die tot de Golfoorlog leidden:

1811-1818. De Wahabi's van Arabië vielen Mekka aan en bezetten het, maar werden door de Sultan van Egypte gedwongen zich terug te trekken.

1899, 25 november. Sjeik Mubarak al-Sabah staat een deel van de Rumaila olievelden af aan Groot Brittannië. De afgestane gebieden werden 400 jaar lang erkend als Iraaks grondgebied. Koeweit was dun bevolkt tot 1914. Koeweit wordt een Brits protectoraat.

1909-1915. De Britten gebruikten kolonel Thomas Lawrence van de Britse geheime dienst om bevriend te raken met de Arabieren. Lawrence verzekerde de Arabieren dat generaal Edmund Allenby zou voorkomen dat de Joden Palestina binnenkwamen. Lawrence was niet op de hoogte van de ware bedoelingen van Engeland. Sheriff Hoessein, heerser van Mekka, roept een Arabisch leger bijeen om de Turken aan te vallen. De aanwezigheid van het Ottomaanse Rijk in Palestina en Egypte wordt vernietigd.

1913. De Britten stemden er in het geheim mee in om Abdul Aziz en de wahabitische families te bewapenen, te trainen en te bevoorraden ter voorbereiding van de verovering van de Arabische stadstaten.

1916. Britse troepen trokken de Sinaï en Palestina binnen. Sir Archibald Murray legde Lawrence uit dat dit een beweging was om Joodse immigratie te voorkomen, wat Sheriff Hoessein accepteerde. Hoessein riep op 27 juni een Arabische staat uit en werd op 29 oktober koning. Op 6 november 1916 erkenden Groot-Brittannië, Frankrijk en Rusland Hoessein als leider van het Arabische volk; op 15 december werd hij door de Britse regering bevestigd.

1916. In een bizarre zet laten de Britten India de Arabische stadstaten Nejd, Qaif en Jubail erkennen als bezittingen van Abdul Aziz' Ibn Saud-familie.

1917. Britse troepen veroveren Bagdad. De Balfour-verklaring wordt ondertekend door Lord Rothschild, die de Arabieren verraadt en de Joden een thuisland in Palestina toekent. Generaal Allenby bezet Jeruzalem.

1920. Conferentie van San Remo. Onafhankelijkheid van Turkije; regeling van oliegeschillen. Britse controle over olierijke landen in het Midden-Oosten begint. De Britse regering vestigt een marionettenregime in Basra onder leiding van koning Faisal van Syrië. Ibn Saud Abdul Aziz valt Taif in de Hijaz aan en slaagt er pas na een strijd van vier jaar in het in te nemen.

1922. Aziz ontslaat Jauf en vermoordt de familie Shalan. De Balfour Verklaring wordt goedgekeurd door de Volkenbond.

1923. Turkije, Duitsland en Frankrijk verzetten zich tegen de Britse bezetting van Irak en roepen op tot een top in Lausanne. Groot-Brittannië stemt in met de bevrijding van Irak, maar behoudt de olievelden van Mosul om een afzonderlijke entiteit in Noord-Irak te creëren. In mei verzwakken de Britten de macht van Emir Abdullah Ibn Hussein, zoon van Sheriff Hussein van Mekka, en noemen het nieuwe land "Transjordanië".

1924. Op 13 oktober vielen de Wahabi's en Adbul Aziz de heilige stad Mekka, de begraafplaats van de Profeet Mohammed, aan en veroverden deze. Hoessein en zijn twee zonen werden gedwongen te vluchten.

1925. Medina gaf zich over aan de troepen van Ibn Saud.

1926. Ibn Saoud riep zichzelf uit tot koning van Hedjaz en sultan van Nejd.

1927. De Britten tekenen een verdrag met Ibn Saud en de Wahabis, waarbij zij volledige vrijheid van handelen krijgen en de veroverde stadstaten als hun bezit worden erkend. Dit is het begin van de strijd tussen British Petroleum en de Amerikaanse oliemaatschappijen om olieconcessies.

1929. Groot-Brittannië tekent een nieuw vriendschapsverdrag met Irak, waarin de onafhankelijkheid van Irak wordt erkend, maar de status van Koeweit wordt opgeschort. Eerste grootschalige aanvallen van Arabieren op Joodse immigranten bij de "Klaagmuur".

1930. De Britse regering publiceert het Witboek van de Passfield Commissie, waarin een onmiddellijke stopzetting van de Joodse immigratie naar Palestina en een verbod op de toewijzing van nieuw land aan Joodse kolonisten wordt aanbevolen vanwege het "buitensporige aantal landloze Arabieren". De aanbeveling werd gewijzigd door het Britse parlement en de genomen maatregelen waren symbolisch.

1932. Arabië wordt omgedoopt tot Saoedi-Arabië.

1935. British Petroleum bouwt een pijpleiding van de betwiste olievelden van Mosoel naar de haven van Haifa. De Peel Commissie rapporteert aan het Britse parlement dat Joden en Arabieren nooit samen kunnen werken; zij beveelt de verdeling van Palestina aan.

1936. De Saudi's ondertekenen een niet-aanvalsverdrag met Irak, maar verbreken dit tijdens de Golfoorlog. De Saudi's besluiten de Verenigde Staten te steunen en schenden daarmee de eerdere overeenkomst met Irak.

1937. De Pan-Arabische Conferentie in Syrië verwerpt het plan van de Peelcommissie voor Joodse immigratie naar Palestina. De Britten arresteren Arabische leiders en deporteren hen naar de Seychellen.

1941. Groot Brittannië viel Iran binnen om het land te "redden" van Duitsland. Churchill zette een marionettenregering op, die zijn orders van Londen aannam.

1946. Groot-Brittannië verleende onafhankelijkheid aan Transjordanië, dat in 1949 werd omgedoopt tot het Hasjemitisch Koninkrijk Jordanië. Wijdverspreide en gewelddadige Zionistische oppositie volgde.

1952. Ernstige rellen in Irak tegen de voortdurende Britse aanwezigheid, verontwaardiging tegen de medeplichtigheid van de Verenigde Staten met de oliemaatschappijen...

1953. De nieuwe Jordaanse regering beveelt de Britse troepen het land te verlaten.

1954. Groot-Brittannië en de Verenigde Staten bekritiseren Jordanië omdat het weigert deel te nemen aan wapenstilstandsbesprekingen met Israël, wat leidt tot de val van het Jordaanse kabinet. De Amerikaanse Zesde Vloot bedreigt de Arabische landen door mariniers in Libanon te laten landen (een oorlogsdaad). Koning Hoessein liet zich niet intimideren en reageerde door de nauwe banden van de Verenigde Staten met Israël aan de kaak te stellen.

1955. Palestijnen rellen op de Westelijke Jordaanoever. Israël verklaart dat "de Palestijnen een Jordaans probleem zijn".

1959. Irak protesteert tegen de opname van Koeweit in CETAN. Beschuldigt de Saoedi's van "hulp aan het Britse imperialisme". De Britse controle over Koeweit wordt versterkt. Irak's uitgang naar de zee wordt afgesneden.

1961. Premier Kassem van Irak waarschuwt Groot-Brittannië: "Koeweit is Irakees land en dat is het al 400 jaar." Kassem wordt dan op mysterieuze wijze vermoord. De Britse regering verklaart Koeweit tot een onafhankelijke natie. Britse oliemaatschappijen krijgen de controle over een groot deel van de Rumaila olievelden. Koeweit tekent een vriendschapsverdrag met Groot-Brittannië. Britse troepen trekken op om een mogelijke aanval van Irak tegen te gaan.

1962. Groot-Brittannië en Koeweit beëindigen het defensiepact.

1965. Kroonprins Sabah Al Salem Al Sabah wordt Emir van Koeweit.

1967. Irak en Jordanië trokken ten strijde tegen Israël. Saoedi-Arabië vermeed partij te kiezen, maar stuurde 20.000 soldaten naar Jordanië, die niet aan de gevechten mochten deelnemen. Inmiddels was de greep van het Comité van 300 op de economie van het Midden-Oosten bijna totaal. De weg die Engeland en Amerika waren ingeslagen, was niet nieuw, maar een uitbreiding begonnen door Lord Bertrand Russell:

> "Wil een wereldregering goed functioneren, dan moet aan bepaalde economische voorwaarden worden voldaan. Verschillende grondstoffen zijn essentieel voor de industrie. Een van de belangrijkste op dit moment is olie. Het is waarschijnlijk dat uranium, hoewel niet langer nodig voor oorlogsdoeleinden, essentieel zal zijn voor het industriële gebruik van kernenergie. Er is geen rechtvaardiging voor particulier eigendom van deze essentiële grondstoffen - en ik geloof dat we onder ongewenst eigendom niet alleen het eigendom van individuen of bedrijven moeten scharen, maar ook dat van afzonderlijke staten. De grondstoffen zonder welke de industrie onmogelijk is, zouden aan het internationale gezag moeten toebehoren en aan afzonderlijke naties moeten worden toegekend."

Het was een diepzinnige verklaring van de "profeet" van het Comité van 300, precies op het hoogtepunt van de Britse en Amerikaanse inmenging in Arabische zaken. Merk op dat Russell toen al wist dat er geen kernoorlog zou komen. Russell verklaarde zich voorstander van één wereldregering, of de nieuwe wereldorde waarover president Bush spreekt. De Golfoorlog was een voortzetting van eerdere pogingen om de controle over de Iraakse olie van de rechtmatige eigenaren af te pakken en om de verankerde positie van British Petroleum en andere oliekartelgrootmachten te beschermen namens het Comité van 300.

De Balfour Declaration is het soort document waarvoor de Britten berucht zijn geworden. In 1899 hadden ze het bedrog tegen de kleine Boerenrepublieken van Zuid-Afrika naar nieuwe hoogten getild. Terwijl zij over vrede sprak, al bezorgd over de honderdduizenden vagebonden en voddenrapers die naar de

Boerenrepublieken stroomden in de nasleep van de grootste goudvondst in de wereldgeschiedenis, bereidde koningin Victoria zich voor op oorlog.

De Golfoorlog werd gevoerd om twee belangrijke redenen: de eerste was de haat van de RIIA en hun Amerikaanse neven in de CFR tegen alles wat moslim is, naast hun sterke verlangen om hun surrogaat, Israël, te beschermen. De tweede was ongebreidelde hebzucht en het verlangen om alle olieproducerende landen in het Midden-Oosten te controleren.

Wat de oorlog zelf betreft, de Amerikaanse manoeuvre begon minstens drie jaar voordat Bush officieel in het offensief ging. De Verenigde Staten bewapenden eerst Irak en zetten het vervolgens aan tot een aanval op Iran in een oorlog die beide landen decimeerde: de "gehaktmolenoorlog". Deze oorlog was bedoeld om Irak en Iran zodanig te verzwakken dat zij niet langer een geloofwaardige bedreiging vormden voor de Britse en Amerikaanse oliebelangen en, als militaire macht, niet langer een bedreiging vormden voor Israël.

In 1981 vroeg Irak de Banco Nazionale de Lavoro (BNL) in Brescia, Italië, om een kredietlijn om wapens te kopen van een Italiaans bedrijf. Dit bedrijf verkocht vervolgens landmijnen aan Irak. Vervolgens schrapte de Amerikaanse president Ronald Reagan in 1982 Irak van de lijst van landen die terrorisme steunen, op verzoek van het ministerie van Buitenlandse Zaken.

In 1983 verstrekte het Amerikaanse ministerie van Landbouw Irak voor 365 miljoen dollar aan leningen, ogenschijnlijk om landbouwproducten te kopen, maar later bleek dat het geld was gebruikt om militair materieel te kopen. In 1985 nam Irak contact op met het BNL-filiaal in Atlanta, Georgia, met het verzoek de leningen van de USDA Commodity Credit Corporation te verwerken.

In januari 1986 vond in Washington DC een vergadering op hoog niveau plaats tussen de CIA en de National Security Agency (NSA). De discussie ging over de vraag of de VS hun inlichtingengegevens over Irak moesten delen met de regering in

Teheran. De toenmalige adjunct-directeur van de NSA, Robert Gates, was tegen het idee, maar de Nationale Veiligheidsraad overrulede hem.

Pas in 1987 maakte president Bush een aantal publieke verwijzingen ter ondersteuning van Irak, waaronder een waarin hij zei: "de Verenigde Staten moeten een sterke relatie met Irak opbouwen voor de toekomst." Kort daarna stemde de Atlanta tak van BNL in het geheim in met een commerciële lening van 2,1 miljard dollar aan Irak. In 1989 eindigden de vijandelijkheden tussen Irak en Iran.

In 1989 waarschuwde een geheim memorandum van de inlichtingendienst van Buitenlandse Zaken minister James Baker:

> "Irak behoudt zijn autoritaire benadering van buitenlandse zaken... en werkt hard aan (het maken van) chemische en biologische wapens en nieuwe raketten."

Baker deed niets wezenlijks aan het rapport en moedigde later, zoals we zullen zien, president Saddam Hoessein actief aan te geloven dat de Verenigde Staten onpartijdig zouden zijn in hun beleid ten aanzien van Irak's buren in het Midden-Oosten.

In april van datzelfde jaar bleek uit een rapport over nucleaire proliferatie van het ministerie van Energie dat Irak een project was begonnen om een atoombom te bouwen. Dit rapport werd in juni gevolgd door een gezamenlijk rapport van Eximbank (een Amerikaans bankagentschap), de CIA en de Federal Reserve Banks, waaruit bleek dat Irak Amerikaanse technologie integreerde.

> "rechtstreeks in Irak's geplande raket-, tank- en pantserwagenindustrie".

Op 4 augustus 1989 deed de FBI een inval in de kantoren van BNL in Atlanta. Sommigen vermoeden dat dit werd gedaan om een echt onderzoek te voorkomen naar de vraag of leningen aan Irak werden gebruikt voor de aankoop van gevoelige militaire technologie en andere militaire knowhow, in plaats van voor de door het ministerie beoogde doeleinden.

In september meldde de CIA aan Baker, in wat insiders zagen als een preventieve zet om zichzelf vrij te pleiten van verantwoordelijkheid, dat Irak het vermogen verkreeg om kernwapens te bouwen via verschillende dekmantelbedrijven die vermoedelijk banden hadden met Pakistan op het hoogste niveau. Pakistan werd al lang verdacht en zelfs door de Amerikaanse Commissie voor Atoomenergie beschuldigd van het bouwen van kernwapens, wat leidde tot een grote breuk in de betrekkingen met Washington, die werden omschreven als "op een historisch dieptepunt".

In oktober 1989 stuurde het ministerie van Buitenlandse Zaken Baker een memo met de aanbeveling om het kredietprogramma van het ministerie van Landbouw voor BNL-onderzoekers in te trekken. Het memo was door Baker geparafeerd, wat door sommigen wordt geïnterpreteerd als goedkeuring van de aanbeveling. Algemeen wordt aangenomen dat het paraferen van een document de goedkeuring van de inhoud en van een geplande actie inhoudt.

Kort daarna ondertekende president Bush als verrassing Nationale Veiligheidsrichtlijn 26, die de Amerikaanse handel met Irak steunde. "Toegang tot de Perzische Golf en belangrijke bevriende staten in die regio is van vitaal belang voor de nationale veiligheid van de VS", aldus Bush. Dit bevestigt dat de president zich al in oktober 1989 had laten doen alsof Irak een bondgenoot van de Verenigde Staten was, terwijl er in feite al voorbereidingen werden getroffen voor een oorlog tegen dat land.

Op 26 oktober 1989, iets meer dan drie weken nadat Bush Irak tot een bevriende staat had verklaard, belde Baker de minister van Landbouw, Clayton Yeutter, om hem te vragen de handelskredieten voor landbouwproducten voor Irak te verhogen. Als antwoord gaf Yeutter zijn departement opdracht 1 miljard dollar aan verzekerde handelskredieten te verstrekken aan de regering van Bagdad, hoewel het ministerie van Financiën voorbehoud maakte.

Assistent-staatssecretaris Lawrence Eagleburger verzekerde het ministerie van Financiën dat het geld nodig was om "geopolitieke redenen":

"Ons vermogen om het gedrag van Irak te beïnvloeden op gebieden variërend van Libanon tot het vredesproces in het Midden-Oosten (een indirecte verwijzing naar Israël) wordt versterkt door de uitbreiding van de handel", aldus Eagleburger.

Dit was echter niet genoeg om de argwaan en vijandigheid van sommige Democraten in het Congres weg te nemen, die wellicht reageerden op informatie die zij van Israël hadden ontvangen. In januari 1990 verbood het Congres leningen aan Irak en acht andere landen die door congresonderzoekers als vijandig tegenover de Verenigde Staten werden beschouwd. Dit was een tegenslag voor het grote oorlogsplan tegen Irak, waarvan Bush niet wilde dat het Congres ervan wist. Dus op 17 januari 1990 stelde hij Irak vrij van het verbod van het Congres.

Waarschijnlijk uit angst dat interventie van het Congres de oorlogsplannen zou verstoren, stuurde specialist John Kelly van het State Department een memo naar Under Secretary of State for Policy Robert Kimit waarin het Department of Agriculture werd gehekeld voor zijn vertraging bij het verstrekken van leningen aan Irak. Dit incident in februari 1990 is van groot belang, omdat het bewijst dat de president erop gebrand was de levering van wapens en technologie aan Irak af te ronden om te voorkomen dat het tijdschema voor de oorlog zou mislukken.

Op 6 februari schreef James Kelly, advocaat bij de Federal Reserve Bank van New York en belast met het toezicht op de activiteiten van BNL in de Verenigde Staten, een memo dat tot grote bezorgdheid had moeten leiden: een geplande reis naar Italië van strafrechtelijke onderzoekers van de Federal Reserve was uitgesteld. BNL had zich bezorgd getoond over de Italiaanse pers. Een reis naar Istanbul werd uitgesteld op verzoek van procureur-generaal Richard Thornburgh.

Kelly's memo van februari 1990 zei gedeeltelijk:

"...Een belangrijk element van de relatie en het niet

goedkeuren van de leningen zal Saddam's paranoia aanwakkeren en hem sneller tegen ons doen keren."

Als we nog niet op de hoogte waren van de geplande oorlog tegen Irak, zou deze laatste verklaring verbazingwekkend lijken. Hoe konden de VS president Hoessein blijven bewapenen als zij vreesden dat hij zich tegen ons zou keren? Logischerwijs zou de juiste handelwijze zijn geweest de kredieten op te schorten in plaats van een land te bewapenen waarvan het ministerie van Buitenlandse Zaken dacht dat het zich tegen ons zou kunnen keren.

Maart 1990 bracht enkele verrassende ontwikkelingen. Uit voor de federale rechtbank in Atlanta overgelegde documenten blijkt dat Reinaldo Petrignani, de Italiaanse ambassadeur in Washington, tegen Thornburgh zei dat het beschuldigen van Italiaanse ambtenaren in het BNL-onderzoek "neerkomt op een klap in het gezicht van de Italianen". Petrignani en Thornburgh ontkenden later dat dit gesprek had plaatsgevonden. Het bewees één ding: de diepe betrokkenheid van de regering Bush bij de leningen van BNL aan Irak.

In april 1990 kwam het Committee of Interagency Deputies van de National Security Council, onder leiding van de Deputy National Security Advisor Robert Gates, in het Witte Huis bijeen om een mogelijke verandering in de houding van de VS ten opzichte van Irak te bespreken - een nieuwe wending in de cycloon van diplomatie door leugens.

Diezelfde maand, in een andere onverwachte wending van gebeurtenissen die Bush of de NSA blijkbaar niet hadden voorzien, weigerde het ministerie van Financiën het krediet van 500 miljoen dollar van het USDA. In mei 1990 meldde het ministerie van Financiën dat het een memo had ontvangen van de NSA waarin bezwaar werd gemaakt tegen deze actie. In de memo stond dat NSA personeel de toekenning van landbouwkredieten wilde verhinderen.

"omdat het de reeds gespannen betrekkingen met Irak op het gebied van het buitenlands beleid zou verergeren".

Op 25 juli 1990, waarschijnlijk eerder dan het Comité van 300 had gewild, werd de val gezet. Aangemoedigd door een groeiend aantal mislukkingen gaf president Bush de Amerikaanse ambassadeur April Glaspie toestemming om president Hoessein te ontmoeten. Het doel van de ontmoeting was president Saddam Hoessein gerust te stellen dat de Verenigde Staten geen ruzie met hem hadden en zich niet zouden mengen in inter-Arabische grensgeschillen, volgens een aantal nog niet openbaar gemaakte cables van het State Department die door congreslid Henry Gonzalez zijn verkregen. Dit was een duidelijke verwijzing naar het conflict tussen Irak en Koeweit over de Rumaila olievelden.

De Irakezen vatten Glaspie's woorden op als een signaal van Washington dat zij hun leger naar Koeweit konden sturen en daarmee deelnamen aan het complot. Zoals Ross Perot zei tijdens de verkiezingen van november 1992:

"Ik stel voor dat het Amerikaanse volk in een vrije samenleving die eigendom is van het volk, moet weten wat we ambassadeur Glaspie hebben opgedragen om Saddam Hoessein te vertellen, omdat we veel geld hebben uitgegeven, levens hebben geriskeerd en levens hebben verloren bij deze inspanning en de meeste van onze doelstellingen niet hebben bereikt."

Ondertussen verdween Glaspie uit het publieke zicht en werd ze afgezonderd op een geheime locatie kort nadat het nieuws bekend werd over haar rol in de Irak praktijk. Uiteindelijk, nadat ze onder druk was gezet door de media en geflankeerd door twee liberale senatoren, die deden alsof Glaspie een trofeevrouw was die veel galanterie nodig had, verscheen ze voor een Senaatscommissie en ontkende alles. Kort daarna nam Glaspie "ontslag" bij het State Department, en ongetwijfeld leeft ze nu in een comfortabele obscuriteit waaruit ze geplukt zou moeten worden, onder ede geplaatst in een rechtbank en gedwongen om te getuigen over de waarheid over hoe de regering Bush berekend heeft om niet alleen Irak, maar ook deze natie te bedriegen.

Op 29 juli 1990, vier dagen na Glaspie's ontmoeting met de Iraakse president, begon Irak zijn leger te verplaatsen naar de grens met Koeweit. De misleiding voortzettend, stuurde Bush een team naar Capitol Hill om te getuigen tegen het opleggen van sancties tegen Irak, wat president Hoessein's geloof versterkte dat Washington een oogje dicht zou knijpen voor de op handen zijnde invasie van Irak.

Twee dagen later, op 2 augustus 1990, stak het Iraakse leger de kunstmatige grens naar Koeweit over. Eveneens in augustus vertelde de CIA in een uiterst geheim rapport aan Bush dat Irak niet van plan was Saudi-Arabië binnen te vallen en dat het Iraakse leger geen noodplan had om dat te doen.

In september 1990 ontmoette de Italiaanse ambassadeur Rinaldo Petrignani, vergezeld van een aantal BNL-functionarissen, officieren van justitie en onderzoekers van het ministerie van Justitie. Tijdens deze ontmoeting zei Petrignani dat BNL "het slachtoffer was van een verschrikkelijke fraude - de goede reputatie van de bank is van groot belang, aangezien de Italiaanse staat de meerderheidsaandeelhouder is". Deze feiten werden onthuld in documenten die aan de voorzitter van de bankcommissie van het Huis, Henry Gonzalez, werden overhandigd.

Voor ervaren waarnemers betekende dit maar één ding: er was een samenzwering gaande om de echte schuldigen in Rome en Milaan vrij te pleiten en de schuld af te schuiven op de plaatselijke schuldige. Het is dan ook niet verwonderlijk dat er een "onschuldige" houding werd aangenomen: vervolgens doken onweerlegbare bewijzen op waaruit bleek dat de leningen van de BNL-tak in Atlanta de volledige zegen hadden van het hoofdkantoor van BNL in Rome en Milaan.

Op 11 september 1990 riep Bush een gezamenlijke zitting van het Congres bijeen en verklaarde ten onrechte dat Irak op 5 augustus 1990 150.000 troepen en 1.500 tanks in Koeweit had, klaar om Saudi-Arabië aan te vallen. Bush baseerde zijn verklaring op valse informatie van het Ministerie van Defensie. Defensie moet geweten hebben dat deze informatie vals was, anders waren de KH11 en KH12 satellieten defect, en we weten dat dat niet zo was. Blijkbaar moest Bush overdrijven om het

Congres ervan te overtuigen dat Irak een bedreiging vormde voor Saoedi-Arabië.

Ondertussen publiceerde het Russische leger zijn eigen satellietbeelden waarop het exacte aantal troepen in Koeweit te zien was. Om Bush te dekken, beweerde Washington dat de satellietbeelden afkomstig waren van een commerciële satelliet die onder andere aan ABC televisie was verkocht. Door de satellietbeelden toe te vertrouwen aan een commercieel bedrijf, heeft Rusland zelf een beetje bedrog gepleegd. Het is duidelijk dat het ministerie van Defensie en de president tegen het Amerikaanse volk hebben gelogen en nu op een leugen zijn betrapt.

Op dat moment stelde president Gonzalez ongemakkelijke vragen over de mogelijke betrokkenheid van de regering Bush bij het BNL-schandaal. In september 1990 schreef de assistent-procureur-generaal voor wetgevende zaken een memo aan de procureur-generaal waarin stond:

> "Onze beste poging om een verder onderzoek van het House Banking Committee naar (BNL's) leningen door het Congres te dwarsbomen, is u te vragen rechtstreeks contact op te nemen met voorzitter Gonzalez."

Op 26 september, een paar dagen na ontvangst van de memo, belde Thornburgh met Gonzalez en vertelde hem geen onderzoek in te stellen naar BNL vanwege de nationale veiligheid. Gonzalez besloot abrupt om het onderzoek van het House Banking Committee naar BNL te annuleren. Thornburgh ontkende later Gonzalez te zeggen BNL met rust te laten. Gonzalez kreeg al snel een memo van het State Department van 18 december in handen, waarin Thornburghs pleidooi voor "nationale veiligheid" werd uiteengezet. In de memo stond ook dat het onderzoek van het Ministerie van Justitie naar BNL geen problemen of bezwaren in verband met de nationale veiligheid opleverde.

Bovendien maakte de Defense Intelligence Agency bekend dat haar teams in Italië te weten waren gekomen dat de afdeling Brescia van BNL 255 miljoen dollar aan Irak had geleend om bij een Italiaanse fabrikant landmijnen te kopen. Op de dag van de aankondiging van de "geallieerde overwinning" in de Golfoorlog heeft het Ministerie van Justitie, zoals verwacht, de zondebok van het BNL-schandaal aangeklaagd. Christopher Drogoul wordt ervan beschuldigd Irak illegaal meer dan 5 miljard dollar te hebben geleend en smeergeld tot 2,5 miljoen dollar te hebben aangenomen. Weinig mensen geloofden dat een obscure kredietofficier in een klein filiaal van een Italiaanse staatsbank de bevoegdheid zou hebben gehad om op eigen initiatief transacties van een dergelijke omvang te sluiten.

Van januari tot april 1990, toen de druk op de regering Bush toenam om de flagrante anomalieën in het NLB-schandaal te verklaren, nam de Nationale Veiligheidsraad stappen om de rijen te sluiten. Op 8 april riep Nicolas Rostow, de raadsman van de NSC, een vergadering op hoog niveau bijeen om manieren te onderzoeken om te reageren op dringende verzoeken om documentatie van onder andere de voorzitter van het House Banking Committee, Gonzalez.

De vergadering werd bijgewoond door C. Boyden Gray, juridisch adviseur van Bush, Fred Green, adviseur van de National Security Agency, Elizabeth Rindskopf, algemeen adviseur van de CIA, en een groot aantal juristen die de ministeries van Landbouw, Defensie, Justitie, Financiën, Energie en Handel vertegenwoordigden. Rostow opende de vergadering met de waarschuwing dat het Congres van plan leek de relaties van de regering Bush met Irak voor de oorlog te onderzoeken.

Rostow vertelde de advocaten dat "de Nationale Veiligheidsraad de reactie van de regering coördineert op verzoeken van het Congres om documenten met betrekking tot Irak", en voegde eraan toe dat elk verzoek om documenten van het Congres moet worden doorgelicht op "kwesties van uitvoerende privileges, nationale veiligheid, enz. Alternatieven voor het verstrekken van documenten moeten worden onderzocht. Deze informatie werd uiteindelijk verkregen door Gonzalez.

Er begonnen barsten te komen in het anders zo solide obstructiebeleid van de regering. Op 4 juni 1990 gaven ambtenaren van het ministerie van Handel toe dat zij informatie op exportdocumenten hadden achtergehouden om te verhullen dat het ministerie feitelijk exportvergunningen had verleend voor zendingen van militaire uitrusting en technologie naar Irak.

Nog grotere barsten begonnen in juli te ontstaan, toen CIA Congressional Liaison Officer Stanley Moskowitz rapporteerde dat BNL bankfunctionarissen in Rome niet alleen heel goed wisten wat er in het filiaal in Atlanta was gebeurd, lang vóór de aanklacht van Drogoul, maar in feite hun handtekening hadden gezet en de leningen aan Irak hadden goedgekeurd. Dit was in directe tegenspraak met de verklaring van ambassadeur Petrignani aan het ministerie van Justitie dat het kantoor van BNL in Rome niets wist van de leningen voor Irak van het filiaal in Atlanta.

In een andere verrassende wending schreef procureur-generaal William Barr in mei 1992 een brief aan Gonzales waarin hij Gonzales beschuldigde van het schaden van "nationale veiligheidsbelangen" door het onthullen van het Irak-beleid van de regering. Ondanks de ernst van de beschuldiging gaf Barr geen enkele bevestiging om de beschuldiging te staven. Het is duidelijk dat de president geschokt is en dat de verkiezingen van november snel naderen. Dit punt ging niet verloren aan Gonzalez, die Barr's beschuldiging als "politiek gemotiveerd" bestempelde.

Op 2 juni 1992 pleitte Drougal schuldig aan bankfraude. Een ontevreden rechter Marvin Shoobas vroeg het Ministerie van Justitie een speciale aanklager aan te stellen om de hele BNL-affaire te onderzoeken. Maar op 24 juli 1992 werd de aanval op Gonzalez hervat met een brief van CIA directeur Robert Gates. Hij bekritiseerde de president omdat hij onthulde dat de CIA en een aantal andere Amerikaanse inlichtingendiensten op de hoogte waren van de omgang van de regering Bush met Irak voorafgaand aan de Golfoorlog. Later die maand. werd de brief van Gates openbaar gemaakt door het House Banking Committee.

In augustus beschuldigde het voormalige hoofd van het FBI-kantoor in Atlanta het ministerie van Justitie er openlijk van dat het bijna een jaar lang treuzelde met het indienen van aanklachten in de BNL-zaak. En op 10 augustus 1992 weigerde Barr een speciale aanklager aan te stellen om de contacten van de regering Bush met Irak voorafgaand aan de Golfoorlog te onderzoeken, zoals gevraagd door het House Judiciary Committee.

Vervolgens schreef Barr op 4 september een brief aan het House Banking Committee waarin hij verklaarde niet te zullen voldoen aan de dagvaardingen van het comité voor de BNL-documenten en aanverwante informatie. Het werd snel duidelijk dat Barr alle overheidsdiensten moet hebben opgedragen te weigeren met het House Banking Committee samen te werken, want vier dagen na de publicatie van Barr's brief verklaarden de CIA, de Defense Intelligence Agency, de douanedienst, het ministerie van Handel en de National Security Agency alle dat zij niet van plan waren te reageren op verzoeken om informatie en documenten over de BNL-kwestie.

Gonzalez ging de strijd aan in het Huis en onthulde dat het op basis van het CIA-rapport van juli 1991 duidelijk was dat het management van BNL in Rome op de hoogte was van de leningen aan Irak door het filiaal in Atlanta en ze had goedgekeurd. Federale aanklagers in Atlanta waren verbijsterd door deze zeer schadelijke informatie.

Op 17 september 1991 stemden de CIA en het ministerie van Justitie er in een duidelijke poging om de schade te beperken mee in om federale aanklagers in Atlanta te vertellen dat de enige informatie die zij over BNL hadden reeds openbaar was gemaakt. De haast om zichzelf en hun diensten vrij te pleiten ligt aan de basis van alle beschuldigingen en ruzies die vlak voor de verkiezingen op elk nieuwskanaal werden uitgezonden.

In de wetenschap dat hij het grootste deel van zijn laatste honderd dagen in functie wanhopig had geprobeerd de schandalen die overal om hem heen uitbraken te verdoezelen, werd Bush een reddingslijn toegeworpen: de media stemden ermee in de details van het complot niet te melden. Het rookgordijn van "nationale veiligheid" had zijn werk gedaan.

In een voortdurende poging om zich te distantiëren van de andere partijen die betrokken waren bij de BNL-Irakgate-doofpot, stemde het Ministerie van Justitie ermee in dat het binnenkort zeer schadelijke documenten zou vrijgeven waaruit blijkt dat de CIA vooraf op de hoogte was van het "groene licht" van het BNL-kantoor in Rome voor leningen aan Irak. De informatie werd vervolgens doorgegeven aan rechter Shoob, wiens eerdere twijfels over Drougal's aanklacht gerechtvaardigd bleken.

Vervolgens maakte Gonzalez op 23 september 1992 bekend dat hij geheime documenten had ontvangen waaruit duidelijk bleek dat de CIA in januari 1991 wist dat BNL op hoog niveau leningen aan Irak had goedgekeurd. In zijn brief uitte Gonzalez zijn bezorgdheid over de leugens van Gates aan de federale aanklagers in Atlanta dat het kantoor van BNL in Rome niet op de hoogte was van wat zijn filiaal in Atlanta deed.

De Senate Intelligence Committee beschuldigde Gates ook van misleiding van het Justice Department, federale aanklagers en rechter Shoob over de omvang van de kennis van de CIA over de BNL gebeurtenissen. Het ministerie van Justitie stond de heer Drogoul toe zijn schuldbekentenis op 1 oktober in te trekken. De enige strijd, die de voorzitter van het House Banking Committee tegen de regering Bush voerde en won, werd door de media genegeerd uit respect voor de wensen van het Republikeinse kiescomité en om Bush, een van zijn favoriete zonen, te beschermen.

Rechter Shoob trok zich enkele dagen later terug uit de BNL-zaak. Hij verklaarde dat hij had geconcludeerd dat

> "het is waarschijnlijk dat de Amerikaanse inlichtingendiensten op de hoogte waren van de transacties van BNL-Atlanta met Irak... De CIA blijft niet meewerken aan pogingen om informatie te verkrijgen over haar kennis van of betrokkenheid bij de financiering van Irak door BNL-Atlanta."

De bron van deze informatie kon aanvankelijk niet worden onthuld, maar de kern ervan verscheen later in een verslag van de *New York Times*.

Een belangrijke ontwikkeling vond plaats toen senator David Boren de CIA beschuldigde van het verbergen en liegen tegen ambtenaren van het Ministerie van Justitie. In haar antwoord gaf de CIA toe dat zij in haar rapport van september onjuiste informatie had gegeven aan het Ministerie van Justitie - geen grote bekentenis, aangezien onder andere Gonzalez daar al bewijs van had. De CIA zei dat het een eerlijke vergissing was. Er was "geen poging om iemand te misleiden of iets te verdoezelen", zei het agentschap. De CIA gaf ook schoorvoetend toe dat het niet alle documenten die het had over BNL had vrijgegeven.

De volgende dag nam de hoofdadvocaat van de CIA, de heer Rindskopf (die in 1991 deelnam aan de briefing die door Nicolas Rostow van de National Security Agency was georganiseerd om de schade te beperken), het refrein van de "eerlijke vergissing" over en beschreef de zaak als een "zeker betreurenswaardige vergissing" als gevolg van een gebrekkig archiefsysteem. Was dit het beste excuus dat de hoofdadviseur van de CIA kon bedenken? Noch Senator Boren noch Vertegenwoordiger Gonzalez waren overtuigd.

Er zij aan herinnerd dat het werkelijke doel van de door Nicholas Rostow bijeengeroepen vergadering van 1991 was de toegang te controleren tot alle overheidsdocumenten en informatie die de ware relatie tussen de regering Bush en de regering in Bagdad zouden kunnen onthullen. Natuurlijk hadden degenen die moesten proberen de muur rond dergelijke informatie af te breken alle recht om zeer sceptisch te zijn over Rindskopf's zwakke excuus over gebrekkige archivering.

Rostow's inspanningen om de schade te beperken kregen een nieuwe klap op 8 oktober 1992, toen CIA-functionarissen werden opgeroepen om te getuigen voor een besloten zitting van de Senate Intelligence Committee. Volgens informatie van bronnen dicht bij de commissie, hadden de CIA-ambtenaren het niet gemakkelijk en gaven zij uiteindelijk het State Department de schuld, door te beweren dat dit informatie had achtergehouden en vervolgens misleidende informatie over BNL-Atlanta had gegeven op aandringen van een hoge ambtenaar van het Justice Department.

Op 9 oktober 1992 werd een officiële ontkenning gepubliceerd, waarbij het State Department weigerde de verantwoordelijkheid op zich te nemen voor het feit dat het de CIA had opgedragen relevante BNL-documenten niet vrij te geven aan de aanklagers in Atlanta. Het ministerie van Justitie lanceerde vervolgens zijn eigen aanklacht, waarin het de CIA beschuldigde van het lukraak overhandigen van sommige geheime documenten en het achterhouden van andere. De Senate Select Intelligence Committee stemde in met een eigen onderzoek naar deze beschuldigingen en tegenbeschuldigingen.

Het werd duidelijk dat alle op de bijeenkomst van 8 april 1991 aanwezige partijen afstand probeerden te nemen van de affaire. Vervolgens kondigde de FBI op 10 oktober aan dat ook zij de BNL-Atlanta-affaire ging onderzoeken. De CIA ontkende dat zij ooit aan de Inlichtingencommissie van de Senaat had toegegeven dat zij op speciaal verzoek van Justitie informatie had achtergehouden.

Deze vreemde gebeurtenissen volgden elkaar zo snel op dat dagelijkse aankondigingen van beschuldigingen door deze of gene overheidsinstantie doorgingen tot 14 oktober 1992. Op 11 oktober kondigde het Ministerie van Justitie aan dat zijn Office of Professional Responsibility een onderzoek zou instellen naar zichzelf en de CIA, met hulp van de FBI. Assistant Attorney General Robert S. Meuller III, woordvoerder van de Public Integrity Section van het Justice Department, kreeg de leiding. Informatie van Senator David Boren's kantoor suggereert dat Meuller direct betrokken was bij het achterhouden van informatie voor federale aanklagers in Atlanta.

Op 12 oktober 1992, slechts twee dagen nadat de FBI had aangekondigd een eigen onderzoek naar de BNL-affaire in te stellen, beweerde ABC News informatie te hebben ontvangen dat FBI-directeur William Sessions werd onderzocht door het Office of Professional Responsibility van het Ministerie van Justitie. De beschuldigingen omvatten misbruik van overheidsvliegtuigen, het bouwen van een hek rond zijn huis op kosten van de regering en misbruik van telefoonprivileges - geen van deze zaken houdt op enigerlei wijze verband met de BNL-affaire.

Het rapport van ABC kwam nadat de FBI op 10 oktober had aangekondigd de BNL-affaire te onderzoeken. Het was een poging om Sessions onder druk te zetten om het door de FBI beloofde onderzoek af te blazen. Senator Boren vertelde verslaggevers:

> "De timing van de beschuldigingen tegen rechter Sessions doet me afvragen of er geprobeerd wordt hem onder druk te zetten om geen onafhankelijk onderzoek te doen."

Anderen wezen op een verklaring van de heer Sessions op 11 oktober dat zijn onderzoek niet de hulp zou inroepen van ambtenaren van het ministerie van Justitie, tegen wie mogelijk zelf een onderzoek loopt. "Het ministerie van Justitie zal niet deelnemen aan het (FBI) onderzoek en de FBI zal geen informatie delen," zei Sessions. In de laatste dagen van zijn herverkiezingscampagne bleef Bush categorisch ontkennen dat hij enige persoonlijke kennis of betrokkenheid had bij de Iraqgate of Iran/Contra schandalen.

De zaken werden voor de president ongunstig toen op 12 oktober 1992 senator Howard Metzenbaum, lid van de Senate Select Committee on Intelligence, in een brief aan procureur-generaal Barr vroeg om de benoeming van een speciale aanklager:

> "... Omdat zeer hoge ambtenaren wellicht op de hoogte waren van of deelnamen aan een poging om BNL-Rome vrij te pleiten van haar medeplichtigheid aan de activiteiten van BNL-Atlanta, kan geen enkele tak van de uitvoerende macht het gedrag van de Amerikaanse regering in deze zaak onderzoeken zonder op zijn minst de schijn van belangenverstrengeling te wekken."

In de brief van Metzenbaum stond dat er aanwijzingen waren voor "geheime betrokkenheid van de Amerikaanse regering bij wapenverkopen aan Irak", afkomstig van gerechtelijke procedures in Atlanta. Gonzalez stuurde een vernietigende brief aan Barr, waarin hij opriep om een speciale aanklager aan te stellen om...

> "de herhaalde en duidelijke tekortkomingen en obstructie van de leiding van het Ministerie van Justitie verhelpen... De beste manier om dit te doen is het juiste te doen en uw ontslag aan te bieden," zei Gonzalez.

Vervolgens schreef senator Boren op 14 oktober een brief aan Barr met het verzoek een onafhankelijke speciale aanklager aan te stellen:

> "Een echt onafhankelijk onderzoek is nodig om te bepalen of er federale misdrijven zijn gepleegd bij de behandeling van de BNL-zaak door de regering."

Boren beweert verder dat Justitie en de CIA de BNL-zaak in de doofpot hebben gestopt. De volgende dag publiceerde de CIA een telegram van haar stationchef in Rome, waarin een niet-geïdentificeerde bron wordt geciteerd die hoge ambtenaren in Italië en de Verenigde Staten ervan beschuldigt te zijn omgekocht, kennelijk om te voorkomen dat zij zouden zeggen wat zij wisten over de BNL-Atlanta-affaire.

Er volgde een stilte van vijf dagen in de vuurstorm rond de regering Bush, totdat de Senate Select Committee zijn onderzoek begon naar beschuldigingen dat de CIA en de NSA dekmantelbedrijven gebruikten om Irak in strijd met de federale wetgeving van militaire apparatuur en technologie te voorzien. Sommige Democraten in de Senaatscommissie voor Justitie riepen Barr ook op een onafhankelijke aanklager aan te stellen, wat hij opnieuw weigerde.

Bush vocht voor zijn politieke leven toen de speciale aanklager Lawrence Walsh een aanklacht indiende tegen voormalig minister van Defensie Caspar Weinberger, waarin hij werd beschuldigd van liegen tegen het Congres. Volgens bronnen in Washington "was het pandemonium in het Witte Huis". Weinberger gaf op zijn beurt aan dat hij niet de rol van zondebok voor de president zou spelen. Volgens een bron vertelde C. Boyden Gray de president dat de enige mogelijkheid voor hem was om Weinberger gratie te verlenen.

Op kerstavond 1992 verleende Bush dus gratie aan Weinberger en vijf andere hoofdrolspelers in het Iran/Contra-schandaal: Voormalig Nationaal Veiligheidsadviseur Robert McFarlane, CIA agenten Clair George, Duane Clarridge en Alan Fiers, en voormalig onderminister van Buitenlandse Zaken Elliott Abrams. Bush' inschikkelijkheid heeft hem effectief afgeschermd van Walsh, waardoor het Iran/Contra onderzoek om zeep werd geholpen. Clinton heeft tot nu toe geen interesse getoond in het benoemen van een speciale aanklager.

Walsh uitte snel zijn woede aan de media. Presidentiële clementie

> "toont aan dat machtige mensen met machtige bondgenoten ernstige misdaden kunnen plegen terwijl ze een hoge functie bekleden - opzettelijk misbruik maken van het publieke vertrouwen zonder consequenties... De Iran/Contra doofpot, die zes jaar lang doorging, is nu over.... Dit bureau werd pas in de laatste twee weken, op 11 december 1992, op de hoogte gebracht dat President Bush had nagelaten zijn zeer relevante aantekeningen (Bush' dagboek) aan onderzoekers te overleggen, ondanks herhaalde verzoeken om dergelijke documenten... In het licht van President Bush' eigen wangedrag door het achterhouden van zijn dagboek, zijn we ernstig bezorgd over zijn beslissing om gratie te verlenen aan anderen die tegen het Congres logen en officiële onderzoeken belemmerden."

Misschien wist Walsh niet wat hem te wachten stond, of dat de doofpot al veel langer aan de gang was dan hij vermoedde. De zaak van de Israëlische agent Ben-Menashe is een goed voorbeeld. De House of Representatives Task Force on the October Surprise vond het niet nodig om Ben-Menashe als getuige op te roepen. Had de commissie dat wel gedaan, dan had zij vernomen dat Ben-Menashe aan *Time-correspondent* Rajai Samghabadi had verteld over een grootschalige "off-the-record" wapendeal tussen Israël en Iran in 1980.

Tijdens het proces van Ben-Menashe in 1989, waarin

Samghabadi in zijn naam getuigde, bleek dat het verhaal van een enorme illegale wapenverkoop door Israël aan Iran herhaaldelijk was aangeboden aan het tijdschrift *Time,* dat weigerde het af te drukken, hoewel het was bevestigd door Bruce Van Voorst, een voormalige CIA-agent die voor *Time* werkte. Walsh leek niet te weten dat het Oostkust liberale establishment, geleid door het Comité van 300, niets geeft om de wet, omdat het de wet maakt.

Walsh liep tegen dezelfde muur als Senator Eugene McCarthy, toen hij William Bundy voor zijn commissie wilde brengen en alleen John Foster Dulles kreeg. Het is niet verrassend dat Walsh geen succes had, zeker niet als het ging om een Skull and Bonesman.[5] McCarthy had geprobeerd Dulles te laten getuigen over bepaalde CIA activiteiten, maar Dulles had geweigerd mee te werken.

R. James Woolsey, de man die door Clinton is aangesteld om de CIA te leiden, zal hij alles doen om de schuldigen te berechten? Woolsey is lid van de National Security Club, werkte onder Henry Kissinger als lid van de National Security Council en was Under Secretary of the Navy in de regering Carter. Hij heeft ook in talrijke commissies gezeten en is een nauwe bondgenoot van Les Aspin en Albert Gore.

Woolsey heeft een andere goede vriend in Dave McMurdy, lid van de House Intelligence Committee en ook een belangrijke adviseur van Clinton. Als advocaat was Woolsey partner in het gevestigde advocatenkantoor Shae and Gardner, gedurende welke periode hij optrad als buitenlands agent - zonder zich als zodanig bij de Senaat te laten registreren. Woolsey had ook een langdurige advocaat-cliënt relatie met een hoge CIA functionaris.

Een van Woolsey's meest opvallende klanten was Charles Allen, een nationale inlichtingenofficier op het CIA-hoofdkwartier in Langley, Virginia. Allen werd door zijn baas, William Webster, in een intern onderzoeksrapport over het Iran/Contra-schandaal beschuldigd van het achterhouden van bewijsmateriaal. Het

---

[5] Lid van het Skull and Bones geheim genootschap.

schijnt dat Allen nooit al zijn dossiers over de relaties met Manucher Ghorbanifar, de tussenpersoon in de Iran/Contra-affaire, heeft overhandigd. Webster bedreigde Allen, die zich tot Woolsey wendde voor hulp, zeggende dat hij "een simpele fout" had gemaakt. Toen Sessions ontdekte dat Allen door Woolsey werd vertegenwoordigd, liet hij de zaak vallen. Zij die dicht bij de zaak stonden, zeggen dat met Woolsey aan het roer van de CIA, anderen die geen gratie kregen van Bush, in Woolsey een "open deur" zullen vinden.

III. Oliebeleid van de VS

Het Amerikaanse oliebeleid in het buitenland biedt een samenhangend verhaal van diplomatie door middel van leugens. Bij het onderzoek naar documenten van het State Department voor dit boek ontdekte ik talrijke documenten waarin openlijk steun wordt betuigd aan Standard Oil in Mexico en aan Amerikaanse oliemaatschappijen in het Midden-Oosten. Het werd mij toen duidelijk dat het State Department betrokken was bij een gigantische samenzwering van diplomatie door misleiding op het gebied van buitenlandse olie.

In een richtlijn van het State Department van 16 augustus 1919, gericht aan alle consuls en ambassades in het buitenland, werd gepleit voor massale spionage en de verdubbeling van het personeel van de buitenlandse dienst om de grote Amerikaanse oliemaatschappijen te helpen:

> "Heren: Het vitale belang van het veiligstellen van een adequate voorraad koolwaterstoffen voor de huidige en toekomstige behoeften van de Verenigde Staten is onder de aandacht van het Departement gebracht. De ontwikkeling van bewezen voorraden en de exploratie van nieuwe gebieden worden in vele delen van de wereld agressief voortgezet door onderdanen van verschillende landen en er wordt actief gezocht naar concessies voor minerale rechten. Het is wenselijk te beschikken over de meest volledige en actuele informatie betreffende deze activiteiten van Amerikaanse of andere burgers.

> "U bent derhalve verantwoordelijk voor het verkrijgen en onmiddellijk doorgeven, van tijd tot tijd, van informatie betreffende oliepachtovereenkomsten, veranderingen in de eigendom van olie-eigendommen of belangrijke veranderingen in de eigendom of controle van bedrijven die

betrokken zijn bij de productie of distributie van olie.

"Ook informatie over de ontwikkeling van nieuwe velden of de toegenomen exploitatie van producerende gebieden moet worden gerapporteerd. Volledige gegevens zijn gewenst en de verslagen mogen niet beperkt blijven tot de hierboven genoemde punten, maar moeten informatie bevatten over alle zaken van belang voor de aardolie-industrie die zich van tijd tot tijd kunnen voordoen...".

Deze richtlijn werd uitgevaardigd na een lange en bittere strijd met de Mexicaanse regering. Zoals we in het volgende verhaal zullen zien, had A.C. Bedford, voorzitter van Standard Oil, geëist dat de Amerikaanse regering zich ermee zou bemoeien:

"Alle passende diplomatieke steun voor het verkrijgen en exploiteren van olie-eigendommen in het buitenland moet door de regering worden ondersteund."

De Federal Trade Commission adviseerde al snel "diplomatieke steun" voor deze oliemaatschappijen in het buitenland.

Charles Evans Hughes getuigde ook voor de Coolidge Federal Oil Conservation Board en drong erop aan dat het beleid van het State Department en dat van de oliemaatschappijen synoniem moesten zijn:

"Het buitenlands beleid van de regering, uitgedrukt in de uitdrukking "Open Door", dat consequent door het State Department wordt gevoerd, heeft het mogelijk gemaakt onze Amerikaanse belangen in het buitenland op intelligente wijze te bevorderen en de behoeften van ons volk grotendeels op passende wijze te beschermen."

Dit betekende echt dat een fusie van overheids- en particuliere oliebelangen noodzakelijk was. Het was geen toeval dat Evans toevallig adviseur was van zowel het American Petroleum Institute als Standard Oil.

Een schoolvoorbeeld: de Mexicaanse olieproductie

Het verhaal van de Mexicaanse olie-exploitatie is ook een

voorbeeld van hoe men zijn zin krijgt. De verovering van Mexico's belangrijkste natuurlijke hulpbron - zijn olie - blijft een lelijke en openlijke smet op de bladzijden van de Amerikaanse geschiedenis.

De olie werd in Mexico ontdekt door de Britse bouwmagnaat Weetman Pearson, wiens bedrijf deel uitmaakte van het wereldwijde netwerk van bedrijven van het Comité van 300. Pearson zat niet in de olichandel, maar hij werd gesteund door Britse oliemaatschappijen, met name de Royal Dutch Shell Company. Hij werd al snel de grootste producent in Mexico.

De Mexicaanse president Porfirio Diaz gaf Pearson officieel de exclusieve rechten om naar olie te zoeken, nadat hij het "exclusieve recht" al had gegeven aan Edward Dahoney van Standard Oil, die bekend stond als "Mexico's olie tsaar". Zoals we zullen zien, vocht Diaz voor de belangen van zijn elitaire achterban. Hij stond ook onder de invloed van Dahoney en president Warren Harding.

We moeten teruggaan naar het Verdrag van Guadalupe Hidalgo van 1848, waarbij Mexico voor 15 miljoen dollar Opper-Californië, Nieuw-Mexico en het noorden van Sonora, Coahuila en Tampaulis afstaat aan de Verenigde Staten. Texas was in 1845 door de Verenigde Staten geannexeerd. Een van de belangrijkste redenen voor de annexatie van Texas was dat geologen op de hoogte waren van de enorme olievoorraden die onder het land lagen.

In 1876 bracht Diaz Leordo de Tejada ten val en op 2 mei 1877 werd hij uitgeroepen tot president van Mexico. Hij bleef in functie tot 1911, met uitzondering van vier jaar (1880-1884). Diaz stabiliseerde de financiën, ondernam industriële projecten, bouwde spoorwegen en vergrootte de handel tijdens zijn dictatoriale bewind, terwijl hij trouw bleef aan degenen die hem aan de macht hadden gebracht. De "royalty" van Mexico was nauw verbonden met de royalty's van Groot-Brittannië en Europa.

Het was de afkondiging van een nieuwe mijnwet op 22 november

1884 die de deur opende voor Pearson om te beginnen met de exploitatie van olie. In tegenstelling tot de oude Spaanse wet bepaalde de nieuwe wet dat een eigendomsakte de eigendom van de producten van de ondergrond inhield. Ook mochten de gemeenschappelijke gronden van indianen en mestiezen overgaan in de handen van Mexico's 1,5 miljoen "hogere klassen". Tegen deze achtergrond begon Diaz concessies te verlenen aan buitenlandse investeerders.

De eerste die een concessie kreeg was Dahoney, de naaste medewerker van minister van Binnenlandse Zaken Albert Fall en president Harding, aan wie Dahony grote sommen geld had gegeven voor zijn campagne. In Hardings kabinet zaten niet minder dan vier oliemannen, waaronder Fall. In 1900 kocht Dahoney 280.000 acres van de Hacienda del Tulillo voor 325.000 dollar. Als "beloning" voor president Diaz kon Dahoney letterlijk land stelen of kopen tegen belachelijk lage prijzen.

Na vier jaar exploitatie produceerde Dahoney de meeste van de 220.000 vaten olie die uit Mexico kwamen. Dahoney dacht dat hij goed gevestigd was en weigerde in opdracht van de Amerikaanse regering de "beloning" voor president Diaz te verhogen, hoewel de velden Potrero en Cero Azul meer dan een miljoen dollar per week opbrachten. Deze houding was vrij typerend voor de egoïstische hebzucht van John D., een neiging die de hele Rockefeller-familie aanhing. Op dit punt gaf Diaz, ongelukkig met Dahoney, Pearson een "eenmalige concessie". Tegen 1910 had Pearsons Mexican Eagle Company 58% van de totale Mexicaanse productie verworven.

Als reactie liet Rockefeller Pearsons bronnen dynamiseren en zijn arbeiders aanvallen door boeren die hij met zijn geld voor dat doel had bewapend. Grote bendes struikrovers werden bewapend en getraind om Mexicaanse Eagle's pijpleidingen en oliefaciliteiten te vernietigen. Alle vuile trucs die William "Doc" Avery Rockefeller had geleerd, doken op in John D. Rockefeller's oorlog tegen Pearson.

Maar Pearson bleek meer dan een partij voor Rockefeller en vocht terug met vergelijkbare tactieken. Rockefeller berekende dat er niet genoeg olie in Mexico was om te blijven vechten (wat een grote fout bleek te zijn), en trok zich terug en liet het veld open voor Pearson. Later had John D. spijt van zijn beslissing om zich uit de strijd terug te trekken en zette de middelen van de Standard in voor het creëren van een bloedige chaos in Mexico. In Mexico werden deze onlusten "Mexicaanse revoluties" genoemd, wat niemand begreep.

Als erkenning voor zijn diensten aan de Britse oliebelangen kreeg Pearson de titel "Lord Cowdray" en werd voortaan onder die naam bekend. Hij werd ook permanent lid van het Comité van 300. Lord Cowdray stond op goede voet met president Wilson, maar achter de schermen probeerde John D. deze relatie te ondermijnen en de exploitatie van Mexicaanse olie te hervatten. Lord Cowdray was echter vastbesloten het grootste deel van de Mexicaanse oliewinsten in de Britse overheidskas te houden.

De oliediplomatie in Londen en Washington verschilt weinig in termen van agressiviteit. De motieven en methoden zijn opmerkelijk ongewijzigd gebleven. Internationale macht blijft immers vooral economisch. Op 21 januari 1928 blies vice-admiraal Charles Plunkett, commandant van de Brooklyn Navy Yard, de klok door het marineprogramma van 800 miljoen dollar van president Calvin Coolidge te verdedigen door te verklaren:

> "De straf voor commerciële en industriële efficiëntie is onvermijdelijk oorlog.

Dit was in verband met de grote vraag naar olie voor marineschepen. Plunkett had zijn oog op de olie in Mexico.

Logisch, de natie die de grondstoffen van de wereld controleert, regeert het. Toen Engeland een grote zeemacht had, was dat nodig om de wereldhandel te behouden. Amerika leerde snel, vooral na de komst van Dulles' Illuminati familie, zoals we zullen zien.

Laten we terugkeren naar Mexico, waar Diaz in 1911 werd afgezet door Francisco Madero, en de rol ontdekken die Standard Oil in deze ontwikkeling speelde. Generaal Victoriano Huerto alarmeerde de Britse oliebelangen door te verklaren dat hij de controle over de Mexicaanse olie wilde heroveren, en de Britten vroegen Lord Cowdray (die inmiddels zijn Mexicaanse activiteiten aan Shell had verkocht) om president Wilson ervan te overtuigen hen te helpen Huerta omver te werpen.

Het was een goed idee, want de Britten wisten dat Standard Oil achter de Madero-revolutie van 1911 zat, die president Diaz ten val bracht. Een revolutie die Standard Oil nodig achtte om een einde te maken aan de Britse verkrachting van "zijn" Mexicaanse olie. Francisco Madero, die op 6 november 1911 president van Mexico werd, begreep weinig van de krachten die aan de touwtjes trokken en speelde het politieke spel mee, niet beseffend dat politiek alleen op economie gebaseerd is. Maar Huerta, die hem verving, wist hoe het spel gespeeld werd.

Standard Oil was nauw betrokken bij de val van Porfirio Diaz. Een aantal getuigen tijdens de hoorzitting van de Senaatscommissie Buitenlandse Betrekkingen in 1913 beschuldigden Dahoney en Standard Oil van het financieren van de Madero-revolutie in 1911. Een van de getuigen, Lawrence E. Converse, vertelde de commissieleden veel meer dan Standard wilde horen:

> "Meneer Madero vertelde me dat zodra de rebellen (Madero's troepen) een goede krachtsinspanning leverden, verschillende grote bankiers in El Paso (Texas) bereid waren hem een voorschot te geven. Ik geloof dat het bedrag 100.000 dollar was en dat Standard Oil belangen de voorlopige regering van Mexico hadden gekocht... Zij (gouverneur Gonzalez en staatssecretaris Hernandez) zeiden dat Standard Oil belangen Madero steunden in zijn revolutie..."

De regering Wilson, die de concessies van Cowdray wil beperken, gaat diplomatieke betrekkingen aan met de regering van Madero en beveelt een wapenembargo tegen alle contrarevolutionairen. Kolonel House (Woodrow Wilson's controleur) geeft Cowdray de rol van schurk wanneer Francisco Huerta Madero omverwerpt. "We houden niet van hem (Cowdray), omdat we denken dat tussen hem en Carden (Sir

Lionel Carden, de Britse minister in Mexico) veel van onze problemen in stand worden gehouden," aldus House.

Kolonel House beschuldigde Huerta er terecht van dat hij door de Britten aan de macht was gebracht om de concessies van Standard te beperken door de uitbreiding van de olie-exploitatie van Lord Cowdray. President Wilson weigerde de regering Huerta te erkennen, hoewel Groot-Brittannië en de andere grootmachten dat wel deden. Wilson verklaarde:

"Wij kunnen geen sympathie opbrengen voor hen die de macht van de overheid willen aangrijpen om hun persoonlijke belangen of ambities te bevorderen."

Een woordvoerder van het Comité van 300 zei tegen president Wilson "U klinkt als een Standard Oilman". De vraag werd gesteld:

"...Wat stelt Mexico's olie of handel voor, vergeleken met de hechte vriendschap tussen de Verenigde Staten en Groot-Brittannië? Beide landen zouden moeten instemmen met dit fundamentele principe - laat hun oliebelangen hun eigen strijd voeren, juridisch en financieel."

Volgens degenen die dicht bij president Wilson stonden, was hij zichtbaar geschokt door het feit dat de Britse geheime dienst MI6 zijn rechtstreekse banden met de Mexicaanse bedrijven van Standard had ontdekt, wat zijn imago als Democratische president begon te bezoedelen. House waarschuwde hem dat het voorbeeld dat Huerto gaf door de Amerikaanse macht te trotseren, in heel Latijns-Amerika zou kunnen worden gevoeld als de Verenigde Staten (dat wil zeggen Standard Oil) zich niet lieten gelden. Dit was een mooi raadsel voor een "liberale Democraat".

Minister van Binnenlandse Zaken Fall drong er bij de Amerikaanse Senaat op aan om Amerikaanse strijdkrachten naar Mexico te sturen om "Amerikaanse levens en eigendommen te beschermen". Deze redenering werd ook gebruikt door president Bush om Amerikaanse troepen naar Saoedi-Arabië te sturen om "de levens en eigendommen te beschermen" van British

Petroleum en haar werknemers, om nog maar te zwijgen van het bedrijf van zijn eigen familie, de Zapata Oil Company. Zapata was één van de eerste Amerikaanse oliemaatschappijen die bevriend raakte met de Al Sabahs van Koeweit.

In 1913 hield de Commissie Buitenlandse Betrekkingen van de Amerikaanse Senaat hoorzittingen over wat zij noemde "de revoluties in Mexico". Het Amerikaanse publiek had toen en nu geen idee wat er aan de hand was en werd door de kranten wijsgemaakt dat grote aantallen "gekke Mexicanen rondrenden en op elkaar schoten".

Dahoney, die als getuige-deskundige optrad, was nogal lyrisch in zijn bedekte eis dat de regering in Washington geweld zou gebruiken om Huerta vast te houden. Hij zei:

> "...Het lijkt mij dat de Verenigde Staten moeten profiteren van de ondernemingszin, het vermogen en de pioniersgeest van hun burgers om een redelijk deel van de oliereserves in de wereld te verwerven, te bezitten en te behouden. Als zij dat niet doen, zullen zij merken dat de oliereserves die niet binnen de grenzen van het Amerikaanse grondgebied liggen, snel zullen worden verworven door de burgers en regeringen van andere naties...".

Een soortgelijk citaat schijnen we in recentere tijden te hebben gehoord, toen de "gekke" Saddam Hoessein een bedreiging voor de wereldolievoorraden zou zijn. Minister Fall voegde toe aan zijn oproepen in de Senaat voor een gewapende inval in Mexico:

> "... en hun bijstand (d.w.z. de Amerikaanse strijdkrachten) verlenen aan het herstel van de orde en de handhaving van de vrede in dat ongelukkige land, alsmede aan het in handen leggen van bestuurlijke functies in bekwame en vaderlandslievende Mexicaanse burgers."

De overeenkomst tussen het bedrog tegen de Senaat en het volk van de Verenigde Staten door Standard Oil's Dahoney en minister Fall vertoont een griezelige gelijkenis met Bush' retoriek voor en tijdens zijn illegale oorlog tegen Irak. Bush verklaarde dat het nodig was dat Amerikaanse soldaten "democratie naar Koeweit zouden brengen".

De waarheid is dat democratie een totaal vreemd concept was voor de Al Sabah dictators van Koeweit.

Zodra Amerika erin geslaagd was Koeweit terug te winnen voor British Petroleum (een voorbeeld van de speciale vriendschap tussen de VS en Groot-Brittannië waarover de boodschapper van het Comité van 300 sprak tijdens zijn bezoek aan president Wilson), richtte Bush zijn aandacht op "het trieste en ongelukkige land Irak".

Net als Wilson, die vond dat de "tiran Huerta" moest worden afgezet en Mexico moest worden hersteld om "de orde en de handhaving van de vrede in dat ongelukkige land te waarborgen door de bestuurlijke functies in handen te geven van bekwame en vaderlandslievende Mexicaanse burgers", verklaarde Bush met een soortgelijke formule dat Amerika zich moest ontdoen van de "tiran Saaaddam" (spelfout opzettelijk).

De Amerikanen raakten er snel van overtuigd dat president Hoessein de oorzaak was van alle problemen in Irak, net zoals Kolonel House via Wilson het Amerikaanse volk vertelde over president Huerta van Mexico. In beide gevallen is de gemeenschappelijke noemer, in Mexico en in Irak, olie en hebzucht. Vandaag heeft de minister van Buitenlandse Zaken van de Council on Foreign Relations, Warren Christopher, de plaats ingenomen van Dahoney, Fall en Bush, en houdt hij vast aan de bewering dat Hoessein ten val moet worden gebracht om het Iraakse volk te redden.

Christopher blijft gewoon leugens gebruiken om het doel van het Comité van 300, de volledige overname van de olievelden van Irak, te verhullen. Dit is niet anders dan Wilson's beleid tegenover Huerta.

Terwijl Wilson in 1912 de "Huerta-dreiging" presenteerde als een gevaar voor het Panamakanaal, presenteerde Bush Hussein als een bedreiging voor de Amerikaanse olievoorraden uit Saudi-Arabië. In beide gevallen was dit niet de waarheid: Wilson loog over de "dreiging" voor het Panamakanaal, en Bush loog over een "dreigende invasie" van Saudi-Arabië door het Iraakse leger.

In beide gevallen bestond zo'n dreiging niet. Wilson's verbale aanval op Heurta werd openbaar gemaakt in een toespraak voor de Allied Petroleum Council.

In een door Kolonel House voor hem voorbereide toespraak vertelde Wilson het Congres dat Mexico een "permanent gevaar voor de Amerikaanse belangen" was.

> "De huidige situatie in Mexico is onverenigbaar met de nakoming van Mexico's internationale verplichtingen, met de beschaafde ontwikkeling van Mexico zelf en met de handhaving van aanvaardbare politieke en economische omstandigheden in Midden-Amerika", aldus Wilson.

> "Mexico is eindelijk waar de wereld naar kijkt. Midden-Amerika staat op het punt geraakt te worden door de grote wereldwijde handelsroutes en het kruispunt dat gaat van kust tot landengte..."

In feite kondigde Wilson aan dat het beleid van de Amerikaanse oliemaatschappijen voortaan het beleid van de Verenigde Staten van Amerika zou worden.

President Wilson was volledig in de ban van Wall Street en Standard Oil. Niettegenstaande het feit dat het Hooggerechtshof op 1 mei 1911 antitrustmaatregelen tegen Standard Oil had bevolen, gaf hij de Amerikaanse consuls in Midden-Amerika en Mexico de opdracht om "aan de autoriteiten het idee over te brengen dat elke mishandeling van Amerikanen waarschijnlijk de vraag naar interventie oproept." Dit citaat komt uit een lang document van het State Department, en uit hoorzittingen van de Commissie Buitenlandse Betrekkingen van de Senaat in 1913.

Na deze boodschap vroeg Wilson minister van Buitenlandse Zaken William Bryan duidelijk te maken dat hij wilde dat president Huerta snel zou vertrekken:

> "Het is duidelijk dat Huerta zich onmiddellijk moet terugtrekken uit de Mexicaanse regering en dat de Amerikaanse regering nu alle nodige middelen moet aanwenden om dit resultaat te bereiken".

In de beste stijl van de imperialistische Verenigde Staten volgde

Wilson op 12 november 1912 met een andere aanklacht tegen president Huerta:

> "Als generaal Huerta zich niet met geweld terugtrekt, is het de plicht van de Verenigde Staten om hem er met minder vreedzame middelen uit te gooien."

De oorlogszuchtige verklaring van Wilson was des te schokkender omdat ze volgde op vreedzame verkiezingen waarbij president Huerta in functie werd teruggezet.

Men kan zich afvragen waarom, als dit het geval was met Panama, de erfgenaam van John D., David Rockefeller, zo hard gevochten heeft om het Panamakanaal aan kolonel Torrijos te geven, maar dat is het onderwerp van een ander hoofdstuk onder de titel Panama en het frauduleuze Carter-Torrijos verdrag.

Het hoeft niet te verbazen dat het Amerikaanse volk destijds de oorlogszuchtige aanval van Wilson op Mexico accepteerde, dun vermomd als "patriottisch" en in het belang van de Verenigde Staten. Immers, steunde het grootste deel van de bevolking, ik geloof 87% van de Amerikanen, Bush niet volledig in zijn aanval op Irak, en zijn we niet schuldig aan het laten voortbestaan van het onmenselijke en totaal ongerechtvaardigde embargo tegen Irak?

We moeten ons niet verbazen over de gelijkenis in de retoriek van Wilson en Bush, want beiden werden gecontroleerd door onze parallelle geheime regering op hoog niveau, net zoals Clinton wordt gecontroleerd vanuit Chatham House[6] in Londen, in de persoon van mevrouw Pamela Harriman. Geen wonder dat Warren Christopher de grote leugen tegen Irak voortzet. Olie en hebzucht zijn de bepalende factor in 1993, net als in 1912. De beschuldigingen die ik hier doe tegen Wilson zijn goed gedocumenteerd door auteur Anton Mohr in zijn boek "The Oil War".

Het was Amerika dat Mexico in 1912 de meeste schade toebracht door het in een burgeroorlog te storten die ten onrechte als een

---

[6] De beroemde "Deep State".

"revolutie" werd omschreven, net zoals wij de natie zijn die Irak in 1991 de meeste schade toebracht, en dat blijven doen, in weerwil van onze Grondwet, waarin de leden van het Congres die hebben gezworen deze te handhaven, jammerlijk en jammerlijk hebben gefaald.

Minister Bryan vertelde de Europese mogendheden, die niet hielden van wat er in Mexico gebeurde, dat

> "de vooruitzichten voor vrede, veiligheid van eigendommen en snelle betaling van buitenlandse verplichtingen zijn veelbelovender als Mexico wordt overgelaten aan de strijdkrachten die er momenteel vechten".

Het was een klassiek voorbeeld van diplomatie door middel van leugens. Wat Bryan de Europeanen niet vertelde, was dat hij Mexico niet in de steek liet "bij de machthebbers". Wilson was al begonnen Huerta te isoleren door een financieel en wapenembargo op te leggen. Tegelijkertijd bewapende en ondersteunde hij de troepen van Venustiano Carranza en Francisco Villa en moedigde hen aan generaal Huerta omver te werpen.

Op 9 april 1914 organiseerde de Amerikaanse consul een crisis in Tampico die leidde tot de arrestatie van een groep Amerikaanse mariniers. De Amerikaanse regering eiste een verontschuldiging en verbrak, toen deze uitbleef, het contact met de regering Huerta. Op 21 april was het incident zo ver geëscaleerd dat Amerikaanse troepen het bevel kregen naar Vera Cruz op te rukken.

Door in te spelen op het incident in Tampico kon Wilson het sturen van Amerikaanse zeestrijdkrachten naar Vera Cruz rechtvaardigen. Huerta's aanbod om de zaak Vera Cruz aan het tribunaal in Den Haag voor te leggen, werd door Wilson geweigerd. Net als zijn opvolger Bush in het geval van president Hoessein, liet Wilson niets in de weg staan om een einde te maken aan het bewind van generaal Huerta. Daarbij werd Wilson vakkundig bijgestaan door Dahoney van Standard Oil, die Wilson en Bryan meedeelde dat hij de rebel Carranza 100.000 dollar in contanten en 685.000 dollar in brandstofkredieten had gegeven.

Medio 1914 was Mexico tot totale chaos vervallen door de inmenging van president Wilson in de Mexicaanse aangelegenheden. Op 5 juli werd Huerta bij volksstemming tot president gekozen, maar hij trad op 11 juli af toen duidelijk werd dat Wilson onrust zou zaaien zolang hij de teugels van de Mexicaanse regering in handen had.

Een maand later nam generaal Obregón de macht in Mexico-stad over en installeerde Carranza als president. Maar in het noorden was Francisco Villa een dictator geworden. Villa verzette zich tegen Carranza, maar de Verenigde Staten erkenden Carranza toch. De Latijns-Amerikaanse landen vreesden nu voor Amerikaanse interventie, wat nog werd versterkt door de gevechten tussen Villa's troepen en Amerikaanse troepen bij Carrizal.

Als gevolg van de verontwaardiging in Latijns-Amerika, en met name rekening houdend met de reacties van zijn adviseurs over Latijns-Amerika, beval Wilson op 5 februari 1917 de terugtrekking van de Amerikaanse troepen uit Mexico. Carranza stelde zijn Amerikaanse aanhangers teleur omdat hij niets deed om hun zaak te helpen. In plaats daarvan probeerde hij de revolutie van 1911 te rechtvaardigen, die volgens hem nodig was om de integriteit van Mexico te bewaren. Dit was niet wat de Amerikaanse oliemaatschappijen hem hadden opgedragen te zeggen.

In januari 1917 was de nieuwe Mexicaanse grondwet klaar, en deze kwam als een schok voor Standard Oil en Cowdray's bedrijven. Carranza werd gekozen voor vier jaar. De nieuwe grondwet, die olie in feite tot een onvervreemdbare natuurlijke hulpbron van het Mexicaanse volk verklaarde, werd van kracht op 19 februari 1918 en er werd ook een nieuwe belasting geheven op oliehoudende grond en contracten die vóór 1 mei 1917 waren gesloten.

Deze extra belasting, die onder artikel 27 van het zogenaamde Amerikaanse document viel, was "confiscatoir" en moedigde

Amerikaanse bedrijven in Mexico in wezen aan geen belasting te betalen. De regering-Carranza antwoordde in Washington dat belastingheffing een zaak was van de "soevereine staat Mexico". Hoe hard het Amerikaanse ministerie van Buitenlandse Zaken ook probeerde, het kon Carranza niet op andere gedachten brengen: Mexicaanse olie is van Mexico, en als buitenlanders er nog in mogen investeren, dan kan dat alleen tegen een prijs - belastingen. De oliemaatschappijen worden wakker dat Carranza is doorgedraaid.

Op dat moment richtte Cowdray zich tot de Amerikaanse president en vroeg hem "de gemeenschappelijke vijand (nationalisatie) samen tegemoet te treden". Carranza was nu persona non grata en Cowdray probeerde zijn aandelen te verkopen omdat hij meer verwarring zag aankomen nu de drie belangrijkste Mexicaanse generaals om de macht streden. Cowdrays aanbod tot verkoop werd aanvaard door de Koninklijke Nederlandse Shell Maatschappij. Hoewel de voorwaarden onzeker waren, maakte Cowdray een mooie winst op de verkoop van zijn aandelen.

Na veel gevechten, waarbij Carranza werd gedood en Villa werd vermoord, werd generaal Obregón op 5 september 1923 tot president gekozen. Op 26 december leidde Huerta een opstand tegen Obregón, maar hij werd verslagen. Obregón kreeg steun van Washington op voorwaarde dat hij de toepassing van de grondwet, die door de buitenlandse oliemaatschappijen zo bezwaarlijk werd geacht, zou beperken. In plaats daarvan legde Obregón een belasting van 60% op de olie-export op. De Amerikaanse regering en de oliemaatschappijen waren woedend over wat zij zagen als Obregón's afvalligheid.

Bijna vijf jaar lang zette Washington zijn aanval op de Mexicaanse grondwet voort, terwijl het zijn ware motieven verborg. In 1927 heerste in Mexico burgerlijke onrust en was de schatkist bijna leeg. De Mexicaanse regering werd gedwongen te capituleren. Er is geen betere beschrijving van het gevoel van de Mexicanen over de plundering van hun olie dan een hoofdartikel in *El Universal*, Mexico City, oktober 1927:

"Amerikaans imperialisme is een fataal product van de economische evolutie. Het is nutteloos om te proberen onze noordelijke buren ervan te overtuigen dat zij geen imperialisten zijn; zij kunnen het niet helpen, hoe goed zij het ook bedoelen. Laten we de natuurlijke wetten van het economisch imperialisme bestuderen in de hoop een methode te vinden die, in plaats van het blindelings te bestrijden, de werking ervan verzacht en in ons voordeel ombuigt."

Dit werd gevolgd door een volledige en totale terugdraaiing van de Mexicaanse grondwet door president Plutarco Calles. Deze terugdraaiing werd voortgezet door opeenvolgende Mexicaanse regeringen. Mexico betaalde de toenadering door zich terug te trekken van de beginselen waarvoor het in 1911 en 1917 had gestreden. Op 1 juli 1928 werd generaal Obregón herkozen als president, maar 16 dagen later werd hij vermoord. Buitenlandse oliemaatschappijen werden beschuldigd van de misdaad en van het in onzekerheid houden van Mexico.

De Amerikaanse regering handelde in alliantie met Standard Oil en Lord Cowdray om de Mexicaanse regering te dwingen het decreet van 19 februari 1918 terug te draaien, waarin olie tot een onvervreemdbare natuurlijke hulpbron van het Mexicaanse volk werd verklaard. Op 2 juli 1934 werd generaal Lazaro Cardenas door Calles tot zijn opvolger gekozen. Cardenas keerde zich later tegen Calles en beschreef hem als "te conservatief". Onder druk van Britse en Amerikaanse oliebelangen liet hij Calles bij zijn terugkeer uit de Verenigde Staten in 1936 arresteren. Documenten van het State Department laten er geen twijfel over bestaan dat de Amerikaanse regering de hand had in deze gebeurtenissen.

Cardenas stond sympathiek tegenover de Amerikaanse en Britse oliemaatschappijen, maar Vincente Lombardo Toledano, leider van de Confederatie van Mexicaanse Arbeiders, was fel tegen. Cardenas werd gedwongen te buigen voor de eisen van deze groep, en op 23 november 1936 werd een nieuwe onteigeningswet aangenomen die de regering de bevoegdheid gaf beslag te leggen op eigendommen, met name olievelden. Dit was het tegenovergestelde van wat de Amerikaanse regering en de oliemaatschappijen hadden verwacht, en het bracht de oliemaatschappijen in paniek.

In 1936 waren 17 buitenlandse bedrijven bezig met het oppompen van olie die rechtmatig aan Mexico toebehoorde. De situatie was vergelijkbaar met die in Zuid-Afrika, waar de familie Oppenheimer van het Comité van 300 sinds de Boerenoorlog (1899-1902) Zuid-Afrika van zijn goud en diamanten had beroofd en naar Londen en Zürich had verscheept, terwijl het Zuid-Afrikaanse volk er weinig profijt van had. De Anglo-Boer oorlog was de eerste openlijke demonstratie van de macht en de kracht van het Comité van 300.

Met zowel het "zwarte goud" als het "gele goud" werden de nationale rijkdommen van Mexico en Zuid-Afrika, die werkelijk aan het volk toebehoren, geplunderd. Dit alles vond plaats onder de dekmantel van het vredesakkoord, dat pas instortte toen er sterke nationale leiders opdoken, zoals Daniel Malan in Zuid-Afrika en Lazaro Cardenas in Mexico.

Maar in tegenstelling tot Malan, die de stelende samenzweerders niet kon tegenhouden door de goudmijnen te nationaliseren, vaardigde Cardenas op 1 november 1936 een decreet uit waarin de ondergrondse rechten van Standard Oil en andere bedrijven genationaliseerd werden verklaard. Het netto-effect van dit decreet was dat de oliemaatschappijen niet in Mexico mochten opereren en hun winsten niet naar de Verenigde Staten mochten repatriëren. Jarenlang leefden Mexicaanse oliearbeiders op de rand van de armoede, terwijl Rockefeller en Cowdray hun schatkist vulden met winsten. Cowdray werd een van de rijkste mannen van Groot-Brittannië; Amerikanen kennen maar al te goed de omvang van het Rockefeller-imperium.

Het bloed van duizenden Mexicanen was onnodig vergoten vanwege de hebzucht van Standard Oil, Eagle, Shell, enz. De revoluties werden opzettelijk uitgelokt door de manipulators van de Verenigde Staten, altijd gesteund door de juiste vertegenwoordigers van de Amerikaanse regering. Revoluties werden opzettelijk uitgelokt door de manipulators van de VS, altijd gesteund door de juiste vertegenwoordigers van de

Amerikaanse regering. Terwijl Cowdray in absolute luxe leefde en de beste clubs in Londen bezocht, waren de Mexicaanse oliearbeiders slechter af dan de slaven van de Farao's, die in smerige omstandigheden leefden en samenkropen in sloppenwijken die geen enkele beschrijving kenden.

Op 18 maart 1938 nationaliseerde de regering-Cardenas de eigendommen van Amerikaanse en Britse oliemaatschappijen. De Verenigde Staten namen wraak door geen zilver meer te kopen van Mexico. De Britse regering verbrak de diplomatieke betrekkingen. In het geheim financierden Standard Oil en de Britse oliemaatschappijen generaal Saturnino Cedillo en zetten hem aan tot een opstand tegen Cardenas. Een massale demonstratie van steun voor Cardenas door de bevolking maakte echter binnen enkele weken een einde aan de poging tot opstand.

De Verenigde Staten en Groot-Brittannië stelden snel een boycot in van Mexicaanse olie, waardoor de nationale oliemaatschappij PEMEX werd geruïneerd. De Cardenas sloten vervolgens ruilovereenkomsten met Duitsland en Italië. Dit bedrieglijke gedrag van de twee regeringen - die door de meeste mensen werden beschouwd als pijlers van de westerse beschaving - werd voortgezet toen de communisten probeerden Spanje over te nemen en de Mexicaanse regering probeerde de olieboycot te doorbreken door olie naar de regering van generaal Franco te sturen.

In de Frans-Communistische oorlog, bekend als de Spaanse Burgeroorlog, steunde Roosevelt de communistische kant en stond hij toe dat deze in de Verenigde Staten mannen en munitie rekruteerde. Washington voerde een officieel beleid van "neutraliteit", maar dit bedrog werd slecht verborgen gehouden en kwam aan het licht toen Texaco op het matje werd geroepen.

PEMEX besloot Franco van olie te voorzien en Texaco-tankers te gebruiken om de olie naar Spaanse havens te vervoeren. Sir William Stephenson, hoofd van de MI6 inlichtingendienst, klaagde Texaco aan bij Roosevelt. Zoals gebruikelijk wanneer rechtse anticommunistische regeringen vechten voor het bestaan van hun land, gaf de geheime parallelle Amerikaanse regering

Roosevelt opdracht de Mexicaanse olieleveranties aan Franco stop te zetten. Maar dat weerhield de bolsjewieken er niet van om in de VS te rekruteren of munitie en geld van Wall Street te krijgen. Texaco handelde niet uit sympathie voor Franco of Mexico: zijn motief was winst. Dit laat zien wat er gebeurt als een Fabiaanse socialist als Roosevelt een land bestuurt dat tegen het socialisme is.

Pas in 1946 keerde de schijn van orde in Mexico terug met de verkiezing van president Miguel Aleman. Op 30 september 1947 trof de Mexicaanse regering een definitieve regeling voor alle Amerikaanse en Britse onteigeningsclaims. Dit kwam het Mexicaanse volk duur te staan en liet de feitelijke controle over de olie in handen van de Amerikaanse en Britse oliemaatschappijen. Het door Cardenas ondertekende onteigeningsdecreet van 1936 was dus slechts een gedeeltelijk succes.

In 1966, toen verschillende schrijvers de hebzucht en corruptie van Lord Cowdray aan de kaak stelden, huurde hij Desmond Young in om een boek te schrijven waarin hij zijn betrokkenheid bij Diaz en Huerta vergoelijkte en bagatelliseerde. In 1970 ondertekende president Richard Nixon, op verzoek van de Council on Foreign Relations, een overeenkomst met president Diaz Ordaz die voorzag in een vreedzame regeling van toekomstige grens- en andere geschillen (o.a. over olie).

Deze overeenkomst geldt nog steeds en hoewel de methoden om Mexicaanse olie te plunderen zijn veranderd, zijn de intentie en de motivatie dat niet. Een veel voorkomende misvatting over de Nixon-overeenkomst is dat deze een wijziging van het beleid van Washington inhield. Het was bedoeld om de indruk te wekken dat wij Mexico's recht op zijn natuurlijke hulpbronnen nu erkennen. Het is een herhaling van de periode waarin Morrow onderhandelde over een overeenkomst met Cailes-Obregón in wat het Amerikaanse volk werd voorgehouden als een "grote concessie van de Verenigde Staten", terwijl het in feite nauwelijks een concessie was wat Washington betreft. Dit is het beleid van diplomatie door leugens.

IV. Rockefeller: het kwade genie

Geen enkele andere industrie is zo corrupt geweest als de machtige olie-industrie, en geen enkele andere industrie verdient de scheldwoorden die haar worden toegeworpen. Toen de Amerikaanse Indianen pater Joseph de la Roche Daillon, een Franse franciscaanse missionaris, naar de mysterieuze poel met zwart water in het westen van Pennsylvania leidden, konden zij zich niet voorstellen wat voor verschrikkelijke resultaten er zouden volgen.

De olie-industrie heeft elke poging om binnen haar muren te dringen, zowel door de overheid als door particulieren, overleefd. De Amerikaanse olie-industrie heeft de persoonlijke vendetta's van wijlen senatoren Henry Jackson en Frank Church overleefd, en is met glans en met behoud van haar geheimen uit talrijke onderzoeken tevoorschijn gekomen. Zelfs antitrustzaken hebben haar macht niet kunnen breken.

Je kunt niet over de olie-industrie praten zonder John D. Rockefeller te noemen, die Standard Oil of New Jersey oprichtte. De naam Rockefeller is ook synoniem met hebzucht en een onlesbare dorst naar macht. De haat die de meeste Amerikanen voelen voor de Rockefellers begon toen de "Big Hand" opdook in de oliegebieden van Pennsylvania. Het begon onder de afstammelingen van de pionierboorders die naar Titusville en Pit Head stroomden toen de zwarte "goudkoorts" in 1865 begon.

Het vermogen van John D. Rockefeller om goudzoekers en boorders van hun oliepacht te beroven, doet griezelig veel denken aan de "baanbrekende" inspanningen van Cecil John Rhodes, Barny Barnato en andere Rothschild-Warburgse agenten die het geld leverden voor de overvallen bij daglicht en de chicanes die deze schurken pleegden op de eigenaars van Kimberlydiamanten en Rand-goudpacht. Nelson Rockefeller beweerde ooit dat het familiefortuin "een ongeluk" was, maar de feiten spreken anders.

De paranoia en behoefte aan geheimhouding die John D. Rockefeller omringde, werd doorgegeven aan zijn zonen en overgenomen als strategie tegen inmenging van buitenaf in oliezaken. Tegenwoordig doet het accountantskantoor van het Comité van 300, Price Waterhouse, de boekhouding op zo'n manier dat zelfs de beste accountants en de verschillende Senaatscommissies niet in staat zijn geweest de financiën van de Rockefellers te ontrafelen. Dat is de aard van het beestje. De vraag wordt vaak gesteld: "Waarom was Rockefeller zo corrupt?" We kunnen alleen maar aannemen dat het inherent was aan zijn aard.

John D. Rockefeller geloofde er niet in dat vriendschap de vooruitgang in de weg zou staan, en hij waarschuwde zijn zonen zich nooit door "goede vriendschap te laten overheersen". Zijn favoriete dogma betrof de wijze oude uil die niets zei en veel hoorde. Vroege foto's van John D. tonen een lang, grimmig gezicht, kleine ogen en geen spoor van menselijke kwaliteiten.

Gezien zijn uiterlijk is het des te verbazingwekkender dat de gebroeders Clark John D. accepteerden als hun accountant en vervolgens als partner in hun raffinaderij. De broers beseften al snel dat Rockefeller niet te vertrouwen was. Al snel werden zij gedwongen zich terug te trekken, "uitgekocht" volgens John D. Het boek van Ida Tarbell, "The History of the Standard Oil Company", staat vol met voorbeelden van Rockefellers meedogenloosheid en onmenselijkheid tegenover allen behalve zichzelf.

De Standard Oil Company was het meest geheimzinnige bedrijf in de Amerikaanse geschiedenis, een traditie die vandaag de dag wordt voortgezet door Exxon en zijn dochterondernemingen. Er wordt gezegd dat Standard Oil achter slot en grendel zat als een fort. Rockefellers imago was zo aangetast dat hij Ivy Lee, een public relations man, inhuurde om hem te helpen zijn imago als filantroop te herstellen. Maar ondanks zijn inspanningen kon Lee de erfenis van haat van John D. niet uitwissen. Het bezoedelde imago van Standard en de Rockefellers bleef tot in de jaren negentig bestaan en zal waarschijnlijk voor altijd blijven bestaan. Standard Oil werd de vaandeldrager van de olie-industrie in haar gedrag tegenover landen met olie- en gasreserves in hun ondergrond.

De Rockefellers hebben altijd de wet bepaald, en al heel vroeg besloten zij dat de enige manier om aan belastingheffing te ontkomen was om het grootste deel van hun fondsen en activa buiten de Verenigde Staten onder te brengen. Tegen 1885 had Rockefeller markten gevestigd in Europa en het Verre Oosten, die goed waren voor maar liefst 70% van de activiteiten van Standard Oil.

Maar Rockefellers mars over de continenten was niet zonder hobbels. Publieke wrok tegen Standard bereikte nieuwe hoogten nadat schrijvers als Ida Tarbell en H.D. Lloyd onthulden dat Standard een bedrijf was met een leger van spionnen boven lokale, staats- en federale overheden.

> "die oorlog hebben verklaard, over vrede hebben onderhandeld, rechtbanken, wetgevende lichamen en soevereine staten hebben gedwongen tot ongeëvenaarde gehoorzaamheid aan zijn wil".

Toen het Amerikaanse volk hoorde van de monopolistische praktijken van Standard, stroomden de klachten binnen in de Senaat, wat resulteerde in de Sherman Antitrust Act. Maar de wet was zo opzettelijk vaag, en liet veel vragen onbeantwoord, dat Rockefeller en zijn bende advocaten zich er gemakkelijk aan konden onttrekken. Rockefeller beschreef het ooit als "een oefening in public relations zonder tanden". De invloed van John D. Rockefeller in de Senaat was nooit duidelijker dan tijdens de debatten over de Sherman Antitrust Act. In die tijd stonden individuele senatoren onder intense druk van Rockefeller lobbyisten.

Rockefeller kreeg een tijdelijke tegenslag te verwerken toen opperrechter Edward White op 11 mei 1911 in een antitrustzaak die Frank Kellogg tegen Standard had aangespannen, bepaalde dat Standard al zijn dochterondernemingen binnen zes maanden moest afstoten. Rockefeller reageerde door een leger van schrijvers in te zetten om uit te leggen dat de "bijzondere aard" van de olie-industrie zich niet leende voor normale commerciële methoden; het moest worden behandeld als een speciale entiteit, zoals John D. Rockefeller had gedaan.

Om het besluit van rechter White af te zwakken, zette Rockefeller zijn eigen regeringsvorm op. Deze nieuwe "regering" nam de vorm aan van filantropische stichtingen en instellingen, gemodelleerd naar het patronagesysteem van de koninklijke hoven in Europa. Deze instellingen en stichtingen zouden Rockefellers fortuin beschermen tegen inkomstenbelasting, waarvoor zijn huurlingen in de Senaat hem hadden gewaarschuwd dat die in de komende jaren zou worden opgelegd.

Dit was het begin van de "regering binnen een regering" van de olie-industrie, een macht die nog steeds bestaat. Het lijdt geen twijfel dat de CFR zijn snelle opkomst aan Rockefeller en Harold Pratt te danken heeft. In 1914 beschreef een lid van de Senaat het Rockefeller-imperium als de "geheime regering van de Verenigde Staten". Strategen van Rockefeller riepen op tot de oprichting van een particuliere inlichtingendienst en op hun advies kocht Rockefeller letterlijk het personeel en de uitrusting van Reinhardt Heydrichs SS-inlichtingendienst, die tegenwoordig bekend staat als "Interpol."

Met intelligentie vergelijkbaar met die van Heydrichs SS waren de Rockefellers in staat landen te infiltreren, vrijwel de controle over hun regeringen over te nemen, hun belastingwetten en buitenlands beleid te veranderen, en vervolgens de Amerikaanse regering onder druk te zetten om zich daaraan te houden. Als de belastingwetten strenger werden, veranderden de Rockefellers gewoon de wet. Het was deze bacil in de olie-industrie die de lokale productie, die Amerika volledig onafhankelijk zou hebben gemaakt van buitenlandse olie, stillegde. Het netto resultaat? Hogere prijzen voor de Amerikaanse consument en obscene winsten voor de oliemaatschappijen.

De Rockefellers waren al snel op het toneel in het Midden-Oosten, maar hun pogingen om concessies te winnen werden geblokkeerd door Harry F. Sinclair. Het lijkt erop dat Sinclair de Rockefellers elke keer kon verslaan. Toen kwam er een dramatische wending, het Tea Pot Dome schandaal, waarin Sinclair's goede vriend, Minister van Binnenlandse Zaken Albert Fall, en Fall's vriend Dahoney werden aangeklaagd voor het in beslag nemen van de Tea Pot Dome en Elk Hills marine olie reserves voor eigen gewin. Velen vreesden dat het Tea Pot Dome schandaal was opgezet door de Rockefellers om Sinclair in diskrediet te brengen en te elimineren als een ongewenste concurrent.

Het schandaal schokte Washington en kostte Fall zijn baan (vandaar de uitdrukking "zondebok"). Sinclair ontsnapte ternauwernood aan de gevangenis. Al zijn lucratieve contracten met Perzië en Rusland werden geannuleerd. Tot op de dag van vandaag wordt vermoed, maar niet bewezen, dat het Tea Pot Dome schandaal een Rockefeller operatie was. Uiteindelijk gingen de meeste van Sinclairs concessies in het Midden-Oosten, met uitzondering van die van Groot-Brittannië, over in handen van de Rockefellers.

De gebeurtenissen in Iran zouden spoedig de macht van Rockefeller en zijn Britse medewerkers bewijzen. In 1941, toen Reza Shah Pahlavi van Iran weigerde zich aan te sluiten bij de zogenaamde "bondgenoten" tegen Duitsland en zijn onderdanen het land uit te zetten, vloog Churchill in woede en gaf opdracht tot de invasie van Irak, waarbij zijn Russische bolsjewistische bondgenoten zich aansloten. Door Russische troepen toe te laten in Iran opende Churchill de deur naar een Russische aanwezigheid in de regio, een van Stalins vurig gewenste doelstellingen. Dit was een schokkend verraad van het Iraanse volk en het Westen in het algemeen, en laat zien dat de invloed van de Rockefellers internationaal is.

Dat is de macht van de oliemaatschappijen, in het bijzonder die van de Rockefellers. Vertegenwoordigers van Standard Oil en Royal Dutch Shell adviseerden Churchill om Reza Shah te arresteren en uit te wijzen, wat hij prompt deed en hem eerst naar Mauritius en vervolgens naar Zuid-Afrika stuurde, waar hij in ballingschap stierf. Uit de documenten die ik in het British Museum in Londen heb onderzocht, blijkt dat de Rockefellers een belangrijke rol speelden in de politiek van het Midden-Oosten.

In het Britse parlement pochte Churchill:

> "Wij (de oliemaatschappijen) hebben zojuist een verbannen dictator afgezet en een constitutionele regering geïnstalleerd die zich inzet voor een hele reeks serieuze hervormingen".

Wat hij niet zei was dat de "constitutionele regering" een door de oliemaatschappijen gekozen marionettenregering was, en dat haar "uitgebreide catalogus van hervormingen" alleen bedoeld was om de Amerikaanse en Britse oliebelangen te versterken om zo een nog groter deel van de olie-inkomsten te verkrijgen.

Maar in 1951 was de nationalistische stemming in het Midden-Oosten, die was begonnen in Egypte, waar kolonel Gamal Abdel Nasser vastbesloten was de Britten uit het land te verdrijven, ook overgeslagen naar Iran. Op dat moment kwam een echte Iraanse patriot, Dr. Mohamed Mossadegh, naar voren om Churchills marionettenregering uit te dagen. Mossadegh wilde vooral de macht van de buitenlandse oliemaatschappijen breken. Hij vond dat de stemming van het Iraanse volk daar rijp voor was.

Dit verontrustte de Rockefellers, die Groot-Brittannië om hulp vroegen. Mossadegh liet Rockefeller en British Petroleum weten dat hij hun concessieovereenkomsten niet zou nakomen. David Rockefeller zou een persoonlijke haat tegen Mossadegh hebben ontwikkeld. Daarom vroeg British Petroleum de Britse regering om "een einde te maken aan de overlast die Mossadegh veroorzaakte". Churchill, die graag wilde voldoen aan de eisen van het oliekartel Seven Sisters (bestaande uit de zeven belangrijkste Britse en Amerikaanse oliemaatschappijen in het Midden-Oosten), vroeg de Verenigde Staten om hulp.

Mossadegh, een getalenteerd, goed opgeleid en scherpzinnig politicus met een rijke achtergrond, had een oprecht verlangen om het Iraanse volk te helpen profiteren van hun nationale hulpbron. In mei 1951 nationaliseerde Mossadegh de Iraanse olie. Er werd een internationale publiciteitscampagne gestart tegen Mossadegh, die werd afgeschilderd als een dom mannetje dat in zijn pyjama rondliep in Teheran, verzonken in emoties. Dit was verre van de waarheid.

Op instigatie van de Rockefeller oliemaatschappijen en met de steun van het US State Department werd een internationale boycot van Iraanse olie bevolen. Iraanse olie werd snel onverkoopbaar. Het State Department verklaarde zijn steun aan Churchill's marionettenregering in Teheran, die was geïnstalleerd toen de Sjah weigerde zich aan te sluiten bij de geallieerden in de oorlog tegen Duitsland.

Tegelijkertijd lanceerden de CIA en MI6 een gezamenlijke operatie tegen Mossadegh. Wat volgde was een klassiek voorbeeld van hoe regeringen worden ondermijnd en omvergeworpen door een propagandacampagne. Churchill, die na het einde van de oorlog zijn verkiezing had verloren, kwam weer aan de macht door een gehersenspoeld Brits publiek. Hij gebruikte zijn positie om oorlog te voeren tegen Dr. Mossadegh en het Iraanse volk door middel van struikroverij en piraterij, zoals het volgende voorbeeld laat zien:

De "Rose Marie", die in internationale wateren voer en Iraanse olie vervoerde, was niet in overtreding van enig internationaal recht of verdrag toen het in opdracht van Churchill door de Royal Air Force werd onderschept en gedwongen werd naar Aden te varen, een haven die door de Britten werd gecontroleerd. De kaping van een schip op zee werd volledig gesteund door het Amerikaanse ministerie van Buitenlandse Zaken, op voorstel van de familie Rockefeller.

Mijn bron in Londen, wiens taak het is de olie-industrie te controleren, vertelde mij in 1970 dat Churchill slechts met moeite door zijn kabinet werd tegengehouden om de RAF opdracht te geven de "Rose Marie" te bombarderen. Er ging een jaar voorbij, waarin Iran grote financiële verliezen leed. In 1953 schreef Dr. Mossadegh aan President Dwight D. Eisenhower om hulp te vragen. Hij had net zo goed naar Rockefeller kunnen schrijven. Eisenhower, spelend op de zenuwen, antwoordde niet. Deze tactiek had het gewenste effect om Mossadegh bang te maken. Uiteindelijk reageerde Eisenhower en adviseerde, in klassieke stijl, de Iraanse leider om "de internationale verplichtingen van Iran te respecteren". Mossadegh bleef de Britse en Amerikaanse regering tarten. De oliemaatschappijen stuurden een deputatie naar Eisenhower en eisten onmiddellijke actie om Mossadegh te verwijderen.

Kermit Roosevelt, die de geheime operatie van de CIA tegen Mossadegh leidde, heeft onvermoeibaar gewerkt om krachten in Teheran te vestigen die gebruikt kunnen worden om onrust te veroorzaken. Grote sommen geld, die volgens mijn bron 3 miljoen dollar bedragen, wisselen van eigenaar. In april 1953 probeerde sjah Mohammed Reza Pahlavi, onder zware druk van internationale bankiers, dr. Mossadegh af te zetten, maar dat mislukte. Een leger van agenten, uitgerust door de CIA en MI6, begon het leger aan te vallen. Uit angst voor een moord, vluchtte de Sjah en Mossadegh werd omvergeworpen in augustus 1953. De kosten voor de Amerikaanse belastingbetaler bedroegen bijna 10 miljoen dollar.

Het is vermeldenswaard dat op het moment dat Kermit Roosevelt de geheime operatie van de CIA tegen Dr. Mossadegh in 1951 plande, zijn Rockefeller-partners in Washington werden geconfronteerd met juridische procedures die de operaties in Iran hadden moeten stopzetten. Het feit is dat de almachtige olie-industrie wist dat het de uitdaging kon afweren zoals het met alle andere had gedaan. Gerechtelijke procedures werden gestart tegen Exxon, Texaco, Standard Gulf, Mobil en Socal. (Er werd geen poging gedaan om Shell en BP te vervolgen).

Standard Oil stelde onmiddellijk Dean Acheson aan om het onderzoek in de doofpot te stoppen. Acheson bleek een goed voorbeeld van hoe Rockefeller belangrijke mensen in de regering en de particuliere sector gebruikte om de regering in Washington te overstemmen. Begin 1952 ging Acheson in de aanval. Verwijzend naar het belang van het State Department om

Amerika's initiatieven op het gebied van buitenlands beleid te beschermen, waarmee hij stilzwijgend toegaf dat Big Oil het buitenlands beleid van de staat aanstuurde, eiste Acheson dat het onderzoek werd gestaakt om "onze goede betrekkingen in het Midden-Oosten" niet te verzwakken.

Acheson vergat de onrust en instabiliteit te vermelden die op dat moment in Iran werden gecreëerd door Rockefeller, de CIA en MI6. De procureur-generaal reageerde met een volledige aanval op de oliemonopolies en waarschuwde dat olie bevrijd moest worden "uit de greep van enkelen; vrij ondernemerschap kan alleen worden behouden door het te beschermen tegen excessen van macht, zowel van de overheid als van particulieren". Hethen beschuldigde het kartel ervan te handelen op manieren die de nationale veiligheid in gevaar brachten.

Rockefeller gaf onmiddellijk opdracht tot schadebeperking via zijn contacten in het ministerie van Buitenlandse Zaken en het ministerie van Justitie. (Acheson stelde het onderzoek publiekelijk aan de kaak als een actie "van antitrustpolitiehonden die niets te maken willen hebben met Mammon en het onrechtvaardige". Zijn toon was te allen tijde strijdlustig en dreigend. Acheson riep de steun van de departementen van Defensie en Binnenlandse Zaken in voor Rockefeller, die zich op verbluffende wijze garant stelde voor de Seven Sisters.

> "Corporaties (grote oliemaatschappijen) spelen een vitale rol in het leveren van het meest essentiële goed van de vrije wereld. Amerikaanse oliebedrijven zijn, voor alle praktische doeleinden, instrumenten van onze buitenlandse politiek."

Dean Acheson probeerde toen de boeman van de Sovjet-inmenging in het Midden-Oosten op te werpen, wat niets meer was dan een afleidingsmanoeuvre om de aandacht af te leiden van de manier waarop de oliemaatschappijen opereerden. Uiteindelijk werden alle criminele aanklachten tegen het kartel ingetrokken...

Om hun totale minachting voor de Amerikaanse wet te tonen, kwamen vertegenwoordigers van de grote oliemaatschappijen in 1924 in Londen bijeen om op verzoek van Sir William Fraser mogelijke beschuldigingen van samenzwering te voorkomen. In de brief die Fraser schreef aan de topmanagers van Standard, Mobil, Texaco, BP, Socal en Shell werd uitgelegd dat zij bijeenkwamen om rekeningen te vereffenen met een inmiddels grondig opgewonden Sjah Reza Pahlavi.

De samenzweerders kwamen een maand later opnieuw bijeen in Londen, waar de CEO van de Société Française des Pétroles zich bij hen voegde. Er werd een akkoord bereikt om een consortium te vormen dat de Iraanse olie zou controleren. Het nieuwe orgaan wordt een "consortium" genoemd, omdat het gebruik van het woord "kartel" in Amerika als onverstandig wordt beschouwd. Succes is verzekerd, zeggen de Amerikaanse leiders tegen hun buitenlandse tegenhangers, want het State Department heeft zijn zegen gegeven aan de bijeenkomst in Londen.

[7]Wat het State Department betreft, speelden de Seven Sisters een sleutelrol in het Midden-Oosten door communistische penetratie van een regio van vitaal belang voor de Verenigde Staten te voorkomen. Gezien het feit dat deze zelfde oliemaatschappijen in 1942 Churchill steunden om de bolsjewistische Sovjettroepen toe te staan Iran binnen te vallen, waardoor Stalin zijn beste kans kreeg om voet aan de grond te krijgen in het Midden-Oosten, is dit niet helemaal de waarheid.

Gedurende de hele procedure bij Justitie, die in oktober 1951 begon, verwezen getuigen van het State Department herhaaldelijk naar de olie-industrie als "het zogenaamde kartel". Het State Department is dichtbevolkt met Rockefeller-agenten, misschien wel meer dan enige andere overheidsinstelling die door David Rockefeller wordt gecontroleerd.

Ik ben er nog steeds vast van overtuigd dat er nog steeds geen manier is om de Rockefeller-kettingen te verbreken die de oliemaatschappijen en deze natie binden aan de Council on Foreign Relations, die elk facet van ons buitenlands beleid ten aanzien van de olielanden van de wereld controleert. Dit is een

---

[7] De "Zeven Zusters", de bedrijven die deel uitmaken van het wereldwijde olie monopolie kartel. NDÉ.

situatie die wij, het volk, onder ogen zullen moeten zien, hopelijk eerder vroeger dan later.

In Washington liep de civiele procedure tegen het oliekartel op niets uit door dreigementen van de Council on Foreign Relations, gesteund door zijn marionet, president Eisenhower. Eisenhower verklaarde dat de nationale veiligheidsbelangen van de Verenigde Staten door de procedure werden bedreigd. Eisenhower, de marionet van de CFR, vroeg zijn procureur-generaal Herbert Brownell Jr. om de rechtbank te vertellen...

"antitrustwetten moeten ondergeschikt worden geacht aan nationale veiligheidsbelangen".

Terwijl Kermit Roosevelt Teheran met hamer en tak bestreed, stelden Eisenhower en Dulles het hof een compromis voor dat, in de woorden van Eisenhower, "de belangen van de vrije wereld in het Midden-Oosten als belangrijke bron van olievoorziening zou beschermen". Geen wonder dat Ayatollah Khomeini tientallen jaren later de VS "de grote Satan" noemde. Khomeini verwees niet naar het volk van de Verenigde Staten, maar naar hun regering...

Khomeini wist heel goed dat de gewone Amerikaan het slachtoffer was van een samenzwering, dat hij werd voorgelogen, bedrogen, bestolen en gedwongen het bloed van miljoenen van zijn zonen te offeren in buitenlandse oorlogen waaraan hij absoluut niet hoefde deel te nemen. Khomeini, een geschiedenisliefhebber, was goed op de hoogte van de Federal Reserve Act, die volgens hem "het volk in de greep van de slavernij hield". Toen de Amerikaanse ambassade in Teheran door de Revolutionaire Garde in beslag werd genomen, vielen verscheidene compromitterende documenten in Khomeini's handen, waaruit duidelijk de betrokkenheid van de CIA bij British Petroleum, Standard en de andere grote oliemaatschappijen bleek.

Toen de coup een succes was, keerde de Sjah terug naar zijn paleis. Hij wist niet dat hij twee decennia later hetzelfde lot zou ondergaan als Mossadegh, door toedoen van de olie-industrie en haar surrogaat-regeringen in Washington en Londen: de CIA en

MI6. De Sjah dacht dat hij David Rockefeller kon vertrouwen, maar zoals vele anderen besefte hij al snel dat zijn vertrouwen jammerlijk misplaatst was.

Met toegang tot de documenten die Mossadegh had opgegraven, waaruit de omvang van de plundering van de nationale rijkdommen van Iran bleek, raakte de Sjah snel ontgoocheld over Londen en Washington. Toen hij hoorde van de opstanden in Mexico en Venezuela tegen Rockefeller en Shell, en van het nieuws over de "Golden Gimmick" van Saoedi-Arabië, begon de sjah bij Rockefeller en de Britten te lobbyen voor een groter deel van de Iraanse olie-inkomsten, die op dat moment slechts 30% uitmaakten van de totale olie-inkomsten van de oliemaatschappijen.

Ook andere landen hebben de zweep van de olie-industrie gevoeld. Mexico is een klassiek geval van het vermogen van oliemaatschappijen om een buitenlands beleid te voeren dat de nationale grenzen overstijgt en de Amerikaanse consument een enorm fortuin kost. Olie leek het fundament van een nieuwe economische orde, met onbetwiste macht in handen van een paar mensen die buiten de olie-industrie nauwelijks bekend waren.

De "majors" zijn verschillende keren genoemd. Dit is steno voor de grote oliemaatschappijen die het meest succesvolle kartel in de commerciële geschiedenis vormen. Exxon (in Europa Esso genoemd), Shell, BP, Gulf, Texaco, Mobil en Socol-Chevron. Samen maken zij deel uit van een uitgebreid netwerk van in elkaar grijpende banken, verzekeringsmaatschappijen en makelaars die worden gecontroleerd door het Comité van 300, dat buiten zijn eigen kring nauwelijks bekend is.

De realiteit van de één-wereld regering, of top-level regering van de Nieuwe Wereld Orde, duldt geen inmenging van wie dan ook, zelfs niet van machtige nationale regeringen, leiders van grote of kleine naties, bedrijven of individuen. Deze supranationale reuzen beschikken over deskundigheid en boekhoudkundige methoden die de knapste koppen in de regering hebben verbijsterd. Het lijkt erop dat de majors in staat waren regeringen ertoe te bewegen hen olieconcessies te gunnen, ongeacht de tegenstanders. John D. Rockefeller zou deze gesloten onderneming, die al 68 jaar door Exxon en Shell wordt geleid, vrijwel zeker hebben goedgekeurd.

Uit de omvang en de complexiteit van hun activiteiten, die meestal in een razend tempo plaatsvinden en vaak activiteiten in verschillende landen tegelijk omvatten, blijkt duidelijk dat de olie-industrie een van de krachtigste componenten is die de economische activiteiten van het Comité van 300 vormen.

In het geheim beraamde de Seven Sisters-club oorlogen en besliste onder elkaar welke regeringen moesten buigen voor hun plunderingen. Wanneer zich problemen voordoen, zoals in het geval van Dr. Mossadegh, en later president Saddam Hoessein van Irak, worden gewoon de passende luchtmacht, marine, leger en inlichtingendiensten ingeschakeld om het probleem op te lossen en zich te ontdoen van de "lastpost". Dit zou geen groter probleem moeten zijn dan een vlieg doodslaan. De Seven Sisters zijn een regering binnen een regering geworden, en nergens meer dan bij Rockefeller's Standard Oil (SOCO-Exxon-Chevron).

Als u wilt weten wat het Amerikaanse en Britse buitenlandse beleid is ten aanzien van Saoedi-Arabië, Iran of Irak, hoeft u alleen maar te kijken naar het beleid van BP, Exxon, Gulf Oil en ARAMCO. Wat is ons beleid in Angola? Dat is het beschermen van de eigendommen van Gulf Oil in dat land, zelfs als dat betekent dat we een uitgesproken marxist moeten steunen. Wie had kunnen denken dat Gulf, Exxon, Chevron en ARAMCO meer inspraak hebben in Amerikaanse buitenlandse zaken dan leden van het Congres? Sterker nog, wie had kunnen denken dat. Standard Oil op een dag het buitenlands beleid van de VS zou controleren en het State Department zou laten handelen alsof het voor zijn eigen economisch gewin wordt geleid?

Is er een andere groep zo verheven, zo bevoordeeld door miljarden dollars per jaar aan belastingvoordelen? Mij wordt vaak gevraagd waarom de Amerikaanse olie-industrie, ooit zo dynamisch en vol beloftes, in verval is geraakt. Het antwoord, in een notendop, is hebzucht. Daarom moest de binnenlandse olieproductie worden teruggeschroefd, voor het geval het publiek er ooit achter zou komen wat er aan de hand was. Dergelijke kennis is veel moeilijker te verkrijgen als het gaat om buitenlandse operaties. Wat weet het Amerikaanse publiek over het oliebeleid van Saoedi-Arabië? Terwijl ze recordwinsten maken, eist en krijgt de olie-industrie extra belastingvoordelen, zowel openlijk - als verborgen - voor het publiek.

Hebben de Amerikaanse burgers geprofiteerd van de enorme winsten van Exxon, Texaco, Chevron en Mobil (voordat deze werden verkocht)? Het antwoord is nee, want de meeste winst werd "upstream" gemaakt, d.w.z. buiten de Verenigde Staten, waar ze werden gehouden, terwijl de Amerikaanse consument aan de pomp steeds hogere prijzen voor benzine betaalde.

Rockefellers grootste zorg was Saoedi-Arabië. De oliemaatschappijen hadden zich via verschillende strategieën verschanst bij Koning Ibn Saud. De koning, bezorgd dat Israël op een dag zijn land zou bedreigen en de Israëlische lobby in Washington zou versterken, had iets nodig dat hem een voordeel zou geven. Het State Department verklaarde, op instigatie van de Rockefellers, dat het alleen een pro-Saudi beleid kon voeren zonder Israël tegen zich in het harnas te jagen door Exxon (ARAMCO) als dekmantel te gebruiken. Deze informatie werd verstrekt aan de Senaatscommissie Buitenlandse Betrekkingen. Het was zo gevoelig dat leden van de commissie het niet eens mochten zien.

Rockefeller had in feite slechts een klein bedrag, 500.000 dollar, betaald om een grote olieconcessie van Ibn Saud te verkrijgen. Na veel diplomatie werd een misleiding bedacht die de Amerikaanse belastingbetaler in het eerste jaar minstens 50 miljoen dollar kostte. Het resultaat van de besprekingen tussen Exxon en Ibn Saud staat in het geheim van de Rockefeller directiekamers bekend als de "Golden Gimmick". De Amerikaanse oliemaatschappijen kwamen overeen de Saudische heerser een subsidie te betalen van minstens 50 miljoen dollar per jaar, gebaseerd op de hoeveelheid Saudische olie die werd opgepompt. Het State Department zou de Amerikaanse bedrijven dan toestaan deze subsidies aan te geven als "buitenlandse inkomstenbelasting", die Rockefeller bijvoorbeeld kon aftrekken van de Amerikaanse belastingen van Exxon.

Terwijl de goedkope Saudische olieproductie is toegenomen, zijn ook de subsidiebetalingen gestegen. Dit is een van de grootste zwendelpraktijken ten opzichte van het Amerikaanse publiek. De kern van het plan was dat er jaarlijks enorme bedragen aan buitenlandse hulp aan de Saoedi's werden betaald onder het mom van "subsidies". Toen de Israëlische regering achter het plan kwam, eiste ook zij "subsidies" die nu 13 miljard dollar per jaar bedragen - allemaal op kosten van de Amerikaanse belastingbetalers.

Aangezien de Amerikaanse consument feitelijk minder betaalt voor geïmporteerde ruwe olie dan voor binnenlandse ruwe olie, zouden wij dan niet van deze regeling moeten profiteren door lagere benzineprijzen aan de pomp? Saoedische olie was immers zo goedkoop, en gezien de subsidies op de productie, zou dat zich niet moeten vertalen in lagere prijzen? Krijgt de Amerikaanse consument enig voordeel van het betalen van deze enorme rekening? Helemaal niet. Afgezien van geopolitieke overwegingen maken de majors zich ook schuldig aan prijsafspraken. Goedkope Arabische olie, bijvoorbeeld, werd geprijsd tegen de hogere binnenlandse prijs voor ruwe olie bij invoer in de VS via een uitvlucht die bekend staat als het "schaduwvrachttarief".

Volgens harde bewijzen die tijdens de multinationale hoorzittingen in 1975 werden gepresenteerd, maakten de grote oliemaatschappijen, geleid door de Rockefeller-maatschappijen, 70% van hun winsten in het buitenland, winsten die destijds niet konden worden belast. Aangezien het grootste deel van hun winsten uit het buitenland kwam, was de olie-industrie niet bereid tot grote investeringen in de binnenlandse olie-industrie. Als gevolg daarvan begon de binnenlandse olie-industrie achteruit te gaan. Waarom geld uitgeven aan de exploratie en exploitatie van binnenlandse olie als die in Saoedi-Arabië beschikbaar was, tegen een lagere prijs dan het lokale product en met een veel hogere winst?

De nietsvermoedende Amerikaanse consument is gedupeerd, en wordt nog steeds gedupeerd, zonder het te weten. Volgens geheime economische gegevens die een contact van mij, die nog steeds werkzaam is op het gebied van het monitoren van economische inlichtingen, mij liet zien, zou benzine aan de pomp in Amerika, rekening houdend met alle lokale, regionale en federale belastingen die bij de prijs worden opgeteld, de consument eind 1991 niet meer dan 35 cent per gallon hebben mogen kosten. Toch weten we dat de prijzen aan de pomp drie tot vijf keer zo hoog waren, zonder dat deze buitensporig hoge prijzen gerechtvaardigd waren.

De immoraliteit van dit grove bedrog is dat als de grote oliemaatschappijen, en ik moet nogmaals benadrukken dat de Rockefellers hierin de leiding hadden, niet zo hebzuchtig waren geweest, zij binnenlandse olie hadden kunnen produceren waardoor onze benzineprijzen de goedkoopste ter wereld zouden zijn geweest. Naar mijn mening maakt de manier waarop dit diplomatieke bedrog is opgezet tussen het State Department en Saoedi-Arabië het State Department tot een partner in een criminele onderneming. In feite is de Amerikaanse consument, om geen ruzie te krijgen met Israël en tegelijkertijd de Saoedi's tevreden te stellen, onderworpen aan een enorme belastingdruk, waarvan het land geen enkel voordeel heeft gehad. Lijkt dit niet een beetje op onvrijwillige dienstbaarheid, verboden door de Amerikaanse grondwet?

De leiders van Saoedi-Arabië eisten toen dat de oliemaatschappijen (ARAMCO) vaste prijzen zouden hanteren, zodat het land geen inkomstenverlies zou lijden als de olieprijzen zouden dalen. Toen zij van deze regeling hoorden, eisten en verkregen Iran en Irak dezelfde overeenkomst over de door de Rockefeller-maatschappijen vastgestelde prijzen, waarbij zij belasting betaalden over een kunstmatig hogere prijs en niet over de werkelijke marktprijs, die werd gecompenseerd door de lagere belastingen die zij in de Verenigde Staten betaalden - een belangrijk voordeel dat geen enkele andere industrie in Amerika geniet.

Hierdoor konden Exxon en Mobil (en alle ARAMCO-bedrijven) een gemiddeld belastingtarief van 5% betalen, ondanks de enorme winsten die zij maakten. Niet alleen bedonderden de oliemaatschappijen de Amerikaanse consument, en doen dat nog steeds, maar zij maken en voeren het buitenlands beleid van de VS uit ten nadele van het Amerikaanse volk. Deze regelingen en acties plaatsen de olie-industrie boven de wet en geven haar een positie van waaruit de bedrijven het buitenlands beleid kunnen dicteren, en de facto ook doen, aan de gekozen regering, zonder enig toezicht van onze vertegenwoordigers in Washington.

Het beleid van de oliemaatschappijen kost de Amerikaanse belastingbetaler miljarden dollars aan extra belastingen en miljarden dollars aan buitensporige winsten aan de pomp. De olie-industrie, en met name Exxon, heeft geen angst voor de Amerikaanse regering dankzij de controle die wordt uitgeoefend door de permanente parallelle regering op hoog niveau van de Council on Foreign Relations (CFR), Rockefeller is onaantastbaar. Zo kon ARAMCO olie verkopen aan de Franse marine voor 0,95 dollar per vat, terwijl de Amerikaanse marine tegelijkertijd 1,23 dollar per vat moest betalen.

Een van de weinige senatoren die de enorme macht van de Rockefellers durfde aan te vechten was senator Brewster. Hij onthulde tijdens hoorzittingen in 1948 een deel van het "deloyale gedrag" van de olie-industrie en beschuldigde de industrie van kwade trouw "met een hebzuchtig verlangen om enorme winsten te maken en tegelijkertijd voortdurend de mantel van Amerikaanse bescherming en hulp te zoeken om hun enorme concessies te behouden,". De Rockefellers stelden een memo op, ondertekend door de grootste Amerikaanse oliemaatschappijen, waarin stond dat zij "geen bijzondere verplichting tegenover de Verenigde Staten" hadden. Rockefellers schaamteloze internationalisme werd eindelijk ontmaskerd.

Als voorbeeld hiervan stelde de heer J. Eaton in een artikel van *The Oil Industry*: "De olie-industrie wordt nu geconfronteerd met de kwestie van overheidscontrole". Toen de Amerikaanse regering het American Petroleum Institute uitnodigde om drie leden te benoemen van een comité dat zij had opgericht om natuurbehoudswetgeving te bestuderen, zei API-voorzitter E.W. Clarke:

> "We kunnen geen commentaar geven op, laat staan ingaan op enige suggestie dat de federale regering de productie van ruwe olie in meerdere staten rechtstreeks zou kunnen reguleren."

API betoogde dat de federale regering op grond van artikel 1 van de Amerikaanse grondwet niet de bevoegdheid had om de oliemaatschappijen te controleren. Op 27 mei 1927 verklaarde API dat de regering de industrie niet kon vertellen wat ze moest doen, zelfs niet als het ging om de gemeenschappelijke defensie en het algemeen welzijn van de natie.

Een van de beste en meest uitgebreide onthullingen van de olie-industrie is een 400 pagina's tellend rapport getiteld "The International Petroleum Cartel". Dit grote rapport is uit de circulatie verdwenen, en ik heb begrepen dat Rockefeller en de CFR kort na de publicatie alle beschikbare exemplaren hebben opgekocht, en hebben voorkomen dat er nog meer exemplaren van het rapport werden gedrukt.

Geïnspireerd door wijlen senator John Sparkman en opgezet door professor M. Blair, is het verhaal van het oliekartel terug te voeren op een samenzwering die plaatsvond in Achnacarry Castle, een afgelegen visreservaat in Schotland. Sparkman spaarde kosten noch moeite om het Rockefeller olie imperium aan te vallen. Hij stelde nauwgezet een dossier samen waaruit bleek dat de grote oliemaatschappijen een samenzwering waren aangegaan om de volgende doelstellingen te bereiken:

1) Het controleren van alle olieproductie in het buitenland, met betrekking tot de productie, verkoop en distributie van olie.

2) Strikte controle over alle technologieën en octrooien met betrekking tot olieproductie en -raffinage.

3) Het delen van pijpleidingen en tankers tussen de zeven zusters.

4) De wereldmarkten alleen onder hen verdelen.

5) Samenwerken om de olie en benzine prijzen kunstmatig hoog te houden.

Professor Blair beschuldigde ARAMCO er met name van de olieprijzen hoog te houden terwijl zij Saoedische olie tegen ongelooflijk lage prijzen aankocht. In reactie op de beschuldigingen van Sparkman begon het Ministerie van Justitie in 1951 een eigen onderzoek, dat eerder in dit document is behandeld.

Er is niets veranderd. De Golfoorlog is een goed voorbeeld van "business as usual". De bezetting van Somalië heeft ook een olieconnotatie. Dankzij onze nieuwste spionagesatelliet, de Crosse Imager, die beelden kan weergeven van wat zich onder de grond bevindt, werden ongeveer 3 jaar geleden zeer grote olie- en gasreserves ontdekt in Somalië. Deze ontdekking werd absoluut geheim gehouden, wat leidde tot de Amerikaanse missie om zogenaamd hongerende Somalische kinderen te voeden, 3 maanden lang avond aan avond getoond up televisie.

Een missie om "uitgehongerde kinderen" te redden werd door de regering-Bush in scène gezet om de booractiviteiten van Aramco, Phillips, Conoco, Cohoco en British Petroleum te beschermen, die werden bedreigd door Somalische leiders die beseften dat zij op het punt stonden te worden geplunderd. De Amerikaanse operatie had weinig te maken met het voeden van hongerende kinderen. Waarom organiseerden de VS geen soortgelijke "reddingsmissie" in Ethiopië, waar hongersnood een reëel probleem is? Het antwoord is natuurlijk dat Ethiopië geen bekende oliereserves heeft. Het veiligstellen van de haven van Berbera is echter het hoofddoel van de Amerikaanse troepen. Er is grote onenigheid in Rusland over olie. De Koerden zullen steeds weer moeten lijden voor de olie in Mosul. Rockefeller en BP zijn nog steeds de hebzuchtige oliegraaiers die ze altijd zijn geweest.

V. Focus op Israël

Wellicht meer dan enig ander land in het Midden-Oosten, met uitzondering van wat nu bekend staat als Saoedi-Arabië, bereikte de diplomatie door middel van leugens haar hoogtepunt tijdens de vormingsjaren van de staat Israël. Zoals ik in dit hele boek heb gedaan, heb ik getracht absoluut objectief te zijn bij de behandeling van de context van de vorming van Israël, gezien de neiging van de meerderheid om alles wat over het land wordt gezegd als "antisemitisch" te beschouwen.

Dit verslag over het ontstaan van de staat Israël houdt geen rekening met religieuze kwesties, maar is puur en alleen gebaseerd op politieke, geografische, geopolitieke en economische factoren. Het is moeilijk om tot een beginpunt te komen bij de behandeling van de geschiedenis van een land, maar na bijna vijftien jaar onderzoek heb ik vastgesteld dat 31 oktober 1914 het begin was van de gebeurtenissen die hebben geleid tot de stichting van Israël.

De geschiedenis van een land kan niet los worden gezien van die van zijn buren, en dat geldt in het bijzonder voor de geschiedenis van Israël. Lord Horatio Kitchener, die er net in geslaagd was een einde te maken aan de soevereiniteit en onafhankelijkheid van de Boerenrepublieken in Zuid-Afrika, werd naar het Midden-Oosten gestuurd door het Comité van 300 dat handelde via het Britse Ministerie van Buitenlandse Zaken.

De Britse regering was al sinds 1899 bezig met complotten tegen het Ottomaanse Turkse Rijk, en tegen 1914 was zij klaar om haar laatste stap te zetten om de 400 jaar oude dynastie ten val te brengen. Het plan van het Comité van 300 was om de Arabieren er via valse beloften bij te betrekken en Arabische troepen te gebruiken om het vuile werk van Groot-Brittannië op te knappen, zoals we zagen in het hoofdstuk dat liet zien hoe kolonel Thomas Lawrence voor dit doel werd gebruikt.

De eerste stap in deze richting was een ontmoeting tussen Hoessein, de Hoge Sheriff van Mekka, een Hasjemitisch bolwerk, en Lord Kitchener. Hoessein kreeg een onafhankelijkheidsgarantie aangeboden in ruil voor zijn hulp tegen de Turken. Volledige onderhandelingen begonnen in juli 1915. Tijdens deze bijeenkomsten verzekerde de Britse regering Sherif Hoessein herhaaldelijk dat joodse immigratie naar Palestina nooit zou worden toegestaan.

Nog voordat de onderhandelingen over de totale onafhankelijkheid van Mekka begonnen, ontmoetten gezanten van de Britse regering in het geheim leden van de families Abdul Aziz en Wahabi om te praten over Britse samenwerking om deze twee families te helpen de Arabische stadstaten te onderwerpen.

De strategie was om Hoessein en zijn strijdkrachten te laten helpen de Turken uit Egypte, Palestina, Jordanië en Arabië te verdrijven door Hoessein en de heersers van de Arabische stadstaten te beloven dat Joodse immigratie naar Palestina niet zou worden toegestaan. Het tweede deel van de strategie hield in dat Abdul Aziz en Wahabi's strijdkrachten (bewapend, getraind en gefinancierd door Groot-Brittannië) alle onafhankelijke stadstaten van Arabië onder hun controle brachten, terwijl de leiders van de stadstaten en Hoessein druk bezig waren met het uitvechten van de oorlog van Groot-Brittannië tegen de Turken.

Het algemene plan, voorgesteld door Lord Kitchener, werd op 24 juli 1914 door de Britse regering besproken. Maar pas op 24 oktober 1914 gaf de Britse regering haar antwoord. De Arabische gebieden, met bepaalde uitzonderingen in Syrië, "waarin Groot-Brittannië vrij kan handelen zonder haar bondgenoot Frankrijk te benadelen", zouden worden gerespecteerd. Op 30 januari 1916 aanvaardde Groot-Brittannië de voorstellen van Hoessein, die in wezen inhielden dat Hoessein in ruil voor zijn hulp zou worden uitgeroepen tot koning van de Hijaz en het Arabische volk zou besturen.

Op 27 juni 1916 proclameerde Hoessein de oprichting van de Arabische staat en op 29 oktober werd hij uitgeroepen tot koning van Hijaz. Op 6 november 1916 erkenden Groot-Brittannië, Frankrijk en Rusland Hoessein als leider van de Arabische volkeren en koning van Hijaz. Stoorden de Abdul Aziz en Wahabi families zich aan de tegenstrijdige voorwaarden van hun overeenkomst met Groot Brittannië? Blijkbaar niet, om de eenvoudige reden dat zij van tevoren op de hoogte waren gesteld van deze ontwikkelingen en wisten dat zij niets anders waren dan een noodzakelijke misleiding van Hoessein.

In 1915 en 1917 vergaderde de Britse regering met de leiders van het Wereld Zionisten Congres om te bepalen hoe de lang geplande Joodse immigratie naar Palestina het beste kon worden uitgevoerd. Er werd een akkoord bereikt om MI6-agenten naar Arabië te sturen om de legers van Abdul Aziz en Wahabi te helpen trainen.

Groot-Brittannië, Frankrijk en Rusland hielden op 26 april 1916 een geheime bijeenkomst, waarbij zij overeenkwamen dat Palestina onder internationaal bestuur moest worden geplaatst. De Arabieren werden niet ingelicht, hoewel uit documenten van het Britse ministerie van Buitenlandse Zaken blijkt dat de leiders van het Zionistisch Wereldcongres op de hoogte waren van de bijeenkomst en het doel ervan.

Eerder, in maart 1915, hadden Frankrijk en Groot-Brittannië ook Constantinopel aan de Russen beloofd. In ruil daarvoor erkende Rusland de onafhankelijkheid van de Arabische staten. Groot-Brittannië zou Haifa controleren. Frankrijk zou Syrië krijgen. Rusland zou Armenië en Koerdistan krijgen (olie speelde nog geen rol). Verbazingwekkend is dat de inwoners van deze landen niet één keer werden geïnformeerd. De manier waarop regeringen konden onderhandelen over land dat hen niet toebehoorde, getuigt van de enorme macht die de geheime genootschappen onder controle van het Comité van 300 hadden.

Deze eeuwigdurende overeenkomst, bekend als het Sykes-Picot akkoord, werd gesloten tussen Groot-Brittannië en Frankrijk op 9 mei 1916. Alle invloedszones in het Midden-Oosten werden specifiek vastgelegd, zelfs toen de Arabische staten ogenschijnlijk als "onafhankelijk" werden erkend. De controlemiddelen waren hier geheime genootschappen, in het bijzonder een vrijmetselaarsloge in Salonika.

De MI6-agent kolonel Lawrence ('Lawrence of Arabia'), die de afspraken negeerde, leidde de Arabische troepen van Sheriff Hoessein naar een opeenvolging van spectaculaire overwinningen, waarbij hij uiteindelijk de belangrijke spoorlijn in Hijaz veroverde en de Turken dwong zich terug te trekken. De sleutel om de Arabieren over te halen de Turken aan te vallen (beide waren islamitische naties) was de Britse bewering dat het Ottomaanse Rijk bevriend was geraakt met de Joden die in 1492 door Ferdinand en Isabella uit Spanje waren verdreven en Constantinopel tot een toevluchtsoord voor de Joden had gemaakt. De Britse onderhandelaars (agenten van MI6) vertelden Hoessein dat dit garandeerde dat de heersers van Constantinopel positief zouden staan tegenover Joodse immigratie naar Palestina, dat onder Turkse controle stond.

Met de bijnaam "Orrenz", bewonderd en verafgood door zijn Arabische soldaten, was het voor kolonel Lawrence onmogelijk het grove verraad van Hoessein en zijn leger te accepteren. Toen duidelijk werd dat Joden in groten getale in Palestina werden toegelaten, werd Lawrence vermoord om te voorkomen dat hij de machinaties van de Britse regering zou onthullen. Uit verslagen van het Britse Ministerie van Oorlog blijkt dat Lawrence persoonlijke garanties kreeg van generaal Edmund Allenby, bevelhebber van de Britse strijdkrachten in het Midden-Oosten, dat Joodse immigratie in Palestina onder geen beding zou worden toegestaan.

Laten we nu terugkeren naar de Balfour Declaration, een opmerkelijk document in die zin dat het niet werd opgesteld of ondertekend door de Britse premier Arthur Balfour, maar door Lord Rothschild, als hoofd van de Britse tak van de World Zionist Federation. Groot-Brittannië beloofde de Joden land in Palestina dat eigenlijk toebehoorde aan de Arabieren, in strijd met de belofte aan Sherif Hussein en de plechtige beloften van generaal Allenby aan kolonel Lawrence.

Opmerkelijker is dat, hoewel Lord Rothschild geen lid was van de Britse regering, zijn voorstellen voor Palestina op 25 april 1920 door de Volkenbond werden aanvaard als een officieel document van de Britse regering. De Volkenbond aanvaardde de Balfour Declaration en gaf Groot-Brittannië een mandaat om Palestina en Transjordanië te besturen. De enige wijziging was dat in Transjordanië geen joods nationaal tehuis zou worden opgericht, wat de zionisten toch al niet wilden.

Toen de Turken eenmaal waren verslagen door de Arabische strijdkrachten onder Lawrence, en later de Arabieren onder Hoessein, verslagen door de door de Britten getrainde en uitgeruste legers van Abdul Aziz, was de weg vrij voor de Joodse immigratie naar Palestina om serieus te beginnen. De afspraken werden bevestigd tijdens een conferentie van geallieerde premiers in San Remo, Italië, op 18 april 1920. Er waren geen Arabische afgevaardigden uitgenodigd. In mei 1921 braken in Palestina ernstige anti-joodse rellen uit vanwege de plotselinge toestroom van joodse immigranten en het grote aantal joodse kinderen in de nederzettingen die in de stad ontstonden.

Sir Herbert Samuel, de Britse Hoge Commissaris voor Palestina, was geneigd een wetgevende raad te benoemen, maar de Arabieren wilden dat niet. Vanaf 1921 bleven de problemen voortduren, en een geschil bij de Klaagmuur in 1929 ontaardde al snel in grootschalige aanvallen op Joden, van wie er 50 werden gedood.

Een in maart 1931 gepubliceerd rapport van de Britse regering schreef de oorzaak van de rellen toe aan "Arabische haat tegen de Joden en de teleurstelling van de Arabische hoop op onafhankelijkheid". De Britse regering vaardigde vervolgens een decreet uit om de Joodse immigratie te beperken, wat leidde tot een Joodse staking die in Palestina voor veel opschudding zorgde.

Uit de documenten van het Britse ministerie van Buitenlandse Zaken blijkt dat in juni 1931 "klachten werden ingediend bij de

Commissie van de Naties, die de problemen toeschreef aan een ontoereikende veiligheidsmacht". Hoewel de documenten niet aangeven wie er achter deze klachten zat, wijzen aantekeningen in de marge van de documenten op Lord Rothschild.

Onder druk van de Volkenbond benoemde de Britse regering Sir John Hope-Simpson om de onrust in Palestina te volgen en daarover te rapporteren. Zijn rapport, bekend als het Passfield White Paper, werd in 1930 aan het parlement gepresenteerd. Het Witboek benadrukte de benarde situatie van de landloze Arabieren en hun groeiende verlangen om land te bezitten. Hij pleitte er sterk voor om Joden te verbieden meer land te verwerven als Arabieren landloos waren en om de Joodse immigratie te stoppen zolang Arabieren werkloos waren.

Nu het Joodse vertrouwen ernstig was geschokt, ging het Zionistische Wereldcongres in de aanval en dwong een debat in het parlement af over het Passfield-papier. Volgens de *London Times* van november 1930 waren de debatten in het parlement "stormachtig en bitter". Na twee jaar van intense druk op de Britse regering slaagde de Zionistische Wereldfederatie erin een versoepeling te verkrijgen van de beperkingen op het aantal Joden dat Palestina mocht binnenkomen.

In 1933 verwierp Sir Arthur Wauchope, de Britse Hoge Commissaris, de Arabische eis om de verkoop van Arabisch land aan Joden illegaal te verklaren en de Joodse immigratie een halt toe te roepen. In die tijd was er sprake van oorlog in Europa en dagelijkse berichten dat Joden in Duitsland werden vervolgd. Deze situatie werkte in het nadeel van de Arabieren. De zionisten organiseerden grootschalige protesten en rellen tegen de beperking van de immigratie, en de Londense kranten berichtten ongunstig over hun activiteiten. Dit kwam de zaak van het Palestijnse volk echter niet ten goede.

In 1935 werd de reden waarom Groot-Brittannië de controle over Haifa had geëist duidelijk door de opening van de oliepijpleiding Mosul-Haifa. In april 1936 verenigde het Arabisch Hoog Comité de Arabische oppositie tegen de Joden in Palestina, en er brak een bijna burgeroorlog uit. De Britse regering reageerde door meer troepen te sturen en stelde een commissie in om de oorzaken van de onrust te onderzoeken. De Arabieren boycotten de commissie,

"omdat de Britten al weten wat het probleem is, maar zich verschuilen achter commissies en niets doen om de oorzaken te stoppen."

De Peelcommissie nam in 1936 in Palestina getuigenissen af en hoorde, vlak voor haar vertrek naar Londen in januari 1937, een Arabische delegatie die eerder de bijeenkomsten van de Commissie had geboycot. Op 8 juli 1937 werd het rapport van de Peel Commissie openbaar gemaakt. Daarin werd een vernietigende klap uitgedeeld aan de Joodse aspiraties en werd onomwonden verklaard dat Joden en Arabieren niet samen konden leven:

(a) Een Joodse staat die ongeveer een derde van het grondgebied bezet. Daarin zouden 200.000 Arabieren wonen.

(b) Een Brits mandaatgebied bestaande uit een strook land van Jaffa tot Jeruzalem langs de spoorweg. Het zou Bethlehem en Jeruzalem omvatten.

(c) De rest van het gebied wordt een Arabische staat, verenigd met Transjordanië.

Het rapport van de Peelcommissie werd goedgekeurd door de Zionistische Wereldfederatie, maar werd door de Arabische wereld en verschillende Europese landen, met name Frankrijk, afgekeurd. De aanbevelingen van de Peelcommissie werden op 23 augustus 1937 aangenomen door de Volkenbond.

De moord op Hoge Commissaris Yelland Andrew op 2 augustus 1937 wordt toegeschreven aan zionisten. Volgens de Palestijnen en Arabieren was deze georganiseerd om de haat van het Britse volk tegen de Arabieren op te wekken. In 1937 groeiden de gevechten tussen Joden en Arabieren uit tot een totale oorlog.

Dit leidde tot uitstel van de aanbevelingen van de Peel Commissie en de benoeming van een nieuwe commissie onder Sir John Woodhead. Het is belangrijk om te weten dat de tactiek van de Britse regering leidde tot één enkel doel, het volledig opgeven van de Arabische zaak in Palestina. De geheime MI6 documenten uit die tijd zijn niet openbaar gemaakt, zelfs niet aan het Britse parlement. Ze suggereerden dat het "Palestijnse probleem" onmogelijk op te lossen was, en gaven suggesties voor dekmantels om verdere Arabische onrust te voorkomen. Toen Arabische leiders naar het probleem verwezen als een "zionistisch probleem", gaf Lord Rothschild opdracht aan de Britse pers dat het probleem altijd moest worden uitgedrukt als een "Palestijns probleem".

In Tiberias vond een gruwelijke slachting van 20 Joden plaats en Arabische troepen namen Bethlehem en de Oude Stad van Jeruzalem in beslag; beide steden werden slechts met veel moeite door Britse troepen heroverd. Documenten van het Britse ministerie van Buitenlandse Zaken geven weliswaar geen duidelijke mening, maar lijken er toch op te wijzen dat de aanvallen op steden en dorpen en de moorden op Joden het werk waren van provocateurs die niet wilden dat er een akkoord werd bereikt dat meer Joodse immigratie mogelijk zou maken.

Het rapport van de Woodhead-commissie, waarin de opdeling van Palestina geen praktische oplossing werd genoemd, werd in november 1938 gepubliceerd. Het riep op tot een onmiddellijke conferentie van Arabieren en Joden. In februari 1939 begonnen de besprekingen in Londen, maar de impasse werd niet opgelost en de bijeenkomst werd een maand later zonder resultaat ontbonden.

Vervolgens kondigde de Britse regering op 17 mei 1939 een nieuw plan aan voor een onafhankelijke Palestijnse staat tegen 1949. Deze zou een verdragsrelatie met Groot-Brittannië hebben; Arabieren en Joden zouden de regering delen "op zodanige wijze dat de essentiële belangen van elke gemeenschap worden gewaarborgd", aldus het rapport.

Het plan voorzag in een stopzetting van de Joodse immigratie gedurende vijf jaar, tenzij de Arabieren instemden met voortzetting ervan, maar in ieder geval zouden tegen 1949 75.000 Joden in het land worden toegelaten. Het doel van de Britse regering was ervoor te zorgen dat de Joden ongeveer een derde van de bevolking zouden uitmaken. De overdracht van Arabisch land aan Joden moest worden verboden.

Het plan werd goedgekeurd door het Britse parlement, maar heftig veroordeeld door het World Zionist Congress en Amerikaanse Joodse leiders. Ook de Palestijnen verwierpen het plan, en in het hele land braken gevechten uit tussen Joden en Arabieren. Maar Palestina raakte een paar maanden later op de achtergrond, toen Groot-Brittannië de oorlog verklaarde aan Duitsland en snel de steun kreeg van het Zionistisch Wereldcongres.

Toen Groot-Brittannië Duitsland de oorlog verklaarde, trok een stroom Joodse vluchtelingen uit Europa naar Palestina en in mei 1942 nam een conferentie van Amerikaanse zionisten het Biltmore Programma aan, waarin het gewijzigde Woodhead Plan, dat opriep tot een onafhankelijk Palestina, werd verworpen en in plaats daarvan een Joodse staat werd geëist, met een Joods leger en een eigen Joodse identiteit.

Drie jaar later riep het Zionistisch Wereldcongres op om een miljoen Joden toe te laten tot Palestina als vluchtelingen uit het door oorlog verscheurde Europa. Egypte en Syrië waarschuwden president Truman in oktober 1945 dat er oorlog zou volgen op pogingen om een Joodse staat in Palestina te stichten. In juli 1946 was de zionistische druk op zijn hoogtepunt, met als hoogtepunt de bomaanslag op het King David Hotel in Jeruzalem, waarbij 91 mensen omkwamen. Volgens het rapport van de Verenigde Naties was de aanslag het werk van Irgun-terroristen. De Arabieren beschuldigden de Verenigde Staten en Groot-Brittannië ervan de Irgun en de Haganah te hebben bewapend en getraind met het oog op de oprichting van een Israëlisch leger.

De Britten verlieten Palestina in februari 1947 en droegen het over aan de Verenigde Naties, wat hun manier was om toe te geven dat zij Lawrence en de Arabieren hadden verraden, en om eindelijk afstand te doen van hun verantwoordelijkheden tegenover Palestina. Door dit te doen, lieten ze hun eigen overeenkomst om de lijn vast te houden tot 1949 vallen. De

Algemene Vergadering van de VN stemde voor de verdeling van Palestina op 29 november 1946. Er kwam een Joodse staat en een Arabische staat, met Jeruzalem onder VN-toezicht. De stemming werd goedgekeurd door het Zionistisch Wereldcongres, maar verworpen door de Arabische staten en Palestina.

De Raad van de Arabische Liga kondigde in december 1947 aan dat hij zich zou verzetten tegen de verdeling van het land met geweld, en begon in heel Palestina Joodse gemeenschappen aan te vallen. In 1948 kwamen de tegenkrachten Irgun en Haganah op, getraind door MI6 en bewapend door de Amerikanen. Er heerste terreur en honderdduizenden Arabieren verlieten hun land. In een laatste daad van verraad en het afleggen van verantwoordelijkheid tegenover de Arabieren, werd de laatste van de 30.000 Britse soldaten teruggetrokken.

Op 14 mei 1948 kondigde de zionistische leider David Ben-Gurion, in weerwil van de VN-resoluties, de oprichting aan van een voorlopige Joodse regering voor de staat Israël. De Verenigde Naties, die Ben Gourion niet wilden of konden tegenhouden, lieten de verklaring in stand. Op 16 mei erkenden zowel de Verenigde Staten als Rusland de nieuw gevormde regering-Ben Gurion, waarbij kreten van verraad van de Palestijnen, alle Arabische landen en tenminste acht Europese regeringen werden genegeerd.

Later die maand verklaarde de Arabische Liga de oorlog aan de pas opgerichte staat Israël. De Israëlische troepen, illegaal uitgerust en bewapend, niet door de Britten maar door Amerikaanse militaire voorraden die bestemd waren voor Amerikaanse troepen in Europa, kregen de overhand. Graaf Folke Bernadotte, de VN-bemiddelaar, werd op 17 september door Irgun-terroristen vermoord toen hij probeerde een wapenstilstand tot stand te brengen. Dit leidde er uiteindelijk toe dat de VN onderhandelde over een wapenstilstand en een tijdelijke stopzetting van de vijandelijkheden. Bernadotte wordt ervan beschuldigd de Arabische zaak te bevoordelen, hoewel uit de verslagen blijkt dat hij probeerde neutraal te zijn.

Israël trad in mei 1949 toe tot de Verenigde Naties en werd

erkend door de Verenigde Staten, Groot-Brittannië, de USSR en Frankrijk. De Arabische landen protesteerden bij de Verenigde Naties en verweten Groot-Brittannië, Frankrijk en de Verenigde Staten dat zij Israël hadden geholpen een pijpleiding te openen die het Meer van Galilea met de Negev-woestijn verbond en die het mogelijk maakte op grote schaal joodse nederzettingen en landbouw te irrigeren ten koste van de eenzijdige onttrekking van water aan de Jordaan ten koste van de Arabische bevolking. De Arabieren werden niet geraadpleegd over dit enorme project om "de woestijn te laten bloeien" en beschouwden het als een schending van de overeenkomst van mei 1939 om het land te besturen "op zodanige wijze dat de belangen van elke gemeenschap worden gewaarborgd".

Op 9 mei 1956 verscheen minister van Buitenlandse Zaken John Foster Dulles, een lid van een van de 13 meest prominente families van de Amerikaanse Illuminati, voor het Congres om zijn zaak uit te leggen dat de VS geen wapens aan Israël zouden leveren omdat zij een proxy-oorlog tussen de VS en de USSR wilden voorkomen. Het feit dat Israël al volledig bewapend en uitgerust was door de Verenigde Staten werd niet naar voren gebracht. Wat de verklaring van Dulles bereikte was dat de USSR een reden kreeg om wapenleveranties aan Arabische naties stop te zetten op basis van het Amerikaanse standpunt van "neutraliteit". Op dat moment was er een grote onbalans in de bewapening ten gunste van Israël.

Een ander punt in dit spel van bedriegers is dat de Sovjet-Unie, ondanks haar veronderstelde vriendschap met Arabische landen, in antwoord op een Amerikaans initiatief in 1956 een geheime overeenkomst ondertekende om de olietoevoer naar Israël te verhogen, uit vrees dat een Arabisch olie-embargo de defensiecapaciteit van Israël zou schaden.

In een andere ommezwaai vertelde Dulles de leden van het Congres om de beperkingen te omzeilen door hulp te bieden aan elk land in het Midden-Oosten dat dat wilde. Op 9 maart 1957 machtigde een gezamenlijke resolutie van het Congres de president om tot 200 miljoen dollar te gebruiken voor economische en militaire hulp aan elk land in het Midden-Oosten dat dat wilde. Volgens de Eisenhower Doctrine moest deze maatregel "het vitale belang van de Verenigde Staten bij de integriteit en onafhankelijkheid van alle landen in het Midden-Oosten waarborgen".

President Eisenhower begon in december 1959 aan een zogenaamde "goodwill tour", die verschillende Arabische landen aandeed, waaronder Tunesië en Marokko. Deze twee Arabische landen probeerden vervolgens de Arabische weerstand tegen Israël te verzachten, inspanningen die echter slechts gedeeltelijk succesvol waren, net als Eisenhower's tournee. Met name Syrië veroordeelde de tournee als "een poging om de onvoorwaardelijke steun van de Verenigde Staten aan Israël te verhullen".

In de volgende tien jaar nam de Arabische en Israëlische bewapening gestaag toe totdat er opnieuw oorlog uitbrak. Israëlische troepen namen Jeruzalem in beslag en weigerden de stad terug te geven aan de VN, ondanks verschillende resoluties van de Veiligheidsraad waarin de Israëlische regering werd opgeroepen zich eraan te houden. In een transparant gebaar kondigde de Sovjet-Unie op 10 juni 1967 aan dat zij de diplomatieke betrekkingen met Israël verbrak, zonder een in 1956 gesloten overeenkomst op te zeggen die haar in staat had gesteld de olieleveranties aan Israël op te voeren. Zoals de twee belangrijkste Franse kranten opmerkten, had de USSR, als zij oprecht was geweest in haar verzet tegen Israël, een veto kunnen uitspreken over de toetreding van Israël tot de Verenigde Naties, maar dat deed zij niet.

Door de diplomatieke betrekkingen met Israël te verbreken, maakten de Sovjets de weg vrij voor de Verenigde Staten om Israël 50 F-4 Phantom straaljagers te leveren. President Charles de Gaulle was zo boos dat hij een decreet ondertekende dat verdere financiële of militaire hulp van Frankrijk aan Israël verbood. Dit decreet werd ongeveer twee jaar lang strikt gehandhaafd.

De VN-Veiligheidsraad kwam op 3 juli 1969 bijeen en

veroordeelde in de meest krachtige bewoordingen Israëls voortdurende bezetting van Jeruzalem en betreurde dat het land zich niet hield aan eerdere resoluties waarin de terugtrekking uit de stad werd geëist. Volgens een voormalig lid van de Algemene Vergadering uit Pakistan "was de Israëlische delegatie helemaal niet verontrust, nadat zij eerder op de dag een ontmoeting had gehad met de Amerikaanse ambassadeur bij de Verenigde Naties, die de Israëlische afgevaardigden de absolute verzekering gaf dat de resolutie "geen tanden heeft" en dat "elke actieve poging om Israël te straffen zal worden geblokkeerd door de VS en de Veiligheidsraad". Maar toen de Veiligheidsraad bijeenkwam, sloten de VS zich aan bij de veroordeling van Israël. Dat is waar het om gaat.

Ter afsluiting van dit hoofdstuk lijkt het gepast een samenvatting te geven van het diplomatieke verraad van Groot-Brittannië aan zijn Arabische bondgenoot, Sherif Hussein van Mekka:

- ➢ In **augustus** 1920 veroverde en annexeerde Ibn Saud bin Abdul Aziz Asir.

- ➢ Op **2 november 1921 nam** Ibn Saud Hali in, waarmee een einde kwam aan de oude Rashid dynastie.

- ➢ In **juli 1922** viel Ibn Saud Jauf binnen en maakte een einde aan de oude Shalan dynastie.

- ➢ Op **24 augustus 1924 vielen** de Wahabi's en Ibn Saud Taif, in de Hijaz, aan en vielen het op 5 september binnen.

- ➢ Op **13 oktober 1924 nam** Ibn Saud Mekka in. Sherif Hoessein en zijn zoon Ali werden gedwongen te vluchten. Zo eigende Saoedi-Arabië zich de heilige stad toe, een daad die miljoenen moslims in Iran, Irak en elders tot op de dag van vandaag zeer kwalijk nemen. Zonder Britse hulp had Ibn Saud Mekka niet kunnen onderwerpen. De Britse oligarchische structuur had lange tijd haar haat tegen de Profeet Mohammed geuit en heeft ongetwijfeld grote voldoening gehaald uit de overwinning van de Saud.

> Tussen **januari en juni 1925** belegerden de Wahhabis de stadstaat Jeddah.

> Op **5 december 1925** gaf Medina zich over aan Ibn Saud en op 19 december werd Sherif Ali, zoon van Hoessein, gedwongen af te treden.

> Op **8 januari 1926 werd** Ibn Saud uitgeroepen tot Koning van de Hijaz en Sultan van de Nejd.

> Op **20 mei 1927 ondertekenden** de families Abdul Aziz en Wahabi, vertegenwoordigd door Ibn Saud, een verdrag met Groot-Brittannië waarin de totale onafhankelijkheid van alle gebieden die de twee families in handen hadden, werd erkend en zij zich Saudi-Arabië mochten noemen.

Zonder de hulp van de Arabische natiestaten onder Hoessein, en zonder de verovering van Arabische stadstaten door de families Wahabi en Abdul Aziz, zouden de Turken niet uit Egypte en Palestina zijn verdreven, en zou de Joodse immigratie daar strikt zijn beperkt, zo niet helemaal zijn gestopt. Zoals de Syrische president Hafez el Assad verklaarde in 1973,

> "de Britten staken een zionistische dolk in de harten van de Arabische naties."

Vrienden van wijlen Lawrence zeggen dat zijn geest door de gangen van Whitehall waart, niet in staat om vrede te vinden vanwege de manier waarop hij de harde belofte aan de Arabische legers van Sherif Hussein wist te ondermijnen, en vanwege zijn schuld bij het aanvaarden van de valse beloften van Allenby en Whitehall dat Joodse immigratie naar Palestina niet zou worden toegestaan.

VI. Tavistock en "operationeel onderzoek": een niet verklaarde oorlog

De oprichter van het Tavistock Institute for Human Relations, John Rawlings Reese, moest een systeem ontwikkelen om het denken van mensen te ondermijnen en vervolgens te controleren, zodat het in de door het Comité van 300, ook bekend als de Olympiërs, gewenste richting kon worden gestuurd. Om dit te bereiken is het nodig om een geautomatiseerde mentaliteit te introduceren in de meerderheid van de doelbevolking. Het is een doel met verstrekkende nationale en internationale gevolgen.

Het eindresultaat van Reese's doelstellingen was en is de controle over al het menselijk leven; de vernietiging ervan wanneer dat wenselijk wordt geacht, hetzij door massale genocide, hetzij door massale slavernij. We zijn vandaag getuige van beide. Het ene is het genocideplan Global 2000, dat voorziet in de dood van meer dan 500 miljoen mensen tegen 2010; het andere is slavernij met economische middelen. Beide systemen zijn volledig operationeel en werken naast elkaar in het huidige Amerika.

Reese begon zijn experimenten in Tavistock in 1921, en het werd hem al snel duidelijk dat zijn systeem zowel nationaal als militair kon worden toegepast. Reese stelde dat de oplossing van de problemen die hij voorzag een meedogenloze aanpak vereiste, zonder rekening te houden met religieuze of morele waarden. Later voegde hij een ander gebied aan zijn lijst toe, dat van het nationalisme.

Van Reese is bekend dat hij het werk van de Negen Onbekende Mannen heeft bestudeerd, dat in 1860 door de Franse schrijver Jacolliot werd genoemd. Jacolliot merkte onder meer op dat de Negen Onbekende Mannen op de hoogte waren van het vrijkomen van energie, sterilisatie door straling, propaganda en psychologische oorlogsvoering, allemaal zaken die in deze eeuw absoluut onbekend waren. Jacolliot verklaarde dat de techniek van de psychologische oorlogvoering "de" meest effectieve en gevaarlijke techniek van alle wetenschappen was, om de mening van de massa's te vormen, omdat het iedereen in staat zou stellen de hele wereld te regeren." Deze uitspraak werd gedaan in 1860.

Toen het duidelijk werd dat Britse politici vastbesloten waren de economische problemen van het land op te lossen met een nieuwe oorlog, kreeg Reese 80.000 rekruten van het Britse leger om als proefkonijnen te gebruiken. Operation Research was de naam van zijn project, dat er in wezen op gericht was een militaire managementmethode (logistiek) te ontwikkelen om optimaal gebruik te maken van de beperkte militaire middelen - zee-, lucht- en landverdedigingssystemen - tegen de buitenlandse vijanden van Groot-Brittannië.

Het oorspronkelijke programma was dus een militair managementprogramma, maar tegen 1946 had Reese operations research zover ontwikkeld dat het kon worden toegepast als een civiel managementprogramma. Reese was "aangekomen", voor zover het social engineering betrof, maar zijn werk is verborgen in topgeheime dossiers in het Tavistock Instituut. Technisch gezien is Reese's Tavistock-handboek, waarvan ik een exemplaar heb, een ware oorlogsverklaring aan de burgerbevolking van een willekeurig doelland. Reese zei dat men moet begrijpen dat "wanneer een regering, groepen, personen in machtsposities" hun methoden gebruiken zonder toestemming van het volk, deze regeringen of groepen mensen begrijpen dat verovering het motief is, en dat er een burgeroorlog van verschillende intensiteit bestaat tussen hen en het publiek.

Reese ontdekte dat met social engineering een grotere behoefte ontstaat aan informatie die snel kan worden verzameld en gecorreleerd. Een van de eerste uitspraken die aan Reese werd toegeschreven was de noodzaak om de maatschappij voor te blijven en haar bewegingen te voorspellen door middel van situation engineering. De ontdekking van lineaire programmering door George B. Danzig in 1947 was een belangrijke doorbraak voor Reese en zijn sociale knutselaars. Dit kwam op een moment dat Reese verwikkeld was in een oorlog met de Amerikaanse natie, een oorlog die nog steeds voortduurt, en die sterk werd vergemakkelijkt door de uitvinding van de transistor door Bardeen, Brittain en Shockley in 1948.

Toen kwamen de Rockefellers, die Tavistock een enorme subsidie gaven om Reese in staat te stellen een studie van de Amerikaanse economie uit te voeren met behulp van de methoden van operations research. Tegelijkertijd gaf de Rockefeller Foundation Harvard University een vierjarige beurs om een eigen Amerikaans economisch model te creëren. Het was 1949, en Harvard ging door met zijn eigen economisch model, gebaseerd op het Tavistock model.

Reese's enige voorwaarde voor samenwerking met Harvard was dat de methodes van Tavistock tijdens het hele project werden gevolgd. Deze waren gebaseerd op het Prudential Assurance Bombing Survey, dat leidde tot de verzadigingsbombardementen op Duitse arbeiderswoningen als middel om de Duitse oorlogsmachine uit te schakelen. Deze methoden waren nu klaar om te worden toegepast in een civiele context.

Reese heeft de deelname van Amerika aan de Eerste Wereldoorlog, die hij beschouwt als het begin van de XX eeuw, uitvoerig bestudeerd. Reese besefte dat, wilde Amerika zich losmaken van het zogenaamde "isolationisme", het Amerikaanse denken radicaal moest worden veranderd. In 1916 had Woodrow Wilson Amerika in Europese aangelegenheden meegesleurd met een corrupt en corrumperend beleid. Wilson stuurde Amerikaanse troepen naar Europese slagvelden, ondanks waarschuwingen van de Founding Fathers om zich niet te mengen in buitenlandse aangelegenheden. Het Comité van 300 is vastbesloten om de Verenigde Staten voor altijd in Europese en wereldzaken te houden.

Wilson veranderde Europa niet, maar Europa veranderde Amerika. Het verbannen van de politiek uit de macht, wat Wilson dacht te kunnen doen, was niet mogelijk, want macht is politiek en politiek is economische macht. Dit is het geval geweest vanaf de vroegste verslagen van de geschiedenis van de politiek: die van de stadstaten van Sumer en Akkad 5000 jaar geleden, tot aan Hitler en de USSR. De economie is slechts een verlengstuk van een natuurlijk energiesysteem, maar de elites hebben altijd gezegd dat dit systeem onder hun controle staat.

Wil een economie onder controle van een elite staan, dan moet ze voorspelbaar en volledig manipuleerbaar zijn. Dit is wat het Harvard-model wilde bereiken, gebaseerd op de sociale dynamiek van Reese's operations research. Reese had ontdekt dat om totale voorspelbaarheid van bevolkingsgroepen te bereiken, de elementen van de samenleving onder het juk van de slavernij moesten worden gehouden, en beroofd van de middelen om hun hachelijke situatie te ontdekken, zodat ze niet wisten hoe ze zich moesten verenigen of samen verdedigen, en niet zouden weten waar ze terecht konden voor hulp.

De Tavistock-methodologie is overal in de Verenigde Staten aan het werk. Mensen die niet weten tot wie ze zich moeten wenden om de hachelijke situatie waarin ze zich bevinden te begrijpen, wenden zich tot de allerergste plek voor vermeende hulp: de overheid. Het Harvard Economic Research Project, dat begon in 1948, belichaamde alle principes van Reese, die op hun beurt voortkwamen uit het Prudential bommenonderzoek en operationeel onderzoek. De elites, die hun krachten bundelden, vonden dat er met de komst van het computertijdperk een middel beschikbaar was om de economie en bevolking van een land te controleren - zowel een zegen als een vreselijke vloek voor de mensheid.

Alle wetenschap is slechts een middel om een doel te bereiken, en de mens is kennis (informatie), die eindigt in controle. De begunstigden van deze controle werden 300 jaar geleden bepaald door het Comité van 300 en zijn voorgangers. De oorlog van Tavistock tegen het Amerikaanse volk is nu 47 jaar oud en vertoont geen tekenen van verslapping. Aangezien energie de sleutel is tot al het leven op deze planeet, heeft het Comité de controle verworven over de meeste energiebronnen via diplomatieke methoden van leugens en geweld.

Het Comité heeft door bedrog en verzwijging ook de sociale energie, die in economische termen wordt uitgedrukt, in handen genomen. Als de gewone burger in onwetendheid kon worden gehouden over de werkelijke economische boekhoudmethoden, dan zou de burger veroordeeld zijn tot een leven van economische slavernij. Dit is wat er is gebeurd. Wij, het volk, hebben onze toestemming gegeven aan de economische controleurs van ons leven en zijn de slaven geworden van de elite. Zoals Reese ooit zei, mensen die hun intelligentie niet gebruiken hebben geen betere rechten dan domme dieren die helemaal geen intelligentie hebben. Economische slavernij is essentieel om de goede orde te handhaven en de heersende klasse te laten genieten van de vruchten van slavenarbeid.

Reese en zijn team van sociale wetenschappers en sociale ingenieurs werkten aan het Amerikaanse publiek door eerst de sociale energie (de economie), de mentale omgeving en de fysieke zwakheden van de natie te leren kennen, te begrijpen en uiteindelijk aan te vallen. Eerder zei ik dat de computer zowel een zegen als een vloek is voor de mensheid. Aan de positieve kant zijn er veel opkomende economen die, door het gebruik van computers, beginnen in te zien dat het Harvard-model een blauwdruk is voor economische slavernij.

Als dit nieuwe ras van economische programmeurs hun boodschap snel genoeg kan overbrengen aan het Amerikaanse volk, kan de Nieuwe Wereld Orde (van de slavernij) nog worden tegengehouden. Dit is waar het zo'n grote rol speelt in het ondermijnen via de media, het onderwijs en het beïnvloeden van ons denken door ons af te leiden met onbelangrijke zaken, terwijl de echt cruciale zaken worden genegeerd. Tijdens een grote beleidsstudiebijeenkomst in opdracht van het Comité van 300 in 1954 werd aan economische deskundigen, regeringsfunctionarissen, bankiers en leiders van handel en industrie duidelijk gemaakt dat de oorlog tegen het Amerikaanse volk moest worden opgevoerd.

Robert McNamara was een van degenen die verklaarden dat,

omdat vrede en goede orde werden bedreigd door een uit de hand gelopen bevolking, de rijkdom van de natie moest worden afgenomen van de onhandelbare massa en gegeven aan de controle van een zelfgedisciplineerde minderheid. McNamara deed een felle aanval op de overbevolking, die volgens hem de wereld waarin we leven dreigde te veranderen en onbestuurbaar te maken:

"We kunnen beginnen met het meest kritieke probleem van de bevolkingsgroei. Zoals ik elders heb opgemerkt, is dit, afgezien van de kernoorlog zelf, het ernstigste probleem waarmee de wereld de komende decennia wordt geconfronteerd. Als de huidige trends doorzetten, zal de wereld als geheel pas rond het jaar 2020 het vervangingsniveau van de vruchtbaarheid bereiken - in feite een gemiddelde van twee kinderen per gezin. Dit betekent dat de wereldbevolking zich uiteindelijk zou stabiliseren op ongeveer 10 miljard, tegenover 4,3 miljard nu.

"We noemen het gestabiliseerd, maar wat voor soort stabiliteit zou mogelijk zijn? Kunnen we aannemen dat de niveaus van armoede, honger, stress, overbevolking en frustratie die zo'n situatie in ontwikkelingslanden - waar dan 9 van elke 10 mensen op aarde wonen - zou kunnen genereren, voor sociale stabiliteit zou zorgen? Of, wat dat betreft, militaire stabiliteit?

"Het is niet een wereld waarin iemand van ons zou willen leven. Is zo'n wereld onvermijdelijk? Nee, maar er zijn maar twee manieren om een wereld met 10 miljard mensen te vermijden. Ofwel moet het huidige geboortecijfer sneller dalen, ofwel moet het huidige sterftecijfer stijgen. Er is geen andere oplossing.

"Er zijn natuurlijk vele manieren om het sterftecijfer te verhogen. In een thermonucleair tijdperk kan oorlog dit zeer snel en beslissend bereiken. Hongersnood en ziekte zijn de oude remmen van de natuur op bevolkingsgroei, en geen van beide is van het toneel verdwenen."

In 1979 herhaalde McNamara zijn boodschap aan de belangrijkste bankiers ter wereld, en Thomas Enders, een hoge ambtenaar van het State Department, legde de volgende verklaring af

"Eén thema ligt ten grondslag aan al ons werk. We moeten de bevolkingsgroei terugdringen. Of ze doen het op onze manier, met mooie, schone methoden, of ze krijgen het soort rotzooi dat we hebben in El Salvador, Iran of Beiroet. Zodra de bevolkingsgroei uit de hand loopt, heb je een autoritaire, zelfs fascistische, regering nodig om het terug te dringen. Een burgeroorlog kan helpen, maar die zou zeer uitgebreid moeten zijn. Om de bevolking snel te verminderen, moet je alle mannen trainen in de strijd en een groot aantal vruchtbare vrouwen in de vruchtbare leeftijd doden."

De oplossing voor het probleem van een wereld waarin de elite niet wil leven, is massale genocide. De Club van Rome kreeg de opdracht een plan op te stellen dat 500 miljoen overbevolkte mensen zou uitroeien. Het plan werd Global 2000 genoemd, en het werd geactiveerd door de verspreiding van het AIDS-virus in Afrika en Brazilië. Global 2000 werd officieel geaccepteerd als Amerikaans beleid door president James Carter.

De leden van de conferentie waren het erover eens dat

"Het element van de lagere klasse in de samenleving moet onder volledige controle worden gebracht, opgeleid en op jonge leeftijd taken toegewezen krijgen. De lagere klassen moeten worden opgeleid om hun positie te accepteren, lang voordat ze de kans krijgen deze aan te vechten."

"Technisch gezien moeten kinderen worden 'verweesd' in door de overheid gecontroleerde kinderdagverblijven. Met een dergelijke initiële handicap zullen de lagere klassen weinig hoop hebben om zich los te maken van de posities die hen in het leven zijn toebedeeld. De vorm van slavernij die wij voor ogen hebben is essentieel voor een goede sociale orde, vrede en rust.

"Wij beschikken over de middelen om de vitaliteit, de mogelijkheden en de mobiliteit van individuen in de samenleving aan te tasten door, via onze sociale wetenschapper, hun bronnen van sociale energie (inkomen)

te kennen, deze te begrijpen, te manipuleren en aan te tasten, en dus hun fysieke, mentale en emotionele sterke en zwakke punten. Het grote publiek weigert zijn eigen mentaliteit te verbeteren. Het is een kudde voortwoekerende barbaren geworden, en een plaag op het gezicht van de aarde.

"Door de economische gewoonten te meten waarmee de schapen proberen aan hun problemen te ontsnappen en de werkelijkheid te ontvluchten door vermaak, is het absoluut mogelijk, door de methoden van operationeel onderzoek toe te passen, de waarschijnlijke combinaties van schokken (gecreëerde gebeurtenissen) te voorspellen die nodig zijn om de volledige controle en onderwerping van de bevolking te verzekeren door de economie te ondermijnen. De strategie omvat het gebruik van versterkers (reclame), en wanneer we op televisie spreken op een manier die een tienjarige kan begrijpen, dan zal die persoon, vanwege de gedane suggesties, dat product impulsief kopen, de volgende keer dat hij het in een winkel ziet.

"Het machtsevenwicht zal zorgen voor de stabiliteit die de wereld van de 21e eeuw waarschijnlijk zal bereiken, verscheurd als hij zal zijn door hartstochtelijk tribalisme en schijnbaar onoplosbare problemen zoals die welke worden veroorzaakt door massale migratie van Zuid naar Noord en van boerderijen naar steden. Er kunnen massale volksverhuizingen plaatsvinden, zoals die tussen Griekenland en Turkije in de nasleep van de Eerste Wereldoorlog, en massamoorden. Het zal een tijd van onrust zijn, die een vereniger nodig heeft; een Alexander of een Mohammed.

"Een belangrijke verandering die het gevolg zal zijn van het ontstaan van conflicten tussen volkeren die naast elkaar leven - en die door hun intensiteit voorrang zullen krijgen op de andere conflicten - is dat de politieke rivaliteit zich zal afspelen binnen regio's in plaats van tussen regio's onderling. Deze ontwikkeling zal leiden tot een ommekeer in de wereldpolitiek. Na een decennium waarin de Verenigde Staten en de Sovjet-Unie elkaar over de oceanen bevochten, zullen de mogendheden zich concentreren op de bescherming tegen krachten aan - of binnen - hun grenzen.

"Het Amerikaanse volk weet weinig van economie en geeft er weinig om, daarom zijn ze altijd rijp voor oorlog. Ze kunnen oorlog niet vermijden, ondanks hun religieuze moraal, noch kunnen ze in religie de oplossing vinden voor hun aardse problemen. Ze worden verdoofd door economische deskundigen die schokgolven uitzenden die budgetten en koopgewoonten vernietigen. Het Amerikaanse publiek heeft nog niet begrepen dat wij hun koopgedrag controleren."

Hier zijn we dan. Landen opdelen in tribale facties, de bevolking laten vechten voor hun levensonderhoud en zich zorgen laten maken over regionale conflicten. Dit is wat er gebeurt in het voormalige Joegoslavië, waar het land is verdeeld in kleine stammen, en dit is wat er gebeurt in Amerika, waar het gemiddelde gezin, met beide ouders die werken, niet kan rondkomen. Deze ouders hebben geen tijd om op te letten hoe ze worden misleid tot economische slavernij. Het is allemaal opgezet spel.

Vandaag zien we - als we tijd hebben - dat de Verenigde Staten op de rand staan van een geleidelijke ontbinding, het resultaat van Tavistocks stille "controleoorlog" tegen de Amerikaanse natie. Het presidentschap van Bush was een regelrechte ramp, en het presidentschap van Clinton zal een nog grotere schok zijn. Zo is het plan getekend, en wij het volk verliezen snel het vertrouwen in onze instellingen en in ons vermogen om Amerika weer te maken tot wat het had moeten zijn - verre van wat het nu is - binnengevallen door buitenlanders die de natie dreigen op te slokken - een Zuid-Noord invasie hier in ons eigen land.

Wij hebben onze reële rijkdom opgegeven voor een belofte van grotere rijkdom, in plaats van compensatie in reële termen. Wij zijn in de val gelopen van het Babylonische systeem van "kapitalisme", dat helemaal geen kapitalisme is, maar de schijn van kapitaal, zoals blijkt uit geld dat in werkelijkheid wordt uitgedrukt in termen van negatief kapitaal. Dit is misleidend en destructief. De Amerikaanse dollar heeft de schijn van een munt, maar is in feite een schuldbekentenis en een schuldbekentenis van slavernij.

Het geld zoals wij dat kennen, wordt in evenwicht gebracht door oorlog en genocide - wat voor onze ogen gebeurt. Het totaal van goederen en diensten is reëel kapitaal, en geld kan tot dit niveau worden gedrukt, maar niet daarboven. Zodra geld wordt gedrukt boven het niveau van goederen en diensten, wordt het een destructieve en reducerende kracht. Oorlog is de enige manier om het systeem "in evenwicht" te brengen, door deze schuldeisers, die het volk gedwee tegen hun reële waarde heeft achtergelaten in ruil voor een kunstmatig opgeblazen munt, te doden.

Energie (de economie) is de sleutel tot alle aardse activiteiten. Vandaar de vaak herhaalde bewering dat alle oorlogen een economische oorsprong hebben. Het doel van de ene wereldregering - de nieuwe wereldorde - is noodzakelijkerwijs het verkrijgen van een monopolie op alle goederen en diensten, grondstoffen, en het beheersen van de manier waarop economie wordt onderwezen. In de Verenigde Staten helpen we de regering van de ene wereld voortdurend om de controle over de natuurlijke hulpbronnen van de planeet te verkrijgen door een deel van ons inkomen voor dit doel af te staan. Dit wordt "buitenlandse hulp" genoemd.

Het Operation Research project van Tavistock stelt het volgende:

> "Ons onderzoek heeft uitgewezen dat de gemakkelijkste manier om mensen te controleren erin bestaat hen ongedisciplineerd en onwetend te houden van basissystemen en -principes, en hen ongeorganiseerd, verward en afgeleid te houden door zaken van relatief weinig belang...".

> "Naast onze minder directe methoden van penetratie op lange termijn, kan dit worden bereikt door mentale activiteiten te ontmantelen en openbare onderwijsprogramma's van lage kwaliteit in wiskunde, logica, systeemontwerp en economie aan te bieden, en technische creativiteit te ontmoedigen.

> "Onze mode vraagt om emotionele prikkels, een toenemend gebruik van versterkers die aanzetten tot zelfbevrediging, of dat nu rechtstreeks is (tv-programma's) of via reclame. Bij

Tavistock hebben we ontdekt dat dit het best bereikt wordt door een niet aflatende en niet aflatende emotionele aanval en belediging (mentale verkrachting) door een constant spervuur van seks, geweld, oorlog, rassenconflicten, zowel in de elektronische als in de gedrukte media. Dit permanente dieet zou je "mentaal junkfood" kunnen noemen.

"Van het grootste belang is de herziening van geschiedenis en wet en de onderwerping van de bevolking aan een afwijkende creatie, die het denken verlegt van persoonlijke behoeften naar geconstrueerde en gefabriceerde externe prioriteiten. De algemene regel is dat er winst zit in verwarring, en hoe groter de verwarring, hoe groter de winst. Een manier om dit te bereiken is problemen te creëren en vervolgens oplossingen voor te stellen.

"Het is essentieel om het volk te verdelen, om de aandacht van volwassenen af te leiden van de echte problemen en om hun denken te domineren met onderwerpen van relatief weinig belang. Jongeren moeten onwetend worden gehouden van wiskunde; het juiste onderwijs in economie en geschiedenis mag nooit beschikbaar zijn. Alle groepen moeten bezig zijn met een eindeloze ronde van vragen en problemen, zodat ze geen tijd hebben om helder na te denken, en hier vertrouwen we op amusement dat de mentale capaciteit van een zesdeklasser niet te boven mag gaan.

"De energiebronnen die een primitieve economie in stand houden zijn een voorraad grondstoffen, de bereidheid van mensen om te werken en om een bepaalde plaats, een bepaalde positie, een bepaald niveau in de sociale structuur in te nemen, d.w.z. om werk te verschaffen op verschillende niveaus van de structuur.

"Elke klasse garandeert dus haar inkomensniveau en controleert daardoor de klasse direct eronder, waardoor de klassenstructuur in stand wordt gehouden. Een van de beste voorbeelden van deze methode is te vinden in het kastenstelsel in India, waarin een rigide controle wordt uitgeoefend, waardoor de opwaartse mobiliteit, die de elite aan de top zou kunnen bedreigen, wordt beperkt. Deze methode zorgt voor zekerheid en stabiliteit, en voor een regering aan de top.

"De soevereiniteit van de elite wordt bedreigd wanneer de lagere klassen door communicatie en onderwijs geïnformeerd raken en jaloers worden op de macht en de bezittingen van de hogere klasse. Naarmate sommigen van hen beter opgeleid raken, proberen ze hogerop te komen door echte kennis van de energie-economie. Dit vormt een reële bedreiging voor de soevereiniteit van de eliteklasse.

"Hieruit volgt dat de opkomst van de lagere klassen lang genoeg moet worden uitgesteld om de eliteklasse een energetische (economische) overheersing te laten bereiken, waarbij arbeid met instemming een mindere economische bron wordt. Totdat deze economische overheersing zoveel mogelijk is bereikt, moet rekening worden gehouden met de instemming van de mensen om te werken en zich door anderen te laten verzorgen. Wordt dit niet bereikt, dan zal de uiteindelijke overdracht van energiebronnen (economische rijkdom) aan de elitecontrole worden verstoord.

"In de tussentijd is het van essentieel belang te erkennen dat instemming van het publiek de essentiële sleutel blijft tot het vrijmaken van energie in het proces van economische versterking. Een toestemmingssysteem voor het vrijmaken van energie is dus van vitaal belang. In de afwezigheid van de baarmoeder moet kunstmatige veiligheid worden geboden, die de vorm kan aannemen van schuilplaatsen, beschermingsmiddelen en schuilplaatsen. Dergelijke schuilplaatsen bieden een stabiele omgeving voor stabiele en instabiele activiteiten, en bieden beschutting voor evolutionaire groeiprocessen, d.w.z. overleving in een schuilplaats die defensieve bescherming biedt tegen offensieve activiteiten.

"Het geldt zowel voor de elite als voor de lagere klassen, maar er is een duidelijk verschil in de manier waarop deze twee klassen de oplossing van het probleem benaderen. Onze sociale wetenschappers hebben zeer overtuigend aangetoond dat de reden waarom mensen een politieke structuur creëren, is dat zij een onbewust verlangen hebben om de afhankelijkheidsrelatie uit hun kindertijd te bestendigen.

"Eenvoudig gezegd, wat het onbewuste verlangen eist is een aardse god die risico's uit hun leven wegneemt, eten op tafel brengt en hen een troostend schouderklopje geeft als het niet goed gaat. De vraag naar een aardse god om problemen op te lossen en risico's uit te sluiten is onverzadigbaar, en dit heeft geleid tot een vervangende aardse god: de politicus. De onverzadigbare vraag van het publiek naar "bescherming" wordt beantwoord met beloften, maar de politicus komt die niet of nauwelijks na.

"Het verlangen om mensen die hun dagelijks bestaan verstoren te controleren of te onderwerpen is alomtegenwoordig bij mensen. Zij kunnen echter niet omgaan met de morele en religieuze problemen die dergelijke acties met zich meebrengen, en vertrouwen deze taak daarom toe aan professionele 'huurmoordenaars', die wij collectief politici noemen.

"De diensten van politici worden om een aantal redenen ingeschakeld:

> De beveiliging krijgen die u wilt zonder die te beheren.

> Het verkrijgen van een actie zonder te hoeven handelen, en zonder na te hoeven denken over de gewenste actie.

> Om de verantwoordelijkheid voor hun bedoelingen te ontlopen.

> Om de voordelen van de realiteit te krijgen zonder de discipline op te brengen die nodig is om te leren.

"We kunnen een natie gemakkelijk verdelen in twee subcategorieën, de politieke subnatie en de volgzame subnatie. Politici bekleden quasi-militaire functies, waarvan de laagste de politie is, gevolgd door officieren van justitie. Het presidentiële niveau wordt bestuurd door internationale bankiers. De volgzame subnatie financiert de politieke machine door instemming, d.w.z. door belastingheffing. De subnatie blijft gehecht aan de politieke subnatie, de laatste voedt zich ermee en wordt sterker, tot ze op een dag sterk genoeg is om haar schepper, het volk, te verslinden."

In combinatie met de systemen beschreven in mijn boek, Het *Comité van 300, is* het betrekkelijk eenvoudig te zien hoe succesvol het Operatie Onderzoek project van Tavistock is geweest, en nergens meer dan in de Verenigde Staten. Uit recente statistieken blijkt dat 75% van de zesdeklassers niet kon slagen voor wat "de wiskundetoets" werd genoemd. De wiskundetoets bestond uit eenvoudig elementair rekenen, wat ons iets zou moeten zeggen. Wiskunde maakte helemaal geen deel uit van de test. Moeten we gealarmeerd zijn? Oordeelt u maar.

VII. Geheime operaties

Geheime operaties - het materiaal waarvan de "James Bond"-verhalen zijn gemaakt. Zoals ik al vaak heb gezegd, was James Bond een fictief personage, maar de organisatie die in de filmserie wordt afgebeeld is echt, behalve dan dat ze "C" heet in plaats van "M". De geheime inlichtingen- en veiligheidsdiensten van Groot-Brittannië zijn die welke in "James Bond" worden geportretteerd. Ze staan bekend als MI5 (interne veiligheid) en MI6 (externe veiligheid). Samen vormen zij de oudste geheime inlichtingendienst ter wereld. Zij lopen ook voorop bij de ontwikkeling van spionagetechnieken en nieuwe technologieën. Geen van beide diensten is via het parlement verantwoording verschuldigd aan het Britse volk en beide opereren in het grootste geheim achter een groot aantal fronten.

Het begin van deze agentschappen gaat terug tot de tijd van koningin Elizabeth I, waarvan Sir Francis Walsingham, Elizabeths staatssecretaris, de stichter is, en zij hebben sindsdien onder verschillende namen bestaan. Het is niet de bedoeling een geschiedenis van deze supergeheime spionagediensten te schrijven, maar alleen om een context te geven voor de strekking van dit hoofdstuk, namelijk geheime acties en moorden om economische en/of politieke redenen.

Het belangrijkste is dat geheime acties in bijna alle gevallen verboden zijn door het internationaal recht. Dit gezegd zijnde, moet ik ook benadrukken dat het één ding is om wetten tegen geheime acties te hebben, maar iets heel anders om ze te handhaven, omdat de partijen bereid zijn tot het uiterste te gaan om de operatie geheim te houden. Het uitvoerend bevel van president Gerald Ford dat "het plegen of samenspannen van politieke moorden" verbiedt, wordt door de CIA grotendeels genegeerd.

Het excuus dat Bush niet wist wat er gaande was in de Iran/Contra geheime operatie is niet houdbaar vanwege het Hughes-Ryan amendement, dat op maat gemaakt was om de steun voor een dergelijke verdediging te breken. Het amendement was bedoeld om de CIA en andere Amerikaanse inlichtingendiensten verantwoordelijk en aansprakelijk te maken:

> "...tenzij en totdat de president bepaalt dat elk van deze operaties belangrijk is voor de nationale veiligheid van de Verenigde Staten en tijdig verslag uitbrengt aan de bevoegde commissie van het Congres, waaronder de Commissie Buitenlandse Betrekkingen van de Senaat en de Commissie Buitenlandse Zaken van het Huis,".

wordt de geheime operatie illegaal. Dus als president Reagan of president Bush wisten van de Iran/Contra-operatie, of als ze dat niet wisten, dan handelden degenen die eraan deelnamen illegaal.

Bij de geheime operatie Iran/Contra was admiraal John Poindexter de "fall guy" voor de presidenten Reagan en Bush, die beiden beweerden er niets van te weten. Dit is schokkend, omdat het impliceert dat twee presidenten geen controle hadden over hun militaire en inlichtingendiensten. Als Poindexter niet in de getuigenbank had verklaard dat hij Bush nooit op de hoogte heeft gesteld van de details van de Iran/Contra-operatie, zou een impeachment-procedure zijn gevolgd, die Bush, met al zijn machtige bescherming, niet had kunnen voorkomen. Daarbij werd Bush vakkundig bijgestaan door congreslid Lee Hamilton, wiens onderzoek naar de geheime actie zo slecht werd uitgevoerd dat het resulteerde in een volledige whitewash van de schuldigen, inclusief Reagan en Bush.

Behalve "James Bond" waren de bekendste MI6-agenten misschien Sydney Reilly, Bruce Lockhart en kapitein George Hill, die naar Rusland werden gedetacheerd om de bolsjewieken te helpen hun vijanden te verslaan en tegelijkertijd enorme economische en grondstofconcessies veilig te stellen voor de zwarte adel van Groot-Brittannië, waarbij een deel van de taart naar de financiers van Wall Street ging. Misschien wel de minst bekende (maar een van de meest effectieve) agenten van MI6 was Somerset Maugham, de eminente Britse auteur, in de literaire wereld bekend onder die 'schaapachtige' naam.

Zoals de meeste MI6 officieren, werd Maugham's echte naam niet onthuld tijdens zijn dienstjaren, en dat bleef zo tot aan zijn dood. Sydney Reilly had drie geheime namen, en acht andere (hij had elf paspoorten), zijn echte naam was Sigmund Georgievich Rosenblum.

Afgezien van alle namen als bolsjewisme, socialisme, marxisme, communisme, fabianisme en trotskisme, is het een feit dat de bolsjewistische revolutie een buitenlandse ideologie was die door het Comité van 300 aan het Russische volk werd opgedrongen met het oog op economisch gewin en controle over Rusland.

Zo simpel is het en als alle retoriek en terminologie achterwege wordt gelaten, is het begrip "communisme" gemakkelijker te begrijpen. We mogen nooit en te nimmer uit het oog verliezen dat, zoals Churchill zei, "Rusland, voordat het onherroepelijk omsloeg en verloor, bij de haren werd gegrepen" en werd meegesleurd in een dictatuur die regelrecht uit de hel kwam, voornamelijk opgezet om zijn enorme hulpbronnen te exploiteren en te controleren, die zelfs vandaag de dag die van de Verenigde Staten ver overtreffen, laat staan die van Groot-Brittannië, dat, afgezien van steenkool en een beetje Noordzee-olie, niets noemenswaardigs heeft.

Net als in de tijd van koningin Elizabeth I, toen de Cecils, haar controleurs, samen met Sir Francis Walsingham een spionagesysteem opzetten om haar eigendommen in Engeland te beschermen en de handel over de hele wereld te controleren, zo hebben de moderne koningen en koninginnen van Engeland de traditie voortgezet. Je zou kunnen zeggen dat deze spionageorganisaties eerst werden ingegeven door economische motieven en daarna door nationale soevereiniteit. In de tussenliggende eeuwen is er niet veel veranderd.

Dit was het doel van Sydney Reilly's nu legendarische missie naar Rusland; om Russische olie en andere immense minerale schatten te bemachtigen voor de Britse zwarte adel, geleid door Lord Alfred Milner, de City of London investeringsbankiers en de Amerikaanse brahmanen van Boston, de financiers en Wall Street tycoons, met als bekendste voorbeelden de Rockefellers, J.P. Morgan en Kuhn Loeb. Het delen van de Britse plunderingen, bereikt en ondersteund door militaire macht, werd een traditie tijdens de gouden eeuw van de enorme en ongelooflijk lucratieve opiumhandel met China.

De oudste Amerikaanse equivalenten van 'adellijke' families zaten tot aan hun wenkbrauwen in deze onzalige handel. Tegenwoordig zou je het nooit weten, want ze worden beoordeeld op hun uiterlijk, namelijk dat ze naar de beste scholen gaan.

Dit kroost is bedekt met een laag olie en baadt in de stank en viezigheid van China's opiumhandel, die dood en ellende bracht aan miljoenen terwijl ze de banken die ze bezaten vulden met obscene rijkdom.

De galerij van dieven in de Chinese opiumhandel leest als een pagina uit het Amerikaanse sociale register: John Perkins, Thomas Nelson Perkins, Delano, Cabot, Lodge, Russell, Morgan, Mellon. Er is geen enkele van onze "elite" families die niet besmet is met opium rijkdom.

Lord Alfred Milner stuurde Sydney Reilly van MI6 om de olievelden in de Baku regio veilig te stellen voor Britse en Rockefeller investeringen. Bruce Lockhart was Lord Milner's persoonlijke vertegenwoordiger die Lenin en Trotski controleerde. De "Hansard" van die tijd, het equivalent van ons Congresverslag, staat vol met uitingen van verontwaardiging en frustratie toen het Parlement informatie begon te krijgen over Reilly's wapenfeiten. Er vonden woedende gesprekken plaats tussen premier Lloyd George (graaf van Dwyfor) en leden van zijn kabinet, maar ook in een openbaar debat met parlementsleden in het Parlement. Zij eisten allen dat Reilly zou worden teruggebracht en ter verantwoording zou worden geroepen voor zijn activiteiten in Rusland.

Maar tevergeefs, Reilly bleef onaantastbaar en onberekenbaar. Voor misschien de eerste keer ooit is het Britse publiek zich er vaag van bewust dat een onzichtbare macht boven het Parlement staat. Het Britse publiek weet niet en kan niet weten dat Reilly MI6 vertegenwoordigt, die veel meer macht heeft dan hun gekozen vertegenwoordigers in het Parlement. Degenen die proberen de muur van geheimhouding te doorbreken komen nergens, dus wachten ze tot Reilly terugkeert naar Engeland, wat pas gebeurt als alles voorbij is.

Reilly en zijn goede vriend graaf Felix Dzerzinsky (beiden afkomstig uit hetzelfde deel van Polen), hoofd van het angstaanjagende terreurapparaat van de bolsjewistische geheime politie, zetten de dood van Reilly in scène terwijl hij zogenaamd probeerde te ontsnappen over de grens. Het verhaal was dat Reilly's naam was ontdekt in de papieren van een groep Letse burgers die van plan waren Lenin te vermoorden. Reilly leefde in geheime weelde en pracht en praal in Sovjet Rusland totdat hij, om het plan te voltooien, ontsnapte op een Nederlands vrachtschip. Reilly werd in 1917 gerekruteerd door Sir William Wiseman, hoofd van de Britse MI6 in Washington. Reilly werd door zijn superieur, Sir Mansfield Smith Cumming, omschreven als "een sinistere man die ik nooit echt kon vertrouwen".

Somerset Maugham's missie naar Petrograd voor MI6 in 1917 is een klassiek voorbeeld van dit type missie. Lockhart werd naar Petrograd gestuurd om de voorlopige regering van Alexander Kerenski te steunen, die de 'interim'-regering moest leiden die zich tegen de bolsjewieken verzette (De Klerk, de afvallige Zuid-Afrikaanse leider, is treffend beschreven als de 'Kerenski van de blanken in Zuid-Afrika', omdat het zijn taak is een 'voorlopige' regering te vormen die Mandela en zijn bende moordenaars in staat zal stellen het land over te nemen).

Wat noch het Britse parlement noch het publiek wisten, was dat Kerenski's regering geprogrammeerd was om te mislukken; het was zijn taak om het te doen voorkomen alsof de echte oppositie tegen een bolsjewistische regering uit Groot-Brittannië en de Verenigde Staten kwam, terwijl in feite het tegendeel waar was.

In een ingewikkelde opzet ging Maugham, die ook was uitgekozen door Sir William Wiseman, naar Kerenski, en reisde via Japan met 150.000 dollar (ja, het was vooral Amerikaans geld) om aan Kerenski te besteden. Maugham vertrok op 17 juni 1917 en ontmoette Kerenski op 31 oktober 1917.

Kerenski vroeg Maugham een briefje te bezorgen bij premier Lloyd George, met daarin een wanhopig pleidooi voor wapens en munitie. Interessant genoeg negeerde Kerenski volledig de Britse consul in Petrograd, die achter zijn rug om had gesnuffeld dat er iets aan de hand was, boze klachten naar Lloyd George stuurde, maar geen excuses of uitleg kreeg. Zoals kapitein Hill zelf ooit zei: "degenen die geloven dat de bolsjewistische revolutie werd geïnspireerd en geleid door zionisten, hebben misschien een beetje waarheid in pacht". Wiseman, Maugham, Hill en Reilly waren Joods; maar Lockhart was puur Angelsaksisch.

Het antwoord van de Britse premier op Kerenski's briefje was kortaf "Dat kan ik niet doen". Maugham keerde nooit terug naar Rusland en Kerensky werd omvergeworpen door de Bolsjewieken op 7 november 1917. Kapitein Hill werd geplaatst bij MI5, daarna bij MI6. Hij werd naar Petrograd gestuurd om Trotski te adviseren over het opzetten van een luchtmacht, hoewel Rusland technisch gezien nog steeds een bondgenoot van de Britten was.

Het doel van deze manoeuvre was om Rusland in oorlog te houden met Duitsland, dat Groot-Brittannië wilde verslaan vanwege zijn grote commerciële en financiële succes. Tegelijkertijd moest Rusland zo verzwakt worden dat het niet lang weerstand zou kunnen bieden aan de bolsjewistische horden. Zoals we weten, werkte het bedrog perfect. Kapitein Hill speelde een belangrijke rol bij de oprichting van CHEKA, het angstaanjagende bolsjewistische geheime politie- en militaire inlichtingenapparaat dat de voorloper was van de GRU.

Een van Hill's wapenfeiten was de "overdracht" van de Roemeense kroonjuwelen. Hill, een specialist in bewapening en training, speelde een zeer actieve rol in het grote plan om de wereld te laten geloven dat Engeland en de Verenigde Staten echt tegen de bolsjewistische overname vochten. (Alleen Frankrijk, van alle naties, werd niet misleid.) In documenten die ik jaren later las, werd Allen Dulles, hoofd van de OSS, aan de kaak gesteld door De Gaulle, die hem onomwonden herinnerde aan de grote staatsgreep tegen Tsaar Nicolaas II en het Russische volk.

Een integraal onderdeel van het bedrog was de landing van een gecombineerde Britse, Franse en Amerikaanse troepenmacht bij Moermansk op 23 juni 1918, onder bevel van de Amerikaanse generaal-majoor Frederick Poole, ogenschijnlijk om de Russen bij te staan in hun strijd tegen de bolsjewieken. De Fransen dachten echt dat ze daar waren om de bolsjewieken aan te vallen toen de geallieerde troepenmacht op 2 augustus Arkhangelsk binnenviel, waar enige gevechten plaatsvonden. In werkelijkheid had de expeditiemacht drie doelen:

> (a) om de indruk te wekken dat Engeland en Amerika tegen de bolsjewieken vochten, b) om de grote voorraad wapens en munitie van het Russische leger in de regio te beschermen, en c) om een twijfelachtige bevolking te helpen Lenin te steunen door de indruk te wekken dat hij de redder van het vaderland was, die vocht om een buitenlandse militaire macht af te weren.

In werkelijkheid was de Amerikaans-Britse troepenmacht er om Lenin te helpen, niet om het Rode Leger te bestrijden. De geallieerde troepen moesten ervoor zorgen dat het munitiedepot werd overgedragen aan de bolsjewieken en voorkomen dat het zou worden ingenomen door de oprukkende Duitsers. Jaren later herhaalde minister van Buitenlandse Zaken George Marshall deze truc tegen de Chinese veldmaarschalk Chiang Kai Shek, waardoor Mao Tse Tung over een enorm arsenaal beschikte om te gebruiken in zijn strijd om China om te vormen tot een communistische natie. Het derde doel was de Russen, die aarzelden in hun steun voor Lenin, om te vormen tot volwaardige aanhangers. Lenin gebruikte de landing in Moermansk om het Russische volk te vertellen:

> "Kijk, de Britse en Amerikaanse imperialisten proberen

Rusland van jullie te stelen. Sluit je aan bij onze strijd om Moeder Rusland te verdedigen!"

Toen de Wit-Russische generaals Denekin en Wrangel grote successen boekten tegen het Rode Leger, het uit de regio Bakoe verdreven en het werk van Sydney Reilly voor de Britse en Amerikaanse (met name Rockefeller) oliebelangen bedreigden, kreeg dezelfde Lloyd George die in 1917 met Kerenski had samengespannen, gezelschap van een "particuliere Amerikaanse burger", William Bullit, in feite een afgezant van Rockefeller en de Wall Street-bankiers. Samen begingen zij een daad van verraad tegen hun respectieve landen.

In januari 1919 versloeg generaal Peter Denekin de bolsjewieken in Georgië, Armenië, Azerbeidzjan en Turkestan (de olieproducerende regio's) en later die maand verdreef hij de bolsjewieken uit de Kaukasus en rukte hij op tot bijna aan de poorten van Moskou. Bullit en Lloyd George trokken vervolgens het kleed onder de Witte Russen vandaan door de leveringen van wapens, munitie en geld stop te zetten. Op een signaal van Lloyd George, gestuurd door MI6 in september, verliet de Amerikaans-Britse troepenmacht Arkhangelsk en verliet Moermansk op 12 oktober 1919.

Let op de perfecte timing van de operatie. Het enige wat de expeditiemacht had gedaan, afgezien van wat lichte gevechten bij Arkhangelsk en een paar andere schermutselingen tegen de bolsjewistische troepen, was door de straten van Vladivostok marcheren ter ondersteuning van Lenins bewering dat daar Britse en Amerikaanse imperialistische soldaten waren die vastbesloten waren Moeder Rusland over te nemen. Op 14 november 1920 scheepten de laatste soldaten van de Wit-Russische troepen in naar Constantinopel.

Een van de grootste stukken van de puzzel werd met succes tot stand gebracht zonder dat de Amerikanen en Britten ook maar het minste idee hadden van wat er aan de hand was. Een min of meer gelijkaardige procedure wordt vandaag in Rusland toegepast, met de "ex-communist" Boris Jeltsin, die door het Westen wordt voorgesteld als een soort Russische volksheld, die

Rusland probeert te "redden" van een heropleving van het communisme. Net als in 1917 is het vandaag de dag zo: het Amerikaanse publiek heeft geen idee wat er werkelijk aan de hand is in Rusland.

Het plot eindigt daar niet: de poging tot moord op Lenin, toen hij een obstakel begon te worden voor de manoeuvres van Bruce Lockhart; de arrestatie en daaropvolgende ruil van Lockharf voor de bolsjewistische Maxim Litvinov, met een doodvonnis bij verstek, uitgesproken door een bolsjewistische rechtbank in Moskou. Op deze manier speelde MI6 zijn spel op de meest meesterlijke manier, zoals het nog steeds doet. Bovendien stierf Lenin aan syfilis, niet aan wonden die hij door Dora Kaplan had opgelopen.

Het is misschien de moeite waard om de activiteiten van kapitein Hill nader toe te lichten. De documenten die ik heb kunnen onderzoeken in de Whitehall archieven in Londen onthullen veel over de activiteiten van Hill, een tweede generatie MI5 officier. Hill's vader was blijkbaar zeer actief in Joodse handelskringen met banden met Thessaloniki in de tijd van Tsaar Nicholas II.

Hill's zoon George, die in Londen woonde, was een MI5 koerier voor Wall Street en City of London financiers die de Bolsjewieken steunden; geld werd doorgesluisd via Maxim Gorky, de lieveling van de Londense theaters. In 1916 werd hij bevorderd tot MI6 en naar Salonika gestuurd door het hoofd van MI6, Sir Mansfield Cumming. Vanuit Salonika gaf Hill informatie door aan Cumming over de voortgang van de Bolsjewieken die de komende revolutie aan het voorbereiden waren - die al 10 jaar voor lag op schema. Op 17 november 1917 stuurde Cumming Hill naar Moskou, waar hij op aanbeveling van Parvus (Alexander Helpland) onmiddellijk de persoonlijke assistent van Leon Trotski werd. Hill stelde een militair inlichtingenplan op dat werd aanvaard en de basis werd van de GRU, waarvan Hill en Trotski de oprichters waren.

CHEKA bleef onder Dzerzinsky's controle. Later, volgens Whitehall documenten, werd Hill op verzoek van Jeruzalem naar het Midden-Oosten gestuurd waar hij begon met het organiseren en trainen van de Joodse Irgun en Stern bendes, waarvan de overgrote meerderheid van de officieren en manschappen afkomstig waren uit bolsjewistisch Rusland. De inlichtingendienst die Hill opzette voor de Irgun werd later overgenomen door de Israëlische geheime dienst, die de Mossad werd.

De Britse geheime dienst is het meest deskundig in geheime operaties. Sir Stewart Menzies, hoofd van MI6 tijdens de oorlog, zei ooit dat Allen Dulles het inzicht miste om geheime operaties echt te begrijpen. In ieder geval vormde en trainde MI6 de OSS, de voorloper van de Central Intelligence Agency (CIA). Geheime operaties kunnen worden omschreven als misschien wel het meest sensationele deel van het inlichtingenwerk, dat over het algemeen vrij routineuze activiteiten omvat, zoals het monitoren van economische activiteiten over de hele wereld, het opstellen van rapporten voor nationale beleidsmakers, die verondersteld worden het deel van de regering te zijn dat beslist welke actie er eventueel moet worden ondernomen.

MI6 en de CIA mogen zich volgens de wet niet mengen in binnenlandse aangelegenheden of burgers bespioneren; hun taken zijn beperkt tot buitenlandse aangelegenheden. De laatste drie jaar zijn deze grenzen echter sterk vervaagd, hetgeen aanleiding zou moeten geven tot ernstige bezorgdheid, maar helaas worden er geen positieve stappen ondernomen om dit verschijnsel in te dammen. Heimelijke actie houdt het midden tussen diplomatie en misleiding, en soms, wanneer de wandelaar uitglijdt, kunnen de resultaten zeer pijnlijk zijn als de heimelijke actie niet kan worden ontkend, zoals het geval was in de Iran/Contra-affaire.

Covert action vereist dat een inlichtingendienst een programma ontwikkelt om een bepaald buitenlands doel te bereiken. Dit raakt vaak aan het buitenlands beleid, dat niet tot het domein van de inlichtingendienst behoort. Een goed voorbeeld hiervan is de paranoia van president George Bush in zijn wens om de Iraakse president Hoessein letterlijk te vernietigen, waarbij heimelijke actie zowel via economische als militaire kanalen plaatsvindt.

In totaal heeft Bush 40 miljoen dollar verspild in zijn mislukte poging om Hoessein te doden, waarbij elke truc uit het boekje werd uitgeprobeerd, inclusief het versturen van virussen in flesjes die in het hoofdkwartier van het Revolutionaire Commando moesten worden verstopt. Tenslotte liet Bush, bevangen door zijn haat tegen Hoessein, 40 kruisraketten los op Bagdad en Basra, onder het flauwste voorwendsel van een aanval op "kernwapenfabrieken" en luchtafweerplaatsen, allemaal duidelijk absurde redenen.

Een kruisraket was opzettelijk geprogrammeerd om het Al-Rasheed hotel in het centrum van Bagdad te treffen, waar een conferentie van moslimstaatshoofden werd gehouden. Het idee achter de aanval op de Al-Rasheed (de raket werd door Russische satellieten gevolgd vanaf het moment dat hij werd gelanceerd tot hij het doelgebied bereikte) was om verschillende moslimleiders te doden, waardoor hun landen zich tegen Irak zouden keren en de Iraakse leider in een tegenreactie tegen president Hoessein ten val zou worden gebracht.

Helaas voor Bush viel de raket 20 tot 30 meter voor het gebouw, waarbij deuren en ramen tot drie verdiepingen hoog werden verbrijzeld en een receptioniste werd gedood. Geen van de Moslim afgevaardigden raakte gewond. Het zwakke en kinderachtige excuus van het Pentagon en het Witte Huis, dat de raket was "afgeketst door Iraaks luchtafweergeschut", was zo absurd dat de DGSE (Franse geheime dienst) zich afvroeg of het rapport echt was of het werk van een particulier clandestien agentschap.

Het Russische leger, vol vertrouwen in de gegevens van hun satellieten, vertelde de Amerikaanse regering dat haar verklaring onjuist was - en dat zij het bewijs hadden om het te bewijzen. Voor 1 miljoen dollar per raket heeft het paranoïde gedrag van Bush de Amerikaanse belastingbetaler 40 miljoen dollar gekost - bovenop de verborgen prijs van 40 miljoen dollar. Het is duidelijk dat er dringend een mechanisme nodig is om toekomstige presidenten te beteugelen die in hun laatste dagen in functie het schokkende voorbeeld van Bush zouden willen volgen.

Geheime actie kan vaak door een regering worden ondernomen tegen haar eigen mensen. Neem het geval van Alger Hiss en de Rockefellers. Zoals de oliemaatschappijen het uitdrukten, waren ze "geen bijzondere verplichting aan Amerika verschuldigd". Dit klopt in de context van de afspraken die David Rockefeller en de Britse oliemaatschappijen met de bolsjewieken maakten. De VS bevorderden uiteindelijk het socialisme en het communisme om de bolsjewieken te belonen voor het verlenen van de olieconcessies aan Rockefeller en Armand Hammer. Dit bewees zeker hun bewering dat de olie-industrie niet noodzakelijk loyaal was aan de Verenigde Staten.

In 1936 werd Alger Hiss uitgenodigd door Francis B. Sayre, Woodrow Wilson's schoonzoon, om bij het State Department te komen werken. De RIIA en CFR besloten dat Hiss een betrouwbare man was die zou doen wat hem gezegd werd, of dat nu goed was voor Amerika of niet. In feite was Hiss Rockefellers eerste keuze, niet die van Sayre, maar Rockefeller bleef in de schaduw. Tegen die tijd in 1936, toen Sayre zijn benadering maakte, was Hiss al diep betrokken bij spionage voor de USSR, en dit feit was goed bekend bij zijn Harvard rechtenprofessor.

Toen Hiss werd gepromoveerd tot adjunct-toezichthouder voor politieke betrekkingen op het ministerie van Buitenlandse Zaken, ontmaskerden Chambers en ene Levine Hiss door te beweren dat hij actief voor de Sovjet-Unie werkte. Chambers ging met zijn beschuldigingen naar Marvin McIntyre, die de informatie niet doorgaf aan Roosevelt, die zijn baas was. In plaats daarvan stuurde hij Chambers door naar Adolph A. Berle, die toen assistent-staatssecretaris voor veiligheid was op het ministerie van Buitenlandse Zaken. Berle ging met het verhaal naar Roosevelt, maar werd abrupt ontslagen door de president.

Onverschrokken gaf Berle zijn informatie door aan Dean Acheson, maar er gebeurde helemaal niets met Hiss. Hij werd niet opgeroepen om zich te verantwoorden; in plaats daarvan werd hij bevorderd door Roosevelt, een Rockefeller-CFR marionet, net als de rest van Roosevelts staf. In 1944 kreeg Hiss nog een impuls met een promotie tot speciaal assistent van de directeur van Verre Oosten-zaken, waar hij goed geplaatst was om de Sovjet-expansieplannen in Azië te dienen.

Om de arrogantie van Rockefeller aan te tonen, had de FBI gedurende Hiss' tijd als rijzende ster bij Buitenlandse Zaken een dossier over hem. Hij werd aangeklaagd door Sovjet overloper Igor Gouzensky, die op het kantoor van de GRU (Sovjet militaire inlichtingendienst) in Ottawa, Canada werkte. Ambtenaren van Buitenlandse Zaken wisten alles over Hiss en zijn Sovjet connecties, net als President Roosevelt, maar deden niets om hem te ontslaan.

Terwijl Rockefeller de Verenigde Naties plande, kwamen hij en Stalin een deal overeen waarbij de VN zich niet zou bemoeien met Russische zaken in ruil voor Sovjet olie voor de Rockefeller oliemaatschappijen. Ook zouden de bolsjewieken zich niet bemoeien met Saoedi-Arabië of proberen Iran binnen te dringen. De man die Rockefeller vertegenwoordigde bij de Verenigde Naties was Alger Hiss. Zijn directe chef was Nelson Rockefeller, die orders gaf aan John Foster Dulles. Roosevelt, Dulles, de FBI en Rockefeller wisten allemaal dat Hiss samenwerkte met de Sovjet Unie.

Door de tussenkomst van Standard Oil werd het controlemechanisme van de Verenigde Naties uit Amerikaanse handen genomen. De Secretaris-Generaal kreeg de macht om te benoemen wie hij wilde. Voor zijn verraad kreeg Hiss een speciale post bij het Carnegie Endowment Fund for International Peace met een salaris van 20.000 dollar per jaar, een zeer goed inkomen voor die dagen. Het idee was om Hiss boven de wet te plaatsen.

In feite stond Hiss boven de wet, omdat hij wegkwam met verraad. Hiss werd niet beschuldigd van verraad, maar van meineed. Echter, machtige mensen haastten zich onmiddellijk naar zijn verdediging. Felix Frankfurter van het Hooggerechtshof gaf Hiss een certificaat van goede reputatie en Rockefeller betaalde zijn juridische kosten voor een bedrag van 100.000 dollar.

Ten tijde van zijn confrontatie met Chambers was Hiss werkzaam als lid van het Uitvoerend Comité van de Vereniging van de Verenigde Naties, directeur-generaal van het Institute of Pacific Relations, en was hij een vooraanstaand lid van de CFR en voorzitter van de Carnegie Foundation. Het Huis van Hiss was gebouwd op de olie-industrie, en er is nooit een geval van machtsmisbruik door de olie-industrie geweest zoals dat van Hiss. De olie-industrie toonde geen angst voor de regering toen Hiss voor het gerecht werd gebracht; in feite ontsloeg de olie-industrie bijna haar zakenman en zou dat ook gedaan hebben als Hiss niet gestruikeld was. De zaak Hiss is een goed voorbeeld van de regering tegen haar eigen mensen.

In Iran zijn de VS momenteel bezig met geheime acties tegen de wettige regering door gebruik te maken van plaatselijke groepen in het land en door samen te werken met anderen in ballingschap. De VS zijn verontrust over de toenemende wapenopbouw van de Iraanse regering en hebben wapenleveranties aan het land onder speciaal toezicht geplaatst.

Bovendien blijft er een aanzienlijk reservoir van kwade wil tussen de twee landen bestaan als gevolg van de activiteiten van Hezbollah en de bereidheid van Iran om onderdak te verlenen aan groepen die als vijandig tegenover Israël worden beschouwd. Hierdoor is een gevaar voor de stabiliteit in het Midden-Oosten ontstaan. Iran wordt steeds vijandiger tegenover de Verenigde Staten en hun bondgenoten in het Midden-Oosten, Saoedi-Arabië, Egypte en Israël. Het is duidelijk dat er voor deze landen problemen op komst zijn, wat kan verklaren waarom de Israëlische inlichtingendienst beweert dat Iran veel sneller een nucleaire macht zal zijn dan de CIA voorspelde. De Iraniërs van hun kant beweren dat dit gewoon weer een truc is van Israël om wat het noemt "zijn grote broer ons te laten aanvallen zoals ze met Hoessein hebben gedaan".

De Iraanse regering heeft nu een netwerk van agenten in heel West-Europa, en is vooral sterk in Duitsland. Deze agenten zijn ook actief in Saudi-Arabië, waar de koninklijke familie door Teheran met de grootste minachting wordt beschouwd. De

Iraanse regering is de belangrijkste financier en logistieke ondersteuner van tien islamitische fundamentalistische kampen in Soedan, waarover de Egyptische president Hosni Mubarak in december 1992 een klacht heeft ingediend bij het Amerikaanse ministerie van Buitenlandse Zaken. De klacht is niet openbaar gemaakt.

De tien trainingskampen in Soedan zijn de volgende:

> **Iklim-al-Aswat**. Dit is het grootste van de tien kampen, geleid door kolonel Suleiman Mahomet Suleiman, een lid van de Revolutionaire Commandoraad. Fundamentalisten uit Kenia, Marokko, Mali en Afghanistan trainen er.

> **Bilal**. Het kamp, gelegen in Port Sudan aan de Rode Zee, is een belangrijke opleidingsbasis voor Egyptische fundamentalisten die zich verzetten tegen het regime van Mubarak. Bij de laatste telling waren er 108 mannen in opleiding, onder wie zestien Egyptische artsen, onder het bevel van emir Jihad van Tendah.

> **Sowaya**. De organisatie is in 1990 gereorganiseerd en traint nu Algerijnse en Tunesische fundamentalisten onder de naam Popular Defence Militia.

> **Wad Medani**. In dit kamp wonen Afrikaanse fundamentalisten uit Kenia, Mali, Soedan en Somalië, onder leiding van kolonel Abdul Munuim Chakka.

> **Donkola**. Het ligt in het noorden van Soedan en is het belangrijkste kamp voor Egyptische fundamentalisten van Al Najunmin, een groep die is opgericht door wijlen Majdt As Safti, die in 1988 Egypte moest ontvluchten. Het kamp herbergt ook leden van de Egyptische groep Shawkiun en 40 Algerijnen van de groep Al Afghani.

> **Jehid al Hak**. Hier trainen de PLO, Hamas en Jihad onder leiding van luitenant-kolonel Sadiq al-Fadl.

> **Omdurman**. In dit kamp trainen 100 tot 200 Egyptische fundamentalisten van de groep Islambuly, die als

militanter worden beschouwd dan andere groepen die een einde willen maken aan het regime van Mubarak.

➢ **Aburakam**. Dit kamp is een trainingsbasis voor maximaal 100 Afghanen, Pakistani en Iraniërs.

➢ **Khartoum Bahri**. Dit is waarschijnlijk het grootste van de tien kampen en huisvest 300 Tunesische, Algerijnse en Egyptische fundamentalisten van de groep Atonement en Immigratie, die trainen onder leiding van kapitein Mahomet Abdul Hafiz van de Popular Defence Militia.

➢ **Urn Barbaita**. Dit is de basis in Zuid-Soedan waar de militaire elite door Iraanse en Soedanese deskundigen wordt getraind in het gebruik van explosieven en wapens.

De kampen worden gecoördineerd in de kantoren van het Arabisch Populair Islamitisch Congres, vlakbij de Egyptische ambassade in Khartoem. Dit is een zeer moderne faciliteit die is uitgerust met de modernste communicatieapparatuur die het Congres in staat stelt in contact te staan met de leiders van de fundamentalistische islamitische beweging in andere landen. Het is bekend dat GCHQ de communicatie vanuit dit belangrijke kantoor vanuit Cyprus afluistert, inclusief de communicatie met de Egyptische moefti van de Jihad, sjeik Omar Abdul Rahman.

Sjeik Rahman werd niet schuldig bevonden aan samenzwering om de overleden Egyptische president Anwar Sadat te vermoorden. Na zijn vrijlating vestigde hij zich in de Verenigde Staten, waar hij vanuit een moskee in New Jersey fundamentalistische activiteiten coördineert. Sjeik Rahman zou honderden Arabieren hebben gefinancierd die Pakistan moesten verlaten door de Verenigde Staten, die via openlijke en heimelijke activiteiten druk uitoefenen op de Pakistaanse regering om de islamitische fundamentalisten in het land hard aan te pakken. De geheime actie tegen Pakistan nam vele vormen aan, maar corruptie was het sleutelelement.

Een van de gekste geheime acties die gaande zijn, is gericht op de Westelijke Jordaanoever, Gaza en Israël. De CIA, Hamas, Syrië en Iran zijn er allemaal bij betrokken. Hamas is de fundamentalistische groepering die Israël het leven zuur maakt. Teheran heeft de draad opgepakt waar Riyad ophield. In een beproefde geheime diplomatieke actie hebben de Verenigde Staten Saudi-Arabië ervan overtuigd dat islamitische fundamentalistische fanatici het land in de toekomst kunnen en waarschijnlijk zullen bedreigen.

De Iraanse regering heeft de technieken die wijlen Ayatollah Khomeini van MI6 leerde, aangepast aan Hamas, en die blijken zeer effectief te zijn. De Israëlische inlichtingendiensten, die gewend waren zonder al te veel moeite door te dringen tot de PLO, ontdekten dat ze met Hamas met iets anders te maken hadden. Het geval van de Israëlische grenswachter Nissim Toledano is daar een goede illustratie van. Toledano werd op 14 december 1992 vermoord en de Shin Beth, Israëls binnenlandse veiligheidsdienst, heeft nog steeds geen aanwijzingen over wie verantwoordelijk was.

Er is nog een andere onopgeloste moord, die op Haïm Naham, een Shin Beth-agent die op 3 januari 1993 in zijn flat in Jeruzalem werd vermoord. Volgens bronnen in Beiroet is de Israëlische inlichtingendienst verbijsterd en geeft zij privé toe dat de uitwijzing van 415 Palestijnen die ervan worden verdacht Hamas-leiders te zijn, niet heeft verhinderd dat Hamas op hetzelfde niveau opereert als vóór de uitwijzingen. De Israëliërs hebben ontdekt dat Hamas is gebaseerd op het Iraanse MI6-model, met kleine, wijdverspreide groepen binnen cellen zonder georganiseerde banden tussen hen, die een moeilijk te breken front vormen.

De meest waarschijnlijke persoon in het hart van Hamas is Azzedine al Kassam. Volgens inlichtingenbronnen zijn er ongeveer 100 cellen met elk vijf leden. Deze cellen zijn allemaal autonoom, maar een groep van zeven mannen, waaronder Tarek Dalkamuni, helpt mogelijk bij de coördinatie van de activiteiten. Dalkamuni zou de plaats hebben ingenomen van sjeik Ahmed Yassin, die sinds 1989 in een Israëlische gevangenis zit.

De geboorte van Hamas was het resultaat van een geheime actie, gesanctioneerd door de Iraanse regering, die onder diplomatieke dekking opereerde in Damascus, Syrië. In maart 1987 werd in de Gazastrook een bijeenkomst gehouden, bijgewoond door Iraans en Syrisch personeel, waarop de Intifada-opstand werd geboren. De Islamitische Maijlis as-Shura (consultatieve raad) stuurde Mohammed Nazzal en Ibrahim Gosche om de Iraanse ambassadeur in Syrië, Ali Akharti, te ontmoeten.

Het hoofd van de Syrische inlichtingendienst, generaal Ali Duba, was ook aanwezig. Dit is een goed voorbeeld van hoe geheime operaties worden uitgevoerd, via diplomatieke kanalen en private partijen.

Na een succesvolle bijeenkomst op 21 oktober 1992 reisde de Majlis-delegatie in gezelschap van Abu Marzuk, een vooraanstaand fundamentalist, naar Teheran, waar zij andere fundamentalistische leiders van Ahmed Jabril's PLFP, de Libanese Hezbollah, Al Fatah en Hamas ontmoette. Er werden besprekingen gevoerd met Iraanse regeringsfunctionarissen, die resulteerden in een overeenkomst dat Iran financieel, logistiek en militair personeel zou leveren om fundamentalisten op te leiden in kampen in Sudan.

Er werd een twaalfkoppige raad van bestuur opgericht, met Mahomet Siam (Khartoem), Musa Abu Marzuk (Damascus), Abdul Nimr Darwich, Imad-al-Alami, Abdul Raziz al-Runtissi (Gaza) (een van de 415 Palestijnen die door Israël werden uitgewezen), Ibrahim Gosche en Mohamed Nizzam (Amman), Abu Mohamed Mustafa (Beiroet). Deze groep werd getraind in de MI6-methoden die werden gebruikt om de Sjah van Iran ten val te brengen, en tot dusver is het moeilijk gebleken om Hamas binnen te dringen.

Iran voerde een actieve fase van verzet in tegen wat de regering in Teheran beschouwde als het pro-Israëlische beleid van de Verenigde Staten, toen de overeenkomst die ten tijde van de gijzelingscrisis was gesloten door Washington zou zijn geschonden. De inzet van Hezbollah bij geheime acties tegen de Verenigde Staten was bedoeld om de Amerikaanse publieke opinie onder druk te zetten en tegen Israël te keren. Iran gebruikte de Tavistock-methodologie voor menselijke relaties die werd doorgegeven aan degenen die de Sjah van Iran ten val brachten.

John Rawlings Reese, de oprichter en briljant technicus van Tavistock, paste vervolgens de militaire managementtechnieken van "operations research" aan zodat ze konden worden toegepast op "de beheersing van een samenleving, van een individuele eenheid tot miljoenen van dergelijke eenheden, dat wil zeggen individuen en de samenleving en natie die zij gezamenlijk vormen". Om dit te bereiken was snelle gegevensverwerking nodig, en dit kwam met de ontwikkeling van lineaire programmering in 1946, na de uitvinding ervan door George B. Dantzig. Veelzeggend is dat 1946 het jaar was waarin Tavistock de oorlog verklaarde aan de Amerikaanse natie. Dit maakte de weg vrij voor totale bevolkingscontrole.

De regering in Teheran van Ayatollah Khomeini stond de oprichting toe van een geheime actieorganisatie die Hezbollah werd genoemd. Later werden dankzij Hezbollah een aantal Amerikanen en andere buitenlanders uit Beiroet en andere delen van het Midden-Oosten ontvoerd en op geheime locaties vastgehouden. Het 5-mans-celsysteem werkte perfect. Noch MI6 noch de CIA slaagden erin de codes van Hezbollah te breken en de gijzelaars kwijnden jarenlang weg totdat de VS zich genoodzaakt zagen hun nederlaag toe te geven en onderhandelingen met Hezbollah te beginnen.

Er werd een akkoord bereikt waarbij de Verenigde Staten, kort na de vrijlating van de laatste door Hezbollah vastgehouden gijzelaar, de Iraanse bankrekeningen en financiële instrumenten ter waarde van naar schatting 12 miljard dollar zouden vrijgeven. De Verenigde Staten zouden ook door de sjah bestelde en betaalde militaire uitrusting vrijgeven, met een geschatte waarde van 300 miljoen dollar, die zij niet hadden geleverd. Bovendien zou Iran toestemming krijgen om toe te treden tot de Samenwerkingsraad van de Golf, zodat het kan deelnemen aan het overleg over Israël. Voorts verbinden de Verenigde Staten zich ertoe binnen hun nationale grenzen geen geheime activiteiten tegen Iran uit te voeren en niet te trachten de ontvoerders van Hezbollah, die hun toevlucht in Teheran hebben gezocht, te straffen.

Volgens Teheran heeft Washington echter te kwader trouw gehandeld door zich aan geen enkele van zijn beloften te houden. Bankrekeningen zijn niet vrijgegeven, door de Sjah betaalde militaire uitrusting is niet aan Iran teruggegeven, de CIA heeft in feite haar geheime activiteiten in het land opgevoerd en Iran blijft uitgesloten van de Samenwerkingsraad van de Golf. Teheran wijst boos op de toename van terroristische aanslagen in Teheran, die in 1992 na de uitlevering van de laatste gijzelaar begonnen.

De Pasdaran-commandant beschuldigde de CIA ervan een netwerk van royalisten te hebben opgezet rond Massoud Rajavi, leider van de Mujahedin, en Babak Khoramdine, en aanvallen te hebben georkestreerd op Pasdarankazernes, openbare gebouwen - waaronder een bibliotheek - een aanval op de begrafenisstoet van wijlen Hashemi Rafsanjani en de ontheiliging van het graf van Ayatollah Khoemini. De Amerikaanse media hebben geen melding gemaakt van deze aanslagen. Officieel worden de diplomatieke betrekkingen tussen de Verenigde Staten en Iran als goed omschreven.

Om terug te komen op Hamas. Via diplomatieke kanalen probeerden Iran en Syrië Frankrijk te beïnvloeden om Hamas in het geheim te steunen. De Libanese miljonair Roger Edde, die optrad als tussenpersoon tussen Frankrijk en Syrië, benaderde de Franse minister van Buitenlandse Zaken Roland Dumas. Syrië oefende druk uit op Dumas over de aankoop van een nieuwe radarinstallatie die volgens Damascus naar Thomson, het gigantische Franse conglomeraat, zou gaan. Naar verluidt zou de betaling van de schulden van Syrië aan Frankrijk kunnen worden uitgesteld indien de doelen van de islamitische fundamentalisten door het Élysée niet gunstig zouden worden beoordeeld. De Franse regering is echter officieel onvermurwbaar gebleven dat zij Hamas niet zal steunen. Het contact met de radar is toevertrouwd aan Raytheon, een Amerikaans bedrijf. De betaling van de schuld liep vertraging op, met grote ongemakken voor

Frankrijk. Op het externe front blijven de diplomatieke betrekkingen tussen Syrië en Frankrijk hartelijk.

Iran heeft een oude rekening te vereffenen met de Britse en Amerikaanse inlichtingendiensten die teruggaat tot 1941 en 1951, toen door MI6 en de CIA grove geheime acties werden uitgevoerd tegen Irak om Dr. Mohamed Mossadegh ten val te brengen. Het verhaal over hoe Acheson, Rockefeller, Roosevelt en Truman Iran ondermijnden, staat in het hoofdstuk over Rockefellers oliedeals in het Midden-Oosten, hoewel het in dit hoofdstuk thuishoort.

De CIA en MI6 kregen een tweede kans bij Iran toen de Sjah zich begon te verzetten tegen de gewapende overval van Amerikaanse en Britse oliemaatschappijen met concessies in Iran. De oliemaatschappijen sloten toen een deal met president Carter, en een kopie van Operatie Mossadegh werd gelanceerd. Zestig CIA-agenten en tien MI6-agenten werden naar Teheran gestuurd om de Sjah te ondermijnen en zijn val te bewerkstelligen, gevolgd door zijn moord.

Heimelijke actie betekent niet altijd inlichtingenoperaties en terroristische groeperingen met de steun van hun regeringen. Het kan ook de vorm aannemen van technologische samenwerking, met name op het gebied van communicatiebewaking en -controle. Omdat dit soort "spionage" over het algemeen weinig spectaculair is, trekt het niet veel aandacht, maar het is een van de duidelijkste voorbeelden van diplomatie door misleiding.

Twee van 's werelds grootste en meest uitgebreide afluisterposten bevinden zich in Engeland en Cuba. Het Government Communications Headquarters (GCHQ) in Cheltenhanm, Engeland, is waarschijnlijk een van de ergste overtreders als het gaat om spionage. Hoewel de Amerikaanse grondwet het bespioneren van haar burgers verbiedt, misleidt de National Security Agency (NSA), in nauwe samenwerking met GCHQ, de bevolking van beide landen bij hun voortdurende wereldwijde surveillanceoperaties. Het Amerikaanse Congres is ofwel onwetend over wat er gebeurt (ondenkbaar) of, hoogstwaarschijnlijk, te geïntimideerd om deze illegale handelingen, die dagelijks bij de NSA plaatsvinden, te stoppen.

Naast haar Cheltenham faciliteit luistert de Britse regering de telefoongesprekken van haar burgers af via haar Edbury Bridge Road afluisterfaciliteit in Londen. Sommige overeenkomsten zijn op diplomatiek niveau gesloten, wat ze niet minder misleidend maakt voor de burgers van de ondertekenende landen. De UKUSA is een typisch voorbeeld van diplomatie door misleiding. Er wordt gezegd dat de UKUSA alleen werkt met militaire inlichtingen, maar mijn bron zegt dat dit niet waar is. Het was oorspronkelijk een diplomatieke overeenkomst tussen het VK en de VS, maar het pact werd uitgebreid met NAVO-landen, Canada en Australië.

In de afgelopen jaren zijn echter ook Zwitserland en Oostenrijk opgenomen, en er zijn nu aanwijzingen dat het verkeer van en naar commerciële bedrijven in de gaten wordt gehouden, zelfs de EEG-partners van het VK, Japan, Zuid-Afrika en Iran. MI6 heeft een aparte afdeling voor het verzamelen van economische inlichtingen, genaamd de Overseas Economic Intelligence Committee (OEIC). Door de uitbreiding van deze afdeling moest MI6 verhuizen van het Broadway Building, dat uitkeek op Queen Anne's Gate, naar het Century Building, vlakbij het Londense metrostation North Lambeth.

De Verenigde Staten hebben nu een nieuwe dienst voor het verzamelen van inlichtingen, de Information Security Oversight Office (ISOO), die met zijn Britse tegenhanger samenwerkt op het gebied van industrie, handel en ook industriële veiligheid. De ISOO werkt samen met de International Computer Aided Acquisitions and Logistic Support Industry Steering Group in de Verenigde Staten. Zijn activiteit betreft de regulering van commerciële technologie.

Het Comité van 300 controleert deze organisaties en is de machtige onzichtbare kracht achter het besluit om Britse en Zwitserse mobiele telefoons met het 256-byte algoritme van de volgende generatie te dwingen te voldoen aan de "spionage-eisen" van de Britse en Amerikaanse veiligheidsdiensten. Het is vrijwel zeker dat alleen de ASX5-versie met een algoritme van

56 bytes, waarmee de telefoon gemakkelijker kan worden afgeluisterd, zal worden toegestaan. Dit is een van de methoden die regeringen gebruiken om hun bevolking in het geheim te controleren.

In januari 1993 hielden vertegenwoordigers van de NSA en GCHQ een conferentie waarop zij aankondigden dat alleen de minder complexe AS5X-versie zou worden toegestaan. Er was geen discussie met het Amerikaanse Congres, geen open forums, zoals vereist door de Amerikaanse grondwet. Als er al moeilijk te penetreren A5-telefoons bestaan, worden ze teruggeroepen voor "technische aanpassingen". Technische aanpassingen houden in dat de 256-byte A5-chip wordt vervangen door een 509-byte A5Z-chip. Zo wordt illegale spionage steeds gemakkelijker uit te voeren, omdat het Amerikaanse volk wordt misleid door bedrieglijke diplomatie op vele verschillende maar onderling verbonden niveaus.

Zelfs openbare telefoons zijn door de veiligheidsdiensten onder de loep genomen. In New York bijvoorbeeld werd onder het mom van "misdaadbestrijding" het systeem van telefooncellen zodanig gemanipuleerd dat de telefoons geen inkomende gesprekken konden ontvangen. De NYPD dacht zo te voorkomen dat betaaltelefoons werden gebruikt voor bijvoorbeeld drugstransacties of dat georganiseerde misdaadfiguren privé met elkaar konden praten. Het heeft niet erg goed gewerkt, maar er zijn ook successen geboekt.

De nieuwste technologie houdt in dat alle openbare telefoons een speciaal nummer krijgen. In sommige Europese landen eindigen telefooncellen op 98 of 99. Dit maakt het mogelijk openbare telefoons snel te "lokaliseren" wanneer zij worden gebruikt voor "beveiligde" gesprekken; alleen bellen vanaf een openbare telefoon is niet langer "beveiligd". In echte gevallen, zoals wanneer er een misdaad gaande is of ontvoerders bellen om losgeld te eisen, is dit inderdaad een zeer nuttig instrument, maar wat gebeurt er met de privacy van het individu in gevallen waarin er geen misdaad in het spel is? Worden de telefoongesprekken van onschuldige burgers bespioneerd? Het antwoord is een duidelijk "ja".

Het publiek is zich niet bewust van wat er in Amerika gebeurt, en het Congres lijkt gefaald te hebben in zijn taak. Niets van de potentieel schadelijke surveillance die op grote schaal in dit land plaatsvindt is legaal, dus het bedrog gaat ongecontroleerd door. Het Congres lijkt traag te handelen als het gaat om toezicht op spionageactiviteiten in het buitenland, en is helemaal niet geneigd om op te treden tegen de proliferatie van spionageactiviteiten op burgers thuis.

Deze apathie van het Congres ten aanzien van het door de Amerikaanse grondwet gewaarborgde recht op privacy staat in schril contrast met de bezorgdheid die wordt geuit wanneer externe kwesties aan de orde worden gesteld. CIA-directeur James Woolsey Jr. gaf het Congres een "dreigingsanalyselijst", bestaande uit de beoordeling van de CIA van landen die onder meer over geavanceerde grond-luchtraketten beschikken. Woolsey vertelde het Congres dat Syrië, Libië en Iran over operationele kruisraketten beschikken die "stealth"-vliegtuigen kunnen detecteren en de Amerikaanse zeestrijdkrachten in de Golf kunnen bedreigen.

Ook van Pakistan is bekend dat het dergelijke kruisraketten bezit en dat het deze hoogstwaarschijnlijk tegen India zal gebruiken, mocht er een oorlog uitbreken. De Amerikaanse regering streeft al lang naar een diplomatieke truc waarbij India en Pakistan tegen elkaar worden uitgespeeld. De VS vrezen dat Pakistan zijn raketten zal gebruiken om Syrië en Iran te helpen tegen Israël, wat zeer waarschijnlijk zal gebeuren als er een "Jihad" uitbreekt. De VS gebruiken alle diplomatieke trucs uit het boekje en geheime acties om Pakistan ervan te overtuigen niet te overwegen zich aan te sluiten bij Iran in een "Jihad" waarbij Pakistan zijn kernwapens gebruikt.

Covert action verplaatst inlichtingen van een passieve naar een actieve rol, van nature nauw verbonden met het gebruik van geweld, vaak onder het mom van diplomatie. In beide gevallen gaat het om een middelenactie tegen een buitenlandse regering of een groep binnen haar grenzen. De definitie van geheime of speciale activiteiten in Uitvoeringsbevel 12333 is om twee redenen zinloos en waardeloos:

> "Speciale activiteiten zijn activiteiten ter ondersteuning van nationale doelstellingen van buitenlands beleid in het buitenland die op zodanige wijze worden gepland en uitgevoerd dat de rol van de VS niet openbaar wordt gemaakt of erkend, en functies ter ondersteuning van dergelijke activiteiten, maar die niet bedoeld zijn om de politieke processen, de publieke opinie, het beleid of de media in de VS te beïnvloeden, en omvatten geen diplomatieke activiteiten of het verzamelen en produceren van inlichtingen of daarmee verband houdende ondersteunende acties."

In de eerste plaats zijn uitvoeringsbesluiten duidelijk illegaal, omdat het proclamaties zijn, en proclamaties kunnen alleen door koningen worden uitgevaardigd. Niets in de Amerikaanse grondwet staat uitvoeringsbevelen toe. Ten tweede is het onmogelijk om de hierboven beschreven richtlijnen na te leven, zelfs als ze legaal zouden zijn. Alleen zeer slecht geïnformeerde mensen zouden bijvoorbeeld geloven dat de Verenigde Staten niet verantwoordelijk waren voor de val van de Sjah van Iran, of dat de CIA in Iran geen rol speelde bij het beïnvloeden van Amerikaanse politieke processen. In de wereld van vandaag zou de CIA failliet zijn als ze zich zou houden aan Uitvoeringsbevel 12333.

Maar de CIA en MI6 beschikken over andere geheime wapens, waarnaar wij eerder verwezen, die alle schriftelijke beperkingen kunnen omzeilen, op welk niveau ze ook worden voorgesteld. Het in Tavistock ontwikkelde systeem wordt het meest gebruikt en is, zoals wij al eerder zeiden, het beste wapen voor massale sociale controle en massale genocide, het uiteindelijke doel om mensen te controleren.

Moordaanslagen maken deel uit van geheime activiteiten, hoewel geen enkele regering ooit zal toegeven dat zij moord goedkeurt als middel om problemen in de buitenlandse en binnenlandse politiek op te lossen die onmogelijk met andere middelen kunnen worden opgelost. Ik ben niet van plan om alle moorden op te sommen die plaatsvonden als een direct gevolg van geheime activiteiten. Ik beperk me daarom tot recente en bekende moorden in een diplomatieke of politieke context.

De schoten die aartshertog Ferdinand en zijn vrouw in Sarajevo doodden, weerklonken over de hele wereld en worden algemeen aanvaard als de oorzaak van de Eerste Wereldoorlog, hoewel dit niet het geval is, maar een voorbereide perceptie voor het grote publiek. Tavistock doet nu goed aan "prepared perception". Britse en Russische inlichtingendiensten waren nauw betrokken bij de opnames. In het geval van Engeland was het de wens om een oorlog met Duitsland te beginnen, en voor zover het Rusland betrof, was het doel om Rusland in zo'n oorlog te krijgen, en het zo te verzwakken voor de komende bolsjewistische revolutie.

De moord op Martin Luther King Jr, de zwarte burgerrechtenleider, is een zaak die nader onderzoek verdient omdat het riekt naar geheime activiteiten en corruptie. De Amerikaanse natie, en vooral het publiek, is ervan overtuigd dat James Earl Ray het schot loste dat King doodde. Dit is de "voorbereide perceptie". Het probleem is dat nog niemand Ray heeft kunnen plaatsen in de motelkamer, bij het raam, met het geweer in zijn hand, om 18.01 uur op 5 april 1968.

Ray beweert dat hij onschuldig is en dat hij erin is geluisd door Raoul, een mysterieuze figuur die Ray in Memphis had ontmoet om wapens te verkopen. Op 5 april, rond 17.50 uur, zegt Ray dat Raoul hem 200 dollar gaf en hem zei een film te gaan kijken, zodat hij, Raoul en de wapenhandelaar, wanneer deze aankwam, vrijer konden spreken dan wanneer hij (Ray) aanwezig was. Bij het onderzoeken van Ray's bewering dat hij de "fall guy" is, let op het volgende, die samen Ray lijken te ondersteunen en King's zaak van "prepared perception" verzwakken.

1) De Memphis politieagenten die King in de gaten hielden, stonden onder het balkon van het Lorraine Motel waar King verscheen. Een van hen, Solomon Jones, meldde dat hij een man met een wit laken over zijn gezicht zag in een bosje tegenover en recht voor het balkon. De man werd ook gezien door Earl Caldwell, een verslaggever van de *New York Times*. Caldwell

zei: "Hij stond gebukt. Ik zag geen pistool in de handen van de man..." Noch Jones, noch Caldwell werden ooit door een politiedienst ondervraagd over wat ze zagen.

2) Willy Green, een monteur die Ray vroeg een lekke band van zijn Mustang te repareren, herinnert zich duidelijk een gesprek met Ray enkele minuten voordat King werd neergeschoten. Het benzinestation waar het incident plaatsvond is vier blokken verwijderd van het flatgebouw op South Main in Memphis waar Ray verbleef. Het is onmogelijk dat Ray op twee verschillende plaatsen tegelijk was.

3) De invalshoek van het schot komt overeen met een schot vanuit de door Jordan en Caldwell genoemde bosjes. Het komt niet overeen met een schot vanuit Ray's raam.

4) Het geweer waarmee King zou zijn gedood, had in de badkamermuur moeten zitten als het vanuit het raam was afgevuurd. De badkamer was anders niet groot genoeg, en toch toen de FBI de badkamer onderzocht waren er geen sporen op de muur, laat staan enige schade die veroorzaakt zou zijn door de kolf van het geweer.

5) Toen hulpsheriffs zich naar de flat haastten waar ze dachten dat het schot vandaan kwam, was er niets bij de voordeur. Deputy Vernon Dollohite was minder dan twee minuten na het schot bij de deur. Hij vertelde onderzoekers dat er niets bij de deur was. Maar in de paar seconden dat Dollohite in Jim's Grill was, vlak naast de flat, liet iemand een pakket met boxers - de verkeerde maat voor Ray - een verrekijker en het geweer schoongeveegd van zijn afdrukken achter op de stoep bij de deur.

Ray zou in staat zijn geweest uit de badkuip te springen waarin hij zou hebben gestaan om het schot af te vuren, de verrekijker en het pistool schoon te vegen van vingerafdrukken en handpalmafdrukken, ze in een zak met een paar blikjes bier (ook schoongeveegd) te laten vallen, zich 85 voet door de gang te haasten, een trap af te dalen, in zijn Mustang te stappen die een eindje verderop stond geparkeerd - en dat alles in minder dan 20 seconden, waarin Deputy Dollohite de flatdeur verliet.

6) Ray kon alleen naar Canada en Engeland reizen dankzij de $200 die hij van Raoul had gekregen, maar toen hij werd aangehouden had Ray $10.000 contant bij zich. Een van de namen die Ray gebruikte was Eric Starvo Galt, een Canadese burger die een griezelige gelijkenis vertoonde met Ray, wiens naam was verschenen in een topgeheim dossier. Ray verklaarde dat hij Galt in Canada op eigen houtje had gevonden; niemand gaf hem instructies of geld. De andere namen die Ray gebruikte waren die van mensen die ook in Canada woonden: George Raymond Sneyd en Paul Bridgman.

7) Het grootboek van het pension in Memphis wordt vermist en is nooit gevonden. De enige getuige die Ray in verband kon brengen met de moord op King was een dronkaard, Charles Q. Stephens, wiens vrouw verklaarde dat haar man dronken was ten tijde van de schietpartij en niets had gezien. Eerst zei Stephens dat hij niets had gezien, maar later op de avond veranderde hij in een tweede versie:

"Ik zag wie het deed, het was een neger, ik zag hem de badkamer uitrennen..." Taxichauffeur James McGraw zegt dat Stephens dronken was op de middag van 5 april. Bessie Brewer hoorde Stephens van gedachten veranderen en zei: "Hij was zo dronken dat hij niets zag." Een persfotograaf, Ernest Withers, zei dat Stephens hem vertelde dat hij niets zag.

Geen van de opsporingsdiensten toonde enige interesse in Stephens, totdat de politie plotseling zijn geheugen opfriste door hem een foto van Ray te laten zien. Op dat moment beweerde Stephens dat Ray de man was die hij had zien wegrennen uit het pension. De FBI plaatste Stephens in een hotel van 31.000 dollar om hem te "beschermen", maar zei niet tegen wie. Grace Walden, Stephens' concubine, werd echter op mysterieuze wijze naar een psychiatrische inrichting in Memphis gebracht door een onbekende medewerker van het stadsbestuur van Memphis. Zou Walden de getuigenis van de enige getuige van de regering tegen Ray kunnen dwarsbomen?

Walden werd in de inrichting vastgehouden en haar advocaat spande een rechtszaak aan tegen de FBI, de politie van Memphis en de officier van justitie, waarin zij hen beschuldigde van samenzwering om Walden haar burgerrechten te ontnemen. Ze beweert dat Stephens op het punt stond flauw te vallen na het drinken toen het schot klonk. Ze zegt dat ze een blanke man, zonder pistool in zijn handen, de badkamer van het pension zag verlaten kort nadat ze het schot had gehoord.

8) Dat Ray's proces een aanfluiting was, staat buiten kijf. Zijn advocaat, Percy Foreman, werd naar de mening van veel deskundige advocaten, en naar mijn mening, Judas en liet Ray schuldig pleiten. Foreman had 1500 van moord beschuldigde mensen verdedigd en bijna allemaal gewonnen. Experts zeggen dat als Percy Ray niet had gedwongen om schuldig te pleiten, wegens gebrek aan bewijs, Ray onschuldig zou zijn bevonden. Door Ray schuldig te laten pleiten, bereikte Forman het ondenkbare, Ray deed afstand van zijn recht op beroep voor een motie voor een nieuw proces, beroep bij het Tennessee Court of Appeals, beroep bij het Tennessee Supreme Court en tenslotte een herziening van de zaak door het Supreme Court.

De volledige waarheid over wie King heeft vermoord zal waarschijnlijk nooit aan het licht komen, en daarin vertoont het sterke overeenkomsten met de moord op John F. Kennedy. Er is teveel twijfel rond de dood van King, en zelfs wijlen Jim Garrison, voormalig officier van justitie van New Orleans, zei dat hij geloofde dat er een verband was tussen de King en Kennedy moorden, gebaseerd op wat hij hoorde van Rocco Kimball, die talloze telefoontjes pleegde met David Ferrie. Kimball zegt dat hij regelde dat Ray van de VS naar Montreal reisde. Ray ontkent dit. De andere overeenkomst tussen de Kennedy en King moorden is dat beide geheime operaties waren, waarschijnlijk bekrachtigd door zeer hoge overheidsfunctionarissen.

Ray zegt dat hij Raoul ontmoette in Montreal, Canada, nadat hij ontsnapt was uit de Missouri State Penitentiary (hoe de ontsnapping tot stand kwam is ook een mysterie).) Blijkbaar verleidde Raoul Ray om voor hem te werken in een aantal gebieden, en verleidde hem toen om terug te keren naar Alabama. In Montreal was Ray op zoek naar valse identiteitspapieren en werd hij voorgesteld aan Raoul, die beweerde in zijn behoeften te kunnen voorzien, mits Ray bepaalde opdrachten voor hem uitvoerde. Ray verklaarde dat hij na een aantal ontmoetingen ermee instemde voor Raoul te werken.

Na verschillende grensoverschrijdende reizen (waaronder één naar Mexico), zegt Ray dat Raoul wilde dat hij naar Alabama ging. Na een lange discussie, waarbij Ray zegt dat hij ernstige bedenkingen had om naar de staat te gaan, ging Ray uiteindelijk naar Birmingham. Ray deed verschillende klussen; hij bezorgde pakketjes met onbekende inhoud en belde Raoul vanuit Birmingham vrij regelmatig om nieuwe opdrachten te krijgen.

Volgens Ray vertelde Raoul hem toen dat zijn laatste klus aanstaande was, waarvoor hij 12.000 dollar betaald zou krijgen. Weer volgens Ray, werd hem gevraagd een zeer krachtig hertengeweer te kopen met een telescopisch vizier.

9)   Ray zegt dat Raoul hem vergezelde om een geweer te kopen bij Aeromarine Supply, en Ray zegt dat Raoul toen alleen terugging naar de winkel om het geweer om te ruilen voor een Remington 30.06.

10)   Memphis politie verwijderde op mysterieuze wijze King's bescherming. Ongeveer 24 uur voordat hij werd neergeschoten, trok de zevenkoppige eenheid zich terug. Memphis Police Commissioner Frank Holloman ontkent het bevel te hebben gegeven en zegt dat hij niet eens wist dat een dergelijk bevel was uitgevaardigd. In de ochtend van 5 april 1968 kregen vier van de speciale eenheden van de politie van Memphis het bevel zich terug te trekken. Niemand bij de politie van Memphis weet waar het bevel vandaan kwam.

In een van de meest mysterieuze episodes van dit onopgeloste mysterie werd Edward Redditt, die als rechercheur bij de politie van Memphis werkte, weggelokt van zijn post door een reeks radioberichten die later vals bleken te zijn. Volgens Redditt hield hij het Lorraine Motel in de gaten vanaf een observatiepunt tegenover het Motel, waar King verbleef, toen hij via de radio werd benaderd door E.H. Arkin, een luitenant bij de Memphis politie. Arkin vroeg Redditt zijn surveillance te staken en terug te keren naar het hoofdkwartier.

Bij aankomst gelastten agenten van de geheime dienst Reditt zich te melden bij de Holiday Inn in Rivermont, omdat er een contract op zijn leven stond. [8]Redditt weigerde en beweerde dat hij de enige politieman was die alle plaatselijke klansmannen en leden van King's entourage van gezicht kende.

Memphis Police Chief Frank Holloman negeerde hem echter en in gezelschap van twee agenten werd Redditt naar zijn huis gebracht om zijn kleren en toiletartikelen op te halen. In een ongebruikelijke afwijking van de politieprocedure zaten de twee agenten in de voorkamer van Redditt's huis, in plaats van in de auto buiten. Redditt was nog geen tien minuten thuis toen een speciale noodradio-uitzending de moord op King aankondigde.

11)   Galt's BOLO zei dat hij (Galt) danslessen had genomen in New Orleans in 1964 en 1965, terwijl Ray op dat moment in de Missouri State Penitentiary zat. Advocaat-generaal Ramsey Clark, die ter plaatse kwam nadat de FBI alle andere wetshandhavers van de zaak had gehaald, verklaarde dat "al het bewijs dat we hebben is dat dit het werk was van één man". Waarom de ongepaste haast om zo'n vergaande conclusie aan te kondigen terwijl het onderzoek zich nog in een vroeg stadium bevond? Lezers zullen het ermee eens zijn dat er te veel bewijs is tegen het idee dat Ray Martin Luther King vermoordde.

Ook president George Bush verdient een speciale vermelding. Bush is waarschijnlijk de meest bekwame president aller tijden, en er is genoeg bewijs om die bewering te staven. Het probleem met Amerikanen is dat wij geloven dat de Amerikaanse regering eerlijker, moreel en opener is in haar handelen dan buitenlandse regeringen. Dit is ons van kinds af aan geleerd. George Bush bewees dat deze perceptie honderd procent fout is.

Het scenario voor de Golfoorlog werd in feite uitgewerkt in de jaren '70. Het werd bijna onthuld door verschillende krantenartikelen waarin James McCartney verslag deed van "Een

---

[8] Clansman.

geheim programma van de VS". Volgens McCartney besloot de geheime Amerikaanse regering begin 1970 haar Midden-Oostenbeleid te baseren op het feit dat de controle over de olie in de regio aan de Arabieren zou worden ontnomen. Er moest een voorwendsel worden gevonden om een aanzienlijke Amerikaanse militaire aanwezigheid in de regio te vestigen - maar niet in Israël.

Robert Tucker schreef in januari 1975 in het joodse tijdschrift *Commentary* dat de VS elke terughoudendheid om met geweld in andere landen in te grijpen moest overwinnen, en hij noemde in dit verband specifiek de Perzische Golfregio Tucker zei dat er een preventieve aanval nodig was om de controle over de olie in het Midden-Oosten te verkrijgen, en niet te wachten tot er een crisis zou ontstaan alvorens op te treden.

Een van de architecten van dit brutale idee was blijkbaar Bush, die de opvattingen volgde van James Akins, Amerikaans ambassadeur in Saoedi-Arabië van oktober 1973 tot december 1975. Akins' opvattingen vormden de basis van het beleid van de regering Reagan-Bush, en het is interessant op te merken dat het script dat ogenschijnlijk door Akins is geschreven, precies is gevolgd door George Bush toen hij Amerika verbond aan een illegale oorlog tegen Irak.

Later onderzoek wees uit dat Akins slechts een script van Henry Kissinger had gelezen, dat Kissinger had geschreven onder de titel "Energy Security". Kissinger pleitte aanvankelijk voor een directe aanval op Saoedi-Arabië, maar het plan werd gewijzigd, en een kleinere natie werd in de plaats gesteld van Saoedi-Arabië.

Kissinger redeneerde dat het in beslag nemen van olie uit het Midden-Oosten als preventieve maatregel aanvaardbaar zou zijn voor het Amerikaanse volk, en een idee dat gemakkelijk aan het Congres kon worden verkocht. Volgens mijn bron in Washington werd het idee gretig aanvaard door Bush, die aanzienlijke ervaring had met misleiding en zijn tijd bij de CIA had zijn eetlust gewekt voor wat volgens sommigen zijn natuurlijke neiging was. Het Kissinger plan voor "energiezekerheid" werd door Bush overgenomen en toegepast op Irak. Er wordt sterk aangenomen dat de vete tussen Irak en Koeweit over de diefstal door Al Sabah van olie uit de Rumaila olievelden, en de sabotage van de Iraakse economie door de gestolen olie te verkopen voor minder dan de OPEC prijs, was opgezet door de CIA in samenwerking met Kissinger Associates.

Door Irak door het verraderlijke gedrag van April Glaspie in een open conflict te duwen, heeft Bush zijn plannen in vervulling zien gaan April Glaspie had terecht moeten staan wegens liegen tegen het Congres, maar dat zal waarschijnlijk niet gebeuren. Net toen Bush dacht dat hij het spel in handen had, gooide koning Hoessein van Jordanië bijna roet in het eten. Volgens mijn inlichtingenbron, later bevestigd door ABC's Pierre Salinger, geloofde koning Hoessein dat de VS te goeder trouw handelde en een oplossing van de Irak-Koeweit crisis met vreedzame middelen zou verwelkomen in plaats van een gewapend conflict.

Gebaseerd op zijn geloof in de integriteit van de regering Bush, belde Saddam Hoessein naar Bagdad en vroeg president Hoessein het geschil te onderwerpen aan arbitrage door de Arabische naties. Koning Hoessein verzekerde Saddam Hoessein dat hij de zegen van Washington had voor een dergelijke stap. Op 3 augustus werd de Iraakse militaire opmars naar de Koeweitse grens stopgezet om de voorgestelde arbitrage een kans te geven. Maar Saddam Hoessein had nog een voorwaarde: de Egyptische dictator, Hosni Mubarak, moest het arbitragevoorstel aanvaarden.

Koning Hoessein belde Mubarak, die onmiddellijk instemde met het plan. Koning Hoessein belde vervolgens president Bush, die het telefoontje aannam in Air Force I, op weg naar Aspen voor een ontmoeting met Margaret Thatcher, die was gestuurd om het ultimatum van het Royal Institute of International Affairs te overhandigen waarin de Amerikaanse strijdkrachten werden opgeroepen Irak aan te vallen. Volgens inlichtingenbronnen, deels bevestigd door Salinger, was Bush enthousiast over het initiatief van koning Hoessein en beloofde hij de Jordaanse leider dat de Verenigde Staten niet zouden ingrijpen.

Maar zodra koning Hoessein het gesprek beëindigde, belde Bush

Mubarak en vertelde hem niet deel te nemen aan inter-Arabische arbitragebesprekingen. Bush belde naar verluidt Thatcher om haar te informeren over zijn gesprek met Koning Hoessein. Net als Chamberlain ten tijde van München zou koning Hoessein ontdekken dat een vreedzame oplossing van het Irak-Koeweit conflict het laatste was wat de Amerikaanse en Britse regeringen wilden.

Nadat hij Thatchers goedkeuring had gekregen, zou Bush Mubarak opnieuw hebben gebeld en hem hebben opgedragen alles te doen wat hij kon om de Arabische bemiddelingspoging te doen ontsporen. De beloning, zoals we nu weten, kwam later, toen Bush illegaal de schuld van 7 miljard dollar van Egypte aan de VS "afschreef". Bush had geen grondwettelijke bevoegdheid om de Egyptische schuld kwijt te schelden. Mubarak keurde de bemiddelingsvoorstellen gewelddadig af. Bush begon te dreigen met Irak. Slechts enkele uren nadat koning Hoessein tegen president Hoessein had gezegd dat zij beiden teleurgesteld waren dat het Iraakse leger de grens naar Koeweit was overgestoken.

De rol van de Verenigde Staten en Groot-Brittannië bij het lanceren van de oorlog tegen Irak is een klassiek geval van diplomatie door leugens. Terwijl zij spraken over vrede in het Midden-Oosten, bereidde onze regering, die wij zo onverstandig vertrouwen, al sinds de jaren zeventig een oorlog met Irak voor. De Golfoorlog werd bewust uitgelokt in overeenstemming met Kissinger's beleid. Dus ook al was Kissinger geen regeringsfunctionaris, hij had grote invloed op het Amerikaanse buitenlandse beleid in het Midden-Oosten.

De bomaanslag op Pan Am vlucht 103 is een ander verschrikkelijk voorbeeld van geheime activiteiten. Alle feiten zijn nog niet bekend en zullen dat misschien ook nooit worden, maar wat tot dusver bekend is, is dat de CIA erbij betrokken was en dat er ten minste vijf hooggeplaatste CIA-agenten aan boord waren, die 500.000 dollar aan reischeques bij zich hadden. Volgens sommige berichten heeft de CIA het laden van de tas met de bom gefilmd, maar deze informatie is nog niet door andere bronnen bevestigd.

VIII. De waarheid over Panama

Een van de meest recente voorbeelden is wellicht ook het meest flagrante geval ooit: het Carter-Torrijos-verdrag over het Panamakanaal. Dit verdrag verdient een grondiger onderzoek dan toen het werd opgesteld en waarover zogenaamd werd onderhandeld. Ik hoop een aantal belangrijke implicaties te belichten die nooit volledig of naar behoren zijn onderzocht of behandeld en die nu meer dan ooit moeten worden versterkt. Een daarvan is het gevaar dat wij, als soeverein volk, in de nabije toekomst gedwongen zullen worden onder de jurisdictie van de Verenigde Naties te vallen. Een glibberige deal, zoals Carter's deal over het Panamakanaal, kan ons weer worden voorgeschoteld als we niet weten wat we kunnen verwachten.

Minder bekend is dat Anglo-Persian, een oliemaatschappij van de Britse regering, probeerde een concessie te kopen van de Colombiaanse regering voor de rechten op het kanaal dat Amerikaans grondgebied flankeert, op hetzelfde moment dat de VS met Colombia onderhandelde over deze rechten. Irving Frederick Yates, een Britse diplomaat, slaagde er bijna in een deal met Colombia te sluiten die de Amerikaanse plannen om het land voor de kanaalzone te kopen, zou hebben gedwarsboomd. Yates werd op het laatste moment tegengehouden door een diplomatiek incident dat een beroep deed op de Monroe Doctrine.

Een kort overzicht van de geschiedenis van hoe de Verenigde Staten het land verwierven waardoor het Panamakanaal werd gebouwd, kan ons helpen de latere gebeurtenissen te begrijpen:

Tussen 1845 en 1849 sloot de Colombiaanse regering een verdrag met de Verenigde Staten, waarbij deze laatste doorvoerrechten kregen over de Isthmus van Panama. In 1855 kreeg Panama via een grondwetswijziging de federale status.

Vóór de revolutie van 1903 maakte Panama deel uit van Colombia. Op 19 april 1850 ondertekenden Groot-Brittannië en de Verenigde Staten het Verdrag van Clayton-Bulwer, waarin beide partijen zich ertoe verbonden geen exclusieve zeggenschap over een voorgesteld kanaal te verkrijgen of te behouden, en de neutraliteit ervan garandeerden. In die tijd ging het vooral om Colombiaanse olie. Op 5 februari 1900 werd het eerste Hay-Pauncefote Verdrag tussen Groot-Brittannië en de Verenigde Staten ondertekend. Het verdrag deed afstand van Britse eigendomsrechten op de gezamenlijke aanleg van een kanaal en werd verworpen toen het het Britse parlement bereikte.

Het tweede Verdrag van Hay-Pauncefote werd ondertekend in november 1901 en gaf de Verenigde Staten het exclusieve recht om een kanaal aan te leggen, te onderhouden en te controleren. Op 23 januari 1903 ondertekenden Colombia en de Verenigde Staten het Verdrag van Hay-Heran, dat voorzag in de verwerving door de Verenigde Staten van een kanaalzone. De Colombiaanse senaat bekrachtigde het verdrag niet.

Het verdrag van Hay-Bunua-Varilla tussen de Verenigde Staten en de nieuwe regering van Panama werd ondertekend op 18 november 1903: Panama stond voor altijd een zone van vijf mijl breed aan weerszijden van het toekomstige kanaal af, met volledige jurisdictie voor de Verenigde Staten. De Verenigde Staten kregen ook het recht om de kanaalzone te versterken en betaalden daarvoor 10 miljoen dollar, waarna zij ermee instemden een jaarlijkse royalty van 250.000 dollar te betalen. In januari 1903 kwamen de Verenigde Staten en Colombia los van het Clayton-Bulwer-verdrag en onderhandelden zij over het Hay-Herran-verdrag, dat de Verenigde Staten soevereiniteit verleende over een gebied van vijf mijl breed aan weerszijden van het voorgestelde kanaal en dat op 26 februari 1904 werd ondertekend. Het is van het grootste belang op te merken dat de vijf mijl brede gebieden aan weerszijden van het voorgestelde kanaal nu soeverein gebied van de Verenigde Staten waren, dat niet kon worden afgestaan of anderszins vervreemd, tenzij door een grondwetswijziging die door alle staten was geratificeerd.

De ratificatie van het verdrag werd door Colombia uitgesteld en pas elf jaar later, op 6 april 1914, werd het Verdrag Thompson-Urrutia ondertekend, waarbij de Verenigde Staten hun spijt betuigden over de geschillen die met Colombia waren gerezen en ermee instemden Colombia een bedrag van 25 miljoen dollar te betalen, waardoor Colombia het verdrag kon ratificeren. Op 2 september 1914 werden de grenzen van de kanaalzone vastgesteld en werden verdere soevereine beschermingsrechten aan de Verenigde Staten toegekend. De Panamakanaalzone werd toen een soeverein gebied van de Verenigde Staten.

Het Thompson-Urrutia Verdrag werd ondertekend op 20 april 1921. De voorwaarden van het verdrag hielden in dat Colombia de onafhankelijkheid van Panama erkende. De voorheen betwiste grenzen werden vastgelegd en er werden diplomatieke betrekkingen aangeknoopt door de ondertekening van verschillende overeenkomsten tussen Panama en Colombia. De Amerikaanse Senaat stelde de ratificatie nog zeven jaar uit, maar op 20 april 1928 ratificeerde hij uiteindelijk het Thompson-Urrutia Verdrag met bepaalde wijzigingen. Ook het Colombiaanse Congres ratificeerde het verdrag op 22 december 1928.

Voordien, in 1927, had de Panamese regering verklaard dat zij bij de ondertekening van de verdragen geen soevereiniteit had verleend aan de Verenigde Staten. Maar de Volkenbond weigerde te luisteren naar dit duidelijk absurde geschil en de onbetwistbare Amerikaanse soevereiniteit over het grondgebied van de Panamakanaalzone werd opnieuw bevestigd toen president Florencio Harmodio Arosemena het beroep van de Panamese regering op de Volkenbond van de hand wees.

Het is voor iedere Amerikaan van het grootste belang, vooral in deze dagen waarin de grondwet door politici met voeten wordt getreden, kennis te nemen van de wijze waarop de grondwet van de Verenigde Staten tijdens de onderhandelingen met Colombia en Panama nauwgezet is nageleefd. De verdragen werden opgesteld door de Senaat en ondertekend door de President. Vóór de ratificatie werd een passende periode voor de bestudering van de overeenkomst uitgetrokken.

Later zullen wij de constitutionele manier waarop het verdrag tussen de Verenigde Staten en Colombia over Panama werd behandeld, vergelijken met de slordige, bedrieglijke, verdraaide, oneerlijke, ongrondwettelijke, op het randje van fraude liggende handelwijze van de regering Carter, die het eigendom van het soevereine volk van de Verenigde Staten aan de Panamese dictator Omar Torrijos gaf, en hem zelfs betaalde om het te aanvaarden.

De enige grote fout van de Verenigde Staten in 1921 was dat zij niet onmiddellijk het kanaal en de landerijen tot soevereine bezittingen van het soevereine volk van de Verenigde Staten verklaarden en er een staat van de Verenigde Staten van maakten, overeenkomstig de grondwet, die bepaalt dat een gebied een staat wordt zodra het een gebied van de Verenigde Staten is. Door van de Panamakanaalzone geen staat te maken, werden de internationale Rockefeller-bankiers uitgenodigd om de Panamakanaalzone te confisqueren van haar rechtmatige eigenaars, het soevereine Amerikaanse volk, een actie die in elk stadium door president Carter werd gesteund onder het mom van diplomatie door middel van leugens.

Er wordt gezegd dat als we niet van onze fouten leren, we gedoemd zijn ze te herhalen. Deze stelregel geldt vandaag meer dan ooit voor de Verenigde Staten als men kijkt naar de rol van de VS in de bolsjewistische revolutie, de Eerste Wereldoorlog, Palestina, de Tweede Wereldoorlog, Korea en Vietnam. We mogen niet toestaan dat de illegale precedenten die door de regering Carter en de Commissie Buitenlandse Betrekkingen van de Senaat zijn geschapen, tegen ons worden gebruikt bij toekomstige verdragsonderhandelingen, zoals die welke waarschijnlijk in de nabije toekomst met de Verenigde Naties zullen plaatsvinden. Deze pogingen om de grondwet te ondermijnen zouden de vorm kunnen aannemen van het onderwerpen van onze strijdkrachten aan het VN-commando.

Het precedent dat is geschapen door de succesvolle diefstal van het Panamakanaal van zijn soevereine eigenaars, wij, het volk, heeft geleid tot oorlogen met hoge kosten in levens en geld, een toe-eigening van bevoegdheden die de grondwet niet aan de president toekent en een uitbreiding van acties die leiden tot minachting van de grondwet door een geheime parallelle regering op hoog niveau, zoals in Somalië, Bosnië en Zuid-Afrika.

Daarom denk ik dat het noodzakelijk is om ervoor te zorgen dat er geen cadeaus meer worden gegeven voor het Panamakanaal, en de enige manier om een herhaling van deze massale zwendel te voorkomen is te kijken naar wat er tussen 1965 en 1973 is gebeurd.

Als we weten wat er gebeurd is, kunnen we beter voorkomen dat het opnieuw gebeurt.

Om te begrijpen hoe de regering Carter het soevereine volk van de Verenigde Staten heeft kunnen bedriegen, moet men op zijn minst een actieve kennis hebben van de Amerikaanse grondwet. Om de grondwet te kunnen interpreteren, moeten we ook onze regeringsvorm kennen en begrijpen dat het buitenlands beleid stevig geworteld is in Vattel's "law of nations", dat de Founding Fathers gebruikten om onze grondwet vorm te geven. We moeten ook verdragen en hun relatie tot onze grondwet begrijpen. Er zijn maar een handvol senatoren en parlementsleden die deze belangrijke zaken goed begrijpen.

We horen voortdurend verkeerd geïnformeerde mensen verwijzen naar de Verenigde Staten als een "democratie". De geschreven pers en de media zijn bijzonder verfoeilijk wanneer zij deze leugen in stand houden, als onderdeel van een opzettelijke misleiding om het volk te misleiden. De Verenigde Staten zijn geen democratie; we zijn een constitutionele republiek, of een confederale republiek, of een federale republiek, of een amalgaam van alle drie. Dit niet begrijpen is de eerste stap naar verwarring.

Madison wees erop dat we geen democratie zijn. Het was de controverse over de vorm van onze regering die leidde tot de Burgeroorlog. Als er geen afscheiding van de Unie was geweest, was er misschien geen oorlog geweest. President Abraham Lincoln geloofde dat er een samenzwering van Engelse oorsprong was om de Verenigde Staten van Amerika op te delen in twee naties, die dan altijd tegen elkaar uitgespeeld konden worden door de internationale bankiers. De Burgeroorlog werd uitgevochten om te betogen dat eens een soeverein, altijd een soeverein is, en dat het Zuiden zich niet kon afscheiden van de Unie. De kwestie van soevereiniteit en soeverein gebied werd voor eens en altijd geregeld door de Burgeroorlog.

In een constitutionele republiek zijn de mensen in de staten de soevereinen. Het Huis en de Senaat zijn hun vertegenwoordigers of agenten - als dat een betere omschrijving is van hoe zij geacht worden te functioneren. Dit wordt uitgelegd in het 10e amendement op de Bill of Rights waarin staat:

> "De bevoegdheden die door de Grondwet niet aan de Verenigde Staten zijn gedelegeerd, noch door de Grondwet aan de Staten zijn verboden, zijn voorbehouden aan de Staten respectievelijk aan het volk."

De president is geen koning, noch is hij de opperbevelhebber van het leger, behalve tijdens verklaarde oorlogen (er kunnen geen andere zijn). Veel van onze ambtenaren, inclusief de president, hebben de grondwet op flagrante wijze geschonden. De meest flagrante daarvan vond plaats toen president Carter en 57 senatoren, onder het mom van diplomatie door middel van leugens, de soevereiniteit van het volk over het Panamakanaal opgaven, omdat zij in feite probeerden te beschikken over soeverein grondgebied dat aan de Verenigde Staten toebehoorde.

Het grondgebied van de Verenigde Staten kan krachtens de grondwet van de Verenigde Staten niet worden vervreemd. De autoriteit voor deze verklaring is te vinden in Congressional Record Senate, S1524-S7992, 16 april 1926. De Founding Fathers hebben een resolutie aangenomen dat het grondgebied van de Verenigde Staten niet kan worden vervreemd door het aan een andere partij te geven of af te staan, behalve door een grondwetswijziging die door alle Staten is geratificeerd.

Er staat niets in de Grondwet over politieke partijen. Zoals ik in het verleden al zo vaak heb gezegd, zijn politici ontstaan omdat wij, het soevereine volk, te slap en te lui waren om het werk zelf te doen en dus kozen we agenten en betaalden hen om het werk voor ons te doen, waarbij we hen meestal zonder toezicht lieten. Dat is wat het Huis en de Senaat vandaag de dag zijn; agenten zonder toezicht van ons, het volk, die rondrennen en de grondwet van de Verenigde Staten met voeten treden.

Het door president Carter afgekondigde Panamakanaalverdrag was een veel groter schandaal dan de Iran/Contra-affaire en het Tea Pot Dome-schandaal, die werden besproken in de hoofdstukken over het oliebeleid van de Rockefellers en de olie-industrie. Wie maakt de wetten? De Senaat en het Huis van Afgevaardigden maken wetten die wet worden als ze door de president worden ondertekend. Maken verdragen deel uit van de wet? Laten we eerst begrijpen dat een verdrag in de Grondwet (onder artikel 6, lid 2, en artikel III, lid 2) wordt gedefinieerd als een wet nadat de Senaat het verdrag heeft opgesteld, het is aangenomen door het Huis en ondertekend door de president.

Het Huis speelt een cruciale rol bij het maken van verdragen, omdat het de bevoegdheid heeft een verdrag nietig te verklaren omdat het valt onder de internationale en interstatelijke handel die door het Huis wordt geregeld (Artikel 1, Sectie 8, Clausule 3 - "het regelen van de handel met vreemde naties en tussen de verschillende staten"). De Grondwet zegt in de 13 , 14 en 15 amendementen dat de wetgever verdragen maakt, NIET de privé-personen die Linowitz en Bunker waren, hoewel zij beweerden de Verenigde Staten te vertegenwoordigen. Artikel 1, Sectie 7:

> "Elk wetsvoorstel aangenomen door het Huis van Afgevaardigden en de Senaat wordt voorgelegd aan de President van de Verenigde Staten..."

Carter, Bush en nu Clinton hebben gedaan alsof ze almachtige koningen waren, terwijl ze dat niet zijn. Carter hield zich bezig met het internationaal recht en stond de eigendommen van het soevereine volk af aan Torrijos, Bush voerde oorlog zonder oorlogsverklaring en nu probeert Clinton met proclamaties (uitvoeringsbevelen) wetten te maken. De Grondwet is duidelijk over deze kwesties; er is slechts één plaats in de Grondwet waar de bevoegdheid wordt gegeven om zich met internationaal recht bezig te houden, en dat is het Congres. Het is dus geen uitdrukkelijke bevoegdheid van de president, ongeacht de omstandigheden. (Deel 10, Artikel 1, Sectie 8.)

Wat Carter en Bush deden, en wat Clinton nu probeert te doen, is de Grondwet inperken en verzwakken om tegemoet te komen aan de wensen en doelen van het Comité van 300. Twee voorbeelden die me te binnen schieten: abortus en wapenbeheersing. Carter deed dit met de Panama Kanaal deal. Carter maakte zich schuldig aan meineed door te beweren dat hij het recht had op soeverein Amerikaans bezit in Panama.

Carter's bevoegdheid om op te treden als surrogaat voor David Rockefeller en de drugsbanken, zogenaamd onder het mom van onderhandelingen over het Panamakanaal, is noch expliciet, noch impliciet, noch ondergeschikt aan enige andere bevoegdheid in de Grondwet. Maar Carter kwam weg met het schenden en vertrappen van de grondwet, net als zijn opvolgers Bush en Clinton.

Als we het Volkenrecht van Vattel, waarop ons buitenlands beleid door de Founding Fathers is gebaseerd, correct lezen, zien we dat het nooit de federale macht of de bevoegdheid van het congres heeft gegeven om soeverein grondgebied dat toebehoort aan het soevereine volk van de Verenigde Staten te geven, te verkopen of anderszins te vervreemden. Verdragsbevoegdheid kan nooit verder gaan dan wat in Vattel's Law of Nations staat.

Artikel 9 van de Bill of Rights en een zorgvuldige lezing van de Grondwet maken duidelijk dat noch de President, noch het Huis, noch de Senaat gemachtigd zijn enig soeverein gebied van de Verenigde Staten te schenken, te verkopen of anderszins te vervreemden, tenzij door middel van een amendement op de Grondwet dat door alle staten is geratificeerd. Dit werd niet gedaan in het geval van het Carter-Torrijos Panama Kanaal Verdrag: als gevolg daarvan hebben alle 57 senatoren die het verdrag ondertekenen, hun ambtseed geschonden, inclusief president Carter. Door hun verraderlijk gedrag hebben de

Verenigde Staten de controle verloren over een sleutelelement van hun defensie, ons Panamakanaal.

Wat zijn de feiten over het zogenaamde Panamakanaalverdrag, frauduleus afgekondigd door president Carter? Laten we eens kijken wat het betekent om over een verdrag te onderhandelen. Onderhandelen impliceert dat de onderhandelaars streven naar concessies. Ten tweede moeten degenen die onderhandelen eigenaar zijn van het eigendom, het geld of wat dan ook waarover onderhandeld wordt, of door de eigenaars naar behoren gemachtigd zijn om namens hen te onderhandelen. Bovendien moet er, wanneer iemand iets weggeeft, een "tegenprestatie" in rechte zijn voor wat wordt gegeven. Als er slechts aan één kant een tegenprestatie is, is het juridisch duidelijk dat er geen verdrag kan zijn en dat er geen verdragsovereenkomst is.

Zoals ik al zei, is het bij onderhandelingen over een verdrag van essentieel belang dat de onderhandelende partijen daartoe wettelijk bevoegd zijn. In het Panamakanaalverdrag waren de onderhandelaars niet grondwettelijk bevoegd om te onderhandelen. Noch Ellsworth Bunker, noch Sol Linowitz (naar verluidt de ambassadeur van de VS) waren bevoegd om te onderhandelen; in de eerste plaats omdat het verdragsdocument niet door de Senaat was opgesteld, en omdat er een volledig gebrek aan objectiviteit was in de onderhandelingen die Bunker en Linowitz zouden hebben gevoerd.

Linowitz noch Bunker hadden een direct belang bij het Panamakanaalverdrag, maar beiden hadden een zeer groot financieel belang bij het project; het was in hun persoonlijk financieel belang dat het verdrag zou slagen. Dat was reden genoeg om het verdrag nietig te verklaren. De Grondwet werd met voeten getreden door de Bunker/Linowitz afspraken. Artikel 11, Deel 2, Sectie 2 stelt dat Linowitz en Bunker de "raad en toestemming van de Senaat" moeten hebben, die geen van beiden ooit heeft gekregen.

Linowitz was een directeur van de Marine and Midland Bank, die uitgebreide bankrelaties in Panama had en eerder voor de Panamese regering had gewerkt. De Marine and Midland Bank werd overgenomen door de Hong Kong and Shanghai Bank, 's werelds belangrijkste bank voor het witwassen van drugsgeld. De overname van de Midland Bank vond plaats met de uitdrukkelijke toestemming van Paul Volcker, de voormalige voorzitter van de Federal Reserve, hoewel Volcker heel goed wist dat het doel van de overname was, de banken in Panama die in handen waren van Rockefellers, in staat te stellen vaste voet te krijgen in de lucratieve cocaïnehandel van Panama. De overname van Midland door de Hong Kong and Shanghai Bank was hoogst onregelmatig en grensde aan een criminele daad volgens het Amerikaanse bankrecht.

De familie Bunker deed zaken met Torrijos en had eerder zaken gedaan met Arnulfo Arias en de voormalige president van Panama, Marco O. Robles. Het maakt niet uit dat de twee Amerikaanse onderhandelaars deze betrekkingen zouden hebben verbroken; het maakt niet uit dat er een broos en transparant bedrog werd gepleegd (de wachttijd van zes maanden), de grondwet zegt in artikel 11, afdeling 2, deel 2 dat de president een ambassadeur of ministers benoemt "met advies en instemming van de Senaat". Er is geen sprake van een wachtperiode - die werd gebruikt om het belangenconflict rond Linowitz en Bunker te omzeilen. De hele zaak was een grove misleiding van het Amerikaanse volk.

De benoeming van Linowitz en Bunker was bezoedeld door bedrog en oneerlijkheid en brak het heilige fiduciaire vertrouwen dat de president geacht wordt te hebben met ons, het soevereine volk. De benoeming van Linowitz en Bunker als "onderhandelaars" van een verdrag dat de Senaat nooit heeft opgesteld, in strijd met de Grondwet, door de Commissie Buitenlandse Betrekkingen van de Senaat, was nooit zo slim. De leden van de commissie hadden allemaal aangeklaagd moeten worden voor verraad op het moment dat ze instemden met de keuze van Ellsworth en Linowitz als "onderhandelaars".

Nu komen we bij wat Bunker en Linowitz onderhandelden. Over het Panamakanaal en -gebied kon niet worden onderhandeld; het was een soeverein gebied van de Verenigde Staten dat alleen kon worden vervreemd via een grondwetswijziging die door het Congres werd goedgekeurd en door alle staten werd bekrachtigd. Bovendien waren de geloofsbrieven van de twee ambassadeurs, als ze die al hadden, niet vastgesteld door de Senaat. Carter en zijn corrupte handlangers van Wall Street misleidden het Amerikaanse volk door te geloven dat Bunker en Linowitz legaal handelden namens de Verenigde Staten, terwijl ze in feite de Amerikaanse wet overtraden.

De strategie van de Wall Street bankiers bestond erin het Amerikaanse volk in twijfel en in het duister te houden, door de zaken zo onduidelijk te maken dat ze tegen zichzelf zouden zeggen: "Ik denk dat we president Carter hierin wel kunnen vertrouwen". Daartoe werden de Wall Street bankiers en David Rockefeller vakkundig bijgestaan door een leger van betaalde, onderhouden en aangestuurde politieke journalisten, krantenredacteuren, grote televisienetwerken en vooral twee Amerikaanse senatoren.

Senator Dennis de Concini voegde voorbehouden aan het verdrag toe die niets meer waren dan window dressing om de weigering van de senator om zich aan de grondwet te houden te rechtvaardigen. De "voorbehouden" werden niet ondertekend door Omar Torrijos en hadden geen effect, maar deze actie gaf de Arizona kiezers de valse indruk dat de Concini niet volledig achter het verdrag stond. Het was goedkope politieke chicanes. Arizona kiezers hadden de Concini laten weten dat ze in overgrote meerderheid tegen het verdrag waren.

Waarover is dan "onderhandeld"? Wat waren de uitwisselingen en overwegingen die volgens de wet integraal deel moeten uitmaken van de onderhandelingen over een verdrag? De verrassende waarheid is dat die er niet waren. Wij, het soevereine volk, bezaten reeds het soevereine grondgebied van de Panamakanaalzone; Torrijos en de Panamese regering hadden geen tegenprestatie te bieden en gaven er geen aan de Verenigde Staten. De onderhandelingen waren dus duidelijk eenzijdig, waardoor het verdrag tussen Torrijos en Carter nietig is.

Als er aan beide zijden geen tegenprestatie is, kan er geen sprake zijn van een verdrag. Contracten bevatten vaak een symbolische betaling als tegenprestatie om het contract wettig te maken, wat anders niet het geval zou zijn. Soms wordt slechts 10 dollar betaald om het contract wettig te maken. Zo eenvoudig was het. Torrijos gaf geen tegenprestatie aan de Verenigde Staten.

Toen de Commissie Buitenlandse Betrekkingen van de Senaat verklaarde dat de huurlingen van Rockefeller konden doen wat ze deden, verzaakten al haar leden in hun plicht tegenover ons, het volk, en hadden daarom uit hun functie moeten worden ontheven.

Voordat de Senaat het noodlottige Panamakanaalverdrag ratificeerde, had het minstens twee tot drie jaar bestudeerd moeten worden. Denk aan de tijd die de VS en Colombia nodig hadden om het verdrag van 1903 te ratificeren. Dat was terecht; de overhaaste behandeling van het Carter-Torrijos-verdrag door de Commissie Buitenlandse Betrekkingen van de Senaat was volkomen ongepast. In feite had het verdrag nooit in behandeling mogen worden genomen, aangezien de Senaat zelf het verdrag niet heeft opgesteld en het pas onder ogen kreeg nadat erover was onderhandeld. Dit is in strijd met de Grondwet.

De ondertekening van een door Carter geannuleerd verdrag was dus een travestie en een misleiding door de president, bedoeld om zijn eigen volk te schaden en de drugsbanken en hun tegenhangers op Wall Street te bevoordelen. Hoe lang het ook heeft bestaan, het Carter-Torrijos verdrag blijft tot op heden nietig. Het document bevat niet minder dan 15 flagrante schendingen van het verdrag volgens de Amerikaanse grondwet, en mogelijk nog vijf meer.

Alleen een grondwetswijziging, aangenomen door het Congres en geratificeerd door alle staten, zou het Carter-Torrijos Verdrag hebben bekrachtigd. Maar het verdrag was zo gebrekkig dat het vernietigd had kunnen worden door het Hooggerechtshof, als het Hof zijn plicht aan ons, het volk, had willen doen.

Alle definities van een verdrag geven aan dat een verdrag beide partijen iets moet geven. Het Panamakanaal was al van de

Verenigde Staten. Daar bestaat geen twijfel over, maar laten we teruggaan en dat standpunt nog eens bevestigen. Het verdrag van 1903 werd door beide partijen ondertekend. De ene gaf land en de andere kreeg geld. De Verenigde Staten hebben duidelijk gemaakt dat het gebied waarvoor ze betaald hebben nu soeverein is. Geen enkel debat tijdens de hoorzittingen over het Panamakanaal betwistte dat het kanaal sinds 1903 soeverein gebied van de VS was.

Het is zeer belangrijk om de formulering van het Verdrag van 1903 op dit punt in te voeren:

> "Artikel 111 "met volledige uitsluiting van de uitoefening door de Republiek Panama van enig soeverein recht, macht of gezag... gelegen zijn en dit uitoefenen als ware het een Amerikaans grondgebied".

Dit liet er geen twijfel over bestaan dat het een verdrag was waarbij de Panamakanaalzone vanaf 18 november 1903 en voor altijd als soeverein Amerikaans grondgebied werd ingesteld.

Ik heb het in dit document verschillende keren over soevereiniteit gehad. Een goede definitie van soevereiniteit is te vinden in het boek van George Randolph Tucker over internationaal recht. Een andere goede uitleg van soevereiniteit is te vinden in het boek Sovereignty of Nations van Dr. Mulford:

> "Het bestaan van de soevereiniteit van de natie, of politieke soevereiniteit, wordt aangegeven door bepaalde tekens of noten die universeel zijn. Dit zijn onafhankelijkheid, gezag, suprematie, eenheid en majesteit [...]. De verdeelde soevereiniteit is een tegenstelling van de suprematie, die in al haar noodzakelijke conceptie besloten ligt en onverenigbaar is met haar substantie in de organische wil. Zij is onverwoestbaar. Zij kan niet, door juridische vormen en legalistische apparaten, worden vernietigd en vermeden, noch kan zij worden afgestaan of vrijwillig worden teruggenomen, maar impliceert een continuïteit van macht en actie... Zij handelt door alle leden en in alle organen en ambten van de Staat...".

Wat Carter namens Rockefeller en de farmaceutische banken

probeerde te doen, was het Panama-verdrag van 1903 te wijzigen "door juridische vormen en juridische constructies". Maar het Panama Verdrag van 1903 kon niet "tenietgedaan en omzeild" worden door zulke juridische middelen. Wat Carter overhield, was een frauduleus document dat nietig was en dat hij liet doorgaan voor een echt verdrag, een nieuw juridisch bindend verdrag, wat het toen niet was en nooit zal zijn.

Toen de drugsbanken van Rockefeller in de jaren zestig begonnen na te denken over hoe ze hun investeringen in Panama konden beschermen, was de cocaïnehandel in Colombia booming. Terwijl de onrust in Hong Kong toenam - de Chinese regering eiste de controle over het eiland en een groter aandeel van de heroïnehandel die eeuwenlang door de Britten werd gedreven - nam de cocaïne een hoge vlucht en begonnen internationale Wall Street-bankiers naar Panama te kijken als een nieuw toevluchtsoord voor het witwassen van drugsgeld. Bovendien moesten de enorme sommen geld die door de cocaïnehandel naar de Panamese banken vloeiden, beschermd worden.

Maar daarvoor moest Panama gecontroleerd worden door een vertegenwoordiger van de Wall Street banken, en dat zou niet gemakkelijk zijn. De geschiedenis leert dat president Roosevelt als eerste probeerde de Panama Kanaalverdragen van 1903 te verzwakken door de regio Colon af te staan, die vervolgens een handelsknooppunt en een centrum van drugshandel werd. President Dwight Eisenhower was de tweede Amerikaanse functionaris die probeerde de soevereiniteit van het Panamakanaal te verzwakken toen hij op 17 september 1960 beval dat de Panamese vlag naast de Amerikaanse vlag in de kanaalzone moest wapperen. Eisenhower had deze daad van verraad verricht namens de CFR en David Rockefeller. Maar zelfs Eisenhower's daad van verraad kon het verdrag van 1903 niet "tenietdoen en omzeilen". Eisenhower had niet het recht om de vlag van een buitenlandse regering te laten wapperen boven het soevereine grondgebied van de Verenigde Staten; het was een flagrante schending van zijn eed om de Grondwet te verdedigen.

Aangemoedigd door het verraderlijke gedrag van Roosevelt en Eisenhower, vroeg de president van Panama, Roberto F. Chiari, de Verenigde Staten officieel om herziening van het Panamakanaalverdrag. Dit was een maand na het Eisenhower vlag incident. Als onze grondwet iets betekent, is het dat zo'n actie niet mogelijk is in de VS, tenzij ze wordt goedgekeurd door het Huis en de Senaat en geratificeerd door alle staten. In januari 1964 veroorzaakten betaalde opruiers rellen en verbrak Panama de betrekkingen met de VS. Het was een klassieke Wall Street bankiersstunt.

Vervolgens vertelde president Lyndon Johnson in april 1964 (zonder toestemming van het Huis en de Senaat) aan de Organisatie van Amerikaanse Staten (OAS) dat de Verenigde Staten "bereid waren elke kwestie in verband met het kanaalgeschil met Panama te herzien" en de diplomatieke betrekkingen werden hervat. President Johnson had niet de bevoegdheid om zich met het internationaal recht bezig te houden of iets te doen om het verdrag van 1903 "door een gerechtelijke procedure" of een andere kunstgreep te wijzigen.

Johnson zocht actief naar maatregelen om het verdrag van 1903 te heronderhandelen. Johnson had niet de bevoegdheid om over verdragen te onderhandelen en zijn acties tastten de soevereiniteit van het kanaalgebied verder aan, waardoor de Wall Street bankiers, onder leiding van Rockefeller, werden aangemoedigd om doortastender te worden. Het is duidelijk dat Johnsons acties ongrondwettelijk waren, omdat hij probeerde te onderhandelen over een verdrag over het soevereine grondgebied van het Panamakanaal, waartoe geen enkele president bevoegd is.

Het Carter-Torrijos Panama Kanaalverdrag werd gesloten, omdat Panama de Wall Street banken 8 miljard dollar schuldig was. Het hele ellendige bedrog was bedoeld, om het soevereine Amerikaanse volk te dwingen, om terug te betalen, wat Panama de Wall Street bankiers schuldig was. Dit was niet de eerste keer, dat wij, het volk, opgelicht werden door Wall Street bankiers. De Amerikaanse belastingbetalers moesten 100 miljoen dollar betalen voor de herstelbetalingen die Duitsland tussen 1921 en

1924 deed. Net als in het geval van het Carter-Torrijos verdrag, waren Wall Street bankiers nauw betrokken bij de Duitse obligaties, met als meest opvallende J.P. Morgan en Kuhn and Loeb and Company.

In oktober 1968 werd Arnulfo Arias, volgens een zorgvuldig door Rockefeller bedacht scenario, afgezet door de Panamese defensiemacht onder leiding van kolonel Omar Torrijos. Torrijos schafte onmiddellijk alle politieke partijen in Panama af. Op 1 september 1970 verwierp Torrijos het Johnson-project van 1967 (dat zogenaamd bedoeld was om het verdrag van 1903 te herzien) omdat het niet zo ver ging als de volledige overdracht en controle van het kanaal aan Panama.

De weg was vrij voor de Wall Street samenzweerders om verder te gaan en ze begonnen stappen te ondernemen om het Panama Kanaal in handen te geven van Torrijos, van wie Rockefeller wist dat ze erop konden vertrouwen dat hij de banken in Panama die drugsgeld witwasten niet zou oprollen, zoals Arnulfo had gedreigd. In ruil daarvoor werd Torrijos beloofd dat de Panamakanaalzone aan Panama zou worden teruggegeven.

Het nieuwe verdrag geeft de controle over Panama aan de regering-Torrijos en werd ondertekend door president Carter, die de geschiedenis zal ingaan als de president die, met uitzondering van George Bush, waarschijnlijk de slechtste staat van dienst heeft wat betreft het schenden van de grondwet. Bij het bestuderen van het frauduleuze verdrag tussen Carter en Torrijos moet men denken aan de woorden van wijlen het grote congreslid Louis T. McFadden. Op 10 juni 1932 hekelde McFadden de Federal Reserve Board als "één van de meest corrupte instellingen die de wereld ooit heeft gekend...". Het Carter-Torrijos verdrag is één van de meest corrupte verdragen die de wereld ooit gekend heeft.

Nu de Amerikaanse cocaïnehandel de heroïnehandel in het Verre Oosten ver overtreft, is Panama een van 's werelds meest beschermde bankparadijzen voor het witwassen van drugsgeld geworden. De drankbaronnen van vroeger zijn de drugsbaronnen van nu geworden. Er is niet veel veranderd, behalve dat de verborgen mechanismen nu veel geraffineerder zijn dan toen. Vandaag is het net als bij de heren in de directiekamer en de exclusieve clubs in Londen, Nice, Monte Carlo en Acapulco. De oligarchen bewaren een discrete afstand tot hun hofbedienden; onaantastbaar en sereen in hun paleizen en hun macht.

Gaat de drugshandel op dezelfde manier als de smokkelhandel?[9] Gaan sinister uitziende mannen rond met koffers vol biljetten van 100 dollar? Ja, maar slechts bij hoge uitzondering. De financiële transacties in verband met de drugshandel gebeuren hoofdzakelijk met de actieve medewerking van internationale banken en hun financiële instellingen. Sluit de banken die drugsgeld witwassen en de drugshandel zal opdrogen. Sluit de rattenholen en het zal gemakkelijker zijn om van de knaagdieren af te komen.

Dat gebeurde in Panama. De rattengaten werden gedicht door generaal Manuel Noriega. De internationale bankiers konden er niets aan doen. Als je de banken treft die drugsgeld witwassen, laten de gevolgen niet lang op zich wachten. Om een idee te geven van wat er op het spel stond: de Drug Enforcement Agency (DEA) schatte dat 250 miljoen dollar per dag van eigenaar wisselde via teletransfers, waarvan 50% interbancair geld van de drugshandel. De Kaaimaneilanden, Panama, de Bahama's, Andorra, Hong Kong en de Verenigde Staten waren de belangrijkste spelers in dit verkeer.

Zwitserse banken behandelen het grootste deel ervan, maar een toenemend volume wordt sinds de jaren zeventig via Panamese banken geleid.

Het werd de bankiers, verantwoordelijk voor het witwassen van drugsgeld in de VS, steeds duidelijker dat ze in Panama een winnaar hadden. Met dit inzicht werden de witwassers bezorgd over de noodzaak om in Panama over een troef te beschikken die ze konden controleren. Arnulfo Arias schudde hen wakker toen hij hun banken in Panama City begon te doorzoeken. De DEA schat dat er jaarlijks 6 miljard dollar van de VS naar Panama gaat.

---

[9] "Bootlegging", in het originele NDT.

De gebroeders Coudert, advocaten van het Comité van 300 "maffia" voor het liberale establishment aan de oostkust, namen maatregelen om te voorkomen dat een nieuwe Arnulfo Arias de steeds lucratievere cocaïnehandel, die hun Panamese banken met geld vulde, zou bedreigen.

De man die Coudert Brothers uitkoos om de Panama-onderhandelingen met Torrijos te leiden was een van henzelf, Sol Linowitz, die we al eerder noemden. Als partner van Coudert Brothers, directeur van Xerox, Pan American Airlines en de Marine Midland Bank, had Linowitz alle nodige geloofsbrieven om te bereiken wat Rockefeller voor ogen stond, namelijk de overname van de hele Panama Kanaalzone. De boodschapper van de "Olympiërs" (het Comité van 300) vond in Omar Torrijos het juiste materiaal voor de doelstellingen van de internationale bankiers.

Zoals hierboven beschreven, was Panama voldoende gedestabiliseerd voor Torrijos om de macht te grijpen en alle politieke partijen af te schaffen. De jakhalzen in de Amerikaanse media schetsten een gloedvol beeld van Torrijos als een vurige Panamese nationalist, die sterk het gevoel had dat het Panamese volk onrecht was aangedaan door het verdrag van 1903 waarbij de Panama Kanaalzone aan de Verenigde Staten werd afgestaan. Het merk "Made by David Rockefeller" dat Torrijos droeg, werd zorgvuldig verborgen gehouden voor het Amerikaanse volk.

Dankzij het verraad van de Commissie Buitenlandse Betrekkingen van de Senaat, en met name dat van de Senatoren Dennis de Concini en Richard Lugar, kwam Panama in handen van generaal Torrijos en het Comité van 300, wat de Amerikaanse belastingbetaler miljarden dollars kostte. Maar Torrijos leek, zoals zoveel andere stervelingen, zijn scheppers, de "Olympiërs", uit het oog te verliezen.

Oorspronkelijk door Kissinger en Linowitz voor die functie gekozen, zoals iedereen die de geheime parallelle regering van de Verenigde Staten dient, of het nu gaat om de minister van Buitenlandse Zaken of de minister van Defensie, gedroeg Torrijos zich goed tijdens de overdracht van het Panamakanaal van het soevereine volk van de Verenigde Staten aan de bankiers van Wall Street, de drugsbaronnen en hun leidinggevenden. Toen begon Torrijos, tot groot verdriet van zijn mentoren, zijn rol als nationalist serieus te nemen, in plaats van de marionet te blijven van de buiksprekers van Wall Street.

Panama moet worden gezien door de ogen van Kissingers Trojaanse paard, d.w.z. we moeten het zien als een scharnierpunt in Centraal-Amerika als Kissingers toekomstige verzamelplaats voor duizenden Amerikaanse soldaten. Kissinger's orders waren om een nieuwe "Vietnam oorlog" te beginnen in Centraal Amerika. Maar Torrijos kreeg andere ideeën. Hij koos ervoor om zich aan te sluiten bij de Contadora-groep. Hoewel niet perfect, waren de Contadoras bereid de strijd aan te gaan met de drugsbaronnen. Torrijos werd daardoor een bron van ergernis voor zijn meesters, waarvoor hij "permanent werd geïmmobiliseerd".

Torrijos werd vermoord in augustus 1981. Het vliegtuig waarmee hij vloog was op dezelfde manier uitgerust als het vliegtuig dat de zoon van Aristoteles Onassis doodde. De besturing was zodanig gemanipuleerd dat de liften van het vliegtuig (die het opstijgen en dalen regelen) in de tegenovergestelde richting gingen dan de piloot van plan was. In plaats van te stijgen na het opstijgen, stortte het vliegtuig met Torrijos letterlijk op de grond.

De banken van Panama kwamen onder controle van een aantal Wall Street-banken van David Rockefeller, die het land zagen als een geschikte opslagplaats voor zwart drugsgeld, en werden al snel aangewezen als 's werelds cocaïnebankcentrum, terwijl Hong Kong het heroïnebankcentrum bleef. Rockefeller benoemde Nicolas Ardito Barletta, een voormalig directeur van de Wereldbank en de Marine and Midland Bank (dezelfde bank in wiens bestuur Linowitz zat) om de banksituatie onder controle te krijgen.

Barletta moest de banksector in Panama herstructureren en de bankwetten wijzigen om ze veiliger te maken voor druggeldwitwassers. Barletta was respectabel genoeg om boven verdenking te staan en had ervaring in het omgaan met grote hoeveelheden drugsgeld, dankzij zijn banden met de Hong Kong and Shanghai Bank - 's werelds grootste bank voor het witwassen van drugsgeld - die later de Midland Marine Bank in de VS zou opkopen.

Volgens documenten van de US Drug Enforcement Agency (DEA) had de Banco Nacional de Panama in 1982 zijn stroom Amerikaanse dollars met 500% verhoogd ten opzichte van 1980. Tussen 1980 en 1984 ging bijna 6 miljard dollar aan niet-overgemaakt geld van de Verenigde Staten naar Panama. In Colombia schat de DEA dat de cocaïne tussen 1980 en 1983 25 miljard dollar contant geld opleverde, dat bijna allemaal werd gestort op banken in Panama-stad. Zes maanden na de afzetting van Torrijos werd de sterke man, generaal Rueben Parades van de Panama Defence Force, gepromoveerd door de drugsbankiers.

Maar net als zijn voorganger, liet Parades zien dat hij niet wist wie zijn bazen waren. Hij begon te praten over Panama als lid van de Contadoras groep. Kissinger moet Parades in februari 1983 een boodschap hebben gestuurd en de generaal was slim genoeg om dat op te merken en een ommezwaai te maken. Hij schopte de Contadoras uit Panama en zegde Kissinger en de internationale bankiers op Wall Street zijn volledige steun toe.

Parades deed veel moeite om de vriendschap met Arnulfo Arias, die door Torrijos was afgezet, te cultiveren, waardoor zijn leiderschap een sfeer van respectabiliteit kreeg. In Washington werd Parades door Kissinger voorgesteld als een "overtuigde anticommunistische vriend van de Verenigde Staten". Zelfs de meedogenloze executie van zijn 25-jarige zoon door leden van de cocaïneclan Ochoa-Escobar schrikte Parades niet af; hij hield Panama open voor de cocaïnehandel en beschermde zijn banken.

Manuel Noriega, die Parades' opvolger was in de FDP, maakte zich steeds meer zorgen over de corruptie in de Panamese defensiemacht, die hij uit de drugshandel had proberen te houden. Noriega beraamde een staatsgreep tegen Parades, die vervolgens door de Panamese defensiemacht ten val werd gebracht en Noriega nam de leiding van de FDP over. Aanvankelijk was er weinig reactie; Noriega werkte al enkele jaren voor de CIA en de DEA en werd door Kissinger en Rockefeller beschouwd als een "company man".

Wanneer begon er in Wall Street en Washington twijfel te ontstaan over Noriega? Ik denk onmiddellijk na het verbluffende succes van een gezamenlijke drugsbestrijdingsoperatie van de PDF en de DEA met de codenaam "Operatie Vis", die in mei 1987 door de DEA openbaar werd gemaakt. De DEA noemde Operatie Vis "het grootste en meest succesvolle undercover onderzoek in de geschiedenis van de federale drugsbestrijding".

De drugsbankiers vonden dat ze goede redenen hadden om Noriega te vrezen, zoals blijkt uit een brief die DEA-chef John Lawn op 27 mei 1987 aan Noriega schreef:

> "Zoals u weet was operatie Poisson, die net is afgelopen, een groot succes. Vele miljoenen dollars en duizenden kilo's drugs werden in beslag genomen bij internationale drugshandelaren en witwassers. Uw persoonlijke inzet voor "Operatie Vis" en de bekwame, professionele en onvermoeibare inspanningen van andere ambtenaren van de Republiek Panama waren essentieel voor het uiteindelijke positieve resultaat van dit onderzoek. Drugshandelaren over de hele wereld weten dat de opbrengsten en winsten van hun illegale activiteiten niet welkom zijn in Panama".

In een tweede brief aan Noriega schreef Lawn:

> "Ik zou van deze gelegenheid gebruik willen maken om nogmaals mijn grote waardering uit te spreken voor het krachtige beleid dat u voert ter bestrijding van de drugshandel, zoals blijkt uit de talrijke uitwijzingen uit Panama van beschuldigde drugshandelaren, de grote inbeslagnemingen van cocaïne en precursoren in Panama en de uitroeiing van marihuana op Panamees grondgebied."

Generaal Paul Gorman, commandant van het US Southern Command, vertelde de hoorzittingen van de Subcommissie Buitenlandse Betrekkingen van de Senaat dat hij nooit enig bewijs had gezien van wandaden van Noriega, en dat er geen tastbaar bewijs was dat Noriega banden had met de drugsbaronnen. De commissie zelf kon geen enkel geloofwaardig bewijs van het tegendeel leveren. De commissie liet het Amerikaanse volk in de steek door Noriega's beschuldigingen dat de First Bank of Boston, Credit Suisse, American Express en Bank of America zijn machtigste vijanden waren, niet te onderzoeken.

Adam Murphy, die aan het hoofd staat van de task force in Florida voor het National Border Narcotics Interdiction System (NNBIS), zei het onomwonden:

> "Gedurende mijn tijd bij NNBIS en de South Florida Task Force, was ik nooit op de hoogte van enige informatie die erop wees dat Generaal Noriega betrokken was bij drugshandel. In feite hebben we Panama altijd voorgesteld als een model voor samenwerking met de Verenigde Staten in de oorlog tegen drugs. Een aanklacht door een jury is geen veroordeling. En als de zaak Noriega ooit voor de rechter komt, zal ik de bevindingen van die jury onderzoeken, maar tot die tijd heb ik geen direct bewijs voor de betrokkenheid van de generaal. Mijn ervaring bewijst het tegendeel.

Nooit is gemeld dat "Operatie Vis" alleen mogelijk werd gemaakt door de goedkeuring van de Panamese Wet 29, die door Noriega werd gepromoot. Dit werd gemeld door de grootste krant van Panama, *La Prensa*, die bitter klaagde dat de Panamese defensiemacht een reclamecampagne tegen drugs voerde, "die het Panamese bankcentrum zal verwoesten".

Geen wonder. Operatie Poisson" resulteerde in de sluiting van 54 rekeningen bij 18 Panamese banken en de inbeslagname van 10 miljoen dollar in contanten en grote hoeveelheden cocaïne. Daarna werden nog eens 85 rekeningen bevroren bij banken waar de deposito's bestonden uit contant geld uit de cocaïnehandel. Achtenvijftig grote Amerikaanse, Colombiaanse en enkele Cubaans-Amerikaanse drugsdealers werden gearresteerd en beschuldigd van drugshandel.

Toch weigerde rechter William Hoevler, toen Noriega werd ontvoerd en vervolgens voor een federale rechtbank in Miami werd gesleept, in een verbluffende schending van Noriega's burgerrechten, deze brieven en honderden andere documenten waaruit Noriega's rol in de drugsbestrijding bleek, toe te laten. En wij durven te spreken van "gerechtigheid" in Amerika, en onze president heeft het over de "oorlog tegen drugs". De oorlog tegen drugs eindigde toen generaal Noriega werd ontvoerd en gevangengezet in de VS.

Na "Operatie Vis" werd in Panama en Washington een gezamenlijke campagne gelanceerd om generaal Noriega in diskrediet te brengen. Het Internationaal Monetair Fonds (IMF) dreigde zelfs zijn leningen aan Panama op te zeggen als Noriega geen einde maakte aan zijn "dictatoriaal gedrag", d.w.z. als Noriega niet ophield met zijn strijd tegen de drugsbanken en de cocaïnehandelaren. Op 22 maart 1986 deelde Noriega het Panamese volk in een televisietoespraak mee dat Panama door het IMF werd gewurgd. Het IMF had geprobeerd druk uit te oefenen op de vakbonden om Noriega uit de macht te dwingen en had hen gewaarschuwd dat Panama verschrikkelijke bezuinigingen te wachten stonden als Noriega niet werd afgezet.

Het standpunt van het IMF over Panama, Colombia en het Caribisch gebied werd duidelijk gemaakt door John Holdson, een hoge functionaris van de Wereldbank, die zei dat de "cocaïne-industrie" van groot voordeel was voor de producerende landen: "Vanuit hun oogpunt konden ze gewoon geen beter product vinden." Het Colombiaanse kantoor van het IMF verklaarde openlijk dat, wat het IMF betreft, marihuana en cocaïne gewassen waren als alle andere die de Latijns-Amerikaanse economie de broodnodige deviezen opleverden.

De Wall Street-bankiers en hun bondgenoten in Washington vestigden vervolgens de aandacht van het publiek op Dr. Norman Bailey om de Civic Group in Panama en de Verenigde Staten te steunen. De burgergroep werd opgericht om de pogingen van de Wall Street-bankiers te steunen om Noriega uit de weg te ruimen, terwijl het lijkt alsof het een zaak van algemeen belang is in Panama. De volgende mensen hebben de burgergroep gesteund:

In Panama	In de Verenigde Staten
Alvin Weedon Gamboa	Sol Linowitz
Cesar en Ricardo Tribaldos	Elliott Richardson
Roberto Eisenmann	James Baker III
Carlos Rodrigues Milan	President Ronald Reagan
Lt Kolonel Julian Melo Borbura	Senator Alfonse D'Amato
De gebroeders Robles	Henry Kissinger
Jose Blandon	David Rockefeller
Lewis Galindo	James Reston
Steven Samos	John R. Petty
Generaal Ruben Darios Parades	Generaal Cisneros
Guillermo Endara	Billy Ford

Na de mislukking van de IMF-campagne lanceerden de gebroeders Coudert van het State Department, de *New York Times*, Kissinger Associates en de *Washington Post* een grootscheepse lastercampagne in de Amerikaanse en wereldpers om de publieke opinie tegen Noriega te keren. Daarbij zochten en kregen de samenzweerders de steun van drugshandelaren, drugsbankiers, drugsdealers en diverse criminelen. Iedereen die Noriega kon beschuldigen van wandaden of drugshandel, zelfs zonder bewijs, was welkom. De geldstroom naar de Panamese drugsbanken - 6 miljard dollar per jaar - moest worden beschermd.

De Civic Crusade, het belangrijkste vehikel voor de coördinatie van de campagne om hem in diskrediet te brengen, werd in juni 1987 in Washington D.C. georganiseerd. De belangrijkste financiers waren de gebroeders Coudert, Linowitz, de Trilaterale Commissie, William Colby (voornamelijk van de CIA),

Kissinger Associates en William G. Walker, adjunct-assistent voor internationale zaken bij het Amerikaanse ministerie van Buitenlandse Zaken. Jose Blandon, een zelfbenoemde "internationale vertegenwoordiger van de Panamese oppositie tegen Noriega", werd aangesteld om de organisatie te leiden.

De publiciteit was in handen van Dr. Norman Bailey, een voormalige hoge Panamese ambtenaar. Dr. Bailey was in dienst van de Nationale Veiligheidsraad, die onder meer tot taak had het verkeer van drugsgeld te bestuderen, waardoor hij natuurlijk uit de eerste hand wist hoe drugsgeld in en uit de Panamese banken vloeide. Bailey was goed bevriend met Nicholas Ardito Barletta. Dr. Bailey kwam in aanvaring met Noriega toen deze laatste probeerde "voorwaarden" van het IMF af te dwingen die de Panamese bevolking strengere bezuinigingsmaatregelen zouden opleggen. Bailey's partner was William Colby van het advocatenkantoor Colby, Bailey, Werner and Associates. Het was tot dit kantoor dat de in paniek geraakte bankiers en drugsbaronnen zich wendden toen duidelijk werd dat het Noriega ernst was.

Bij zijn aantreden bij de Civic Crusade zei Bailey: "Ik begon mijn oorlog tegen Panama toen mijn vriend Nicky Barletta aftrad als president van Panama." Bailey was in de unieke positie dat hij de wetten op het bankgeheim van Panama ontdekte bij Barletta, de man die ze had ingevoerd. Waarom was Bailey woedend dat Barletta z'n baan verloor? Omdat de drugsbaronnen en hun bankiersbondgenoten daardoor hun eigen "man in Panama" kwijtraakten, wat een zware klap was voor de vlotte geld- en cocaïnestroom in en uit Panama. Barletta was ook de schutter van het IMF, en een grote favoriet van het oostelijke liberale establishment, vooral onder de leden van de Boheemse Club. Noriega botste dan ook frontaal op Barletta en de gevestigde orde in Washington.

Onder leiding van Bailey sloot de Civic Crusade de lus van de cocaïnebaronnen van Colombia naar de elitaire drugshandelaars in Washington en Londen. Het was dankzij Bailey dat de moorddadige cocaïnemaffia van laag niveau en de respectabele, onaantastbare namen op de sociale en politieke registers van Washington, Londen, Boston en New York ontstonden.

Bailey zei dat hij de PDF wilde verdrijven "omdat het het zwaarst gemilitariseerde land op het westelijk halfrond is". Bailey zei dat een burgerlijke junta Noriega zou vervangen zodra hij was verdreven. We gaan nu naar Bailey's voorgestelde leiders voor een post-Noriega Panama. Ter ondersteuning van de Burgeroorlog reisden zes leden van de Senaat in november 1987 naar Panama en bleven er vier dagen. Bij hun terugkeer zeiden de medewerkers dat Noriega moest aftreden, maar ze repten niet over de enorme hoeveelheden contant geld en cocaïne die door Panama werden vervoerd of Noriega's inspanningen om de drugshandel te verbieden. In een verklaring over Panama suggereerde de Senaat, zonder dit uitdrukkelijk te vermelden, dat bij "aanhoudende wanorde" het Amerikaanse leger zou kunnen worden ingeschakeld.

Wat was de aard van de onrust? Waren het spontane uitingen van het ongenoegen van de Panamese bevolking over Noriega, of waren het verzonnen situaties, kunstmatig gecreëerd om de plannen van de Wall Street-bankiers uit te voeren? Om deze vraag te beantwoorden, moeten we kijken naar de rol van John Maisto in de "onlusten" in Panama. Maisto was de nummer 2 op de Amerikaanse ambassade in Panama. Hij had gediend in Zuid-Korea, de Filippijnen en Haïti. Maisto had een verleden als onruststoker. Na zijn aankomst in deze landen volgde al snel onrust en "wanorde". Volgens een onafhankelijke inlichtingenbron is Maisto's invloed verantwoordelijk voor 90% van de straatdemonstraties in Panama.

Bailey deed geen poging om zijn steun voor Maisto te verbergen. Op een forum aan de George Washington Universiteit zei Bailey dat Noriega alleen zou toegeven als het Panamese volk de straat op zou gaan en geslagen en doodgeschoten zou worden. Bailey voegde eraan toe dat tenzij er televisiecamera's beschikbaar waren voor dergelijke gebeurtenissen, "het een nutteloze inspanning zou zijn".

De druppel die Noriega twee jaar later, in februari 1988, deed overlopen was een aanklacht door een jury in Miami. Deze vendetta van het ministerie van Justitie bezegelde Noriega's lot en onderstreepte de noodzaak om af te stappen van het archaïsche jury-systeem, een overblijfsel uit het tijdperk van de sterrenkamer. De procedures in de sterrenkamer zijn nooit eerlijk tegenover de beschuldigden. De drugsbaronnen en hun bankiers, in combinatie met het politieke establishment in Washington D.C. ontdeden zich van Noriega, die terecht werd gezien als een bedreiging voor hun jaarlijkse miljardeninkomsten.

De alarmbellen begonnen serieus te rinkelen en de oproepen om Noriega af te zetten werden luider in 1986 na de gedwongen sluiting van de First Interamerica Bank en de inval van de PDF in de Banco de Iberiamerica, die toebehoorde aan het Cali-kartel. In combinatie met de vernietiging van een laboratorium voor de verwerking van cocaïne en een enorme voorraad ethylether in een afgelegen jungle in Panama, gaf het Comité van 300 het bevel om Noriega zo snel mogelijk te doden of te ontvoeren naar de Verenigde Staten.

De Senaatssubcommissie buitenlandse betrekkingen voor terrorisme, verdovende middelen en internationale operaties, voorgezeten door senator John Kerry, slaagde er niet in Noriega voldoende te belasteren, ondanks een stortvloed van valse beschuldigingen tegen hem in wat neerkwam op een proces tegen Noriega bij verstek. De bewakers van de 300 miljard dollar offshore drugshandel riepen op tot snellere en hardere methoden om Noriega om te leggen. Senator Alfonse D'Amato pleitte voor directe actie: hij wilde huurmoordenaars om Noriega te vermoorden. D'Amato stelde ook ontvoering voor, en Bush heeft het idee misschien van hem.

Vervolgens wijzigde president Bush onder druk van Wall Street de inzetregels voor de Amerikaanse strijdkrachten in Panama; vanaf dat moment moesten zij de confrontatie met de PDF opzoeken. Op 8 juli 1989 legde generaal Cisneros, commandant van het US Army South in Panama, een buitengewone verklaring af waarvoor hij ter verantwoording geroepen had moeten worden:

"De OAS heeft niet krachtig genoeg opgetreden om Noriega te verwijderen. Wat mij betreft is de tijd rijp voor militair ingrijpen in Panama."

Sinds wanneer mag het leger een politieke agenda bepalen? In oktober en november 1989 vielen Amerikaanse militairen in Panama de Panamese strijdkrachten lastig, met als hoogtepunt de tragische dood van een Amerikaanse soldaat bij een wegversperring. De soldaten moesten stoppen bij een door de PDF opgezette wegversperring. Er brak ruzie uit en de soldaten vluchtten. Er werd geschoten en een van de Amerikaanse soldaten werd gedood.

Dit was het signaal voor president Bush om zijn lang geplande aanval op Panama te lanceren. Terwijl Panama zich voorbereidde op Kerstmis, werd op de avond van 20 december 1989 een gewelddadige daad van agressie tegen Panama gelanceerd, zonder eerst de door de grondwet vereiste oorlogsverklaring te verkrijgen. Tussen 28.000 en 29.000 Amerikaanse soldaten namen deel aan de aanval, die resulteerde in de dood van 7.000 Panamese burgers en de vernietiging van de hele regio Chorrillo. Minstens 50 Amerikaanse soldaten stierven nodeloos in deze niet verklaarde oorlog. Noriega werd ontvoerd en naar de Verenigde Staten gevlogen in een brutale daad van internationale roverheid, de voorbode van nog veel meer.

Waarom besteedde de regering Bush zoveel aandacht aan Panama? Waarom was er zoveel druk om Noriega omver te werpen? Het feit dat de Verenigde Staten zoveel moeite deden om zich te ontdoen van een vermeende dictator van een klein land zou ons iets moeten zeggen. Het zou ons nieuwsgierig moeten maken naar wat er achter deze saga zat. Het zou ons op onze hoede moeten doen zijn, de regering nog minder moeten vertrouwen en ons niet op zo'n grote schaal moeten laten overtuigen dat wat de Amerikaanse regering doet noodzakelijkerwijs juist is.

Noriega raakte de drugsoligarchen waar het pijn doet: in hun zakken. Hij kostte de drugsgeld witwassende banken een groot deel van hun winst. Hij heeft bankiers in diskrediet gebracht. Hij verstoorde de status quo door tanden te zetten in de Panamese bankwetten. Noriega belemmerde Kissingers Andesplan en verstoorde de wapenverkoop in Midden-Amerika. Hij trapte op de tenen van machtige mensen. Daarom werd generaal Manuel Noriega veroordeeld tot de rest van zijn leven in een Amerikaanse gevangenis.

In de hoofden van de meeste Amerikanen is Panama op de achtergrond geraakt, als het al bestaat. Noriega is stevig ingemetseld in de gevangenis, niet langer een gevaar voor de wetteloze regering Bush en de bankiers van Wall Street, of hun klanten van het drugskartel. Het lijkt te hebben gewerkt voor Carter, Reagan en Bush. Dat de flagrant illegale invasie van Panama 50 Amerikanen en 7000 Panamezen het leven kostte, wordt snel vergeten. Vergeten is de man die het hoofd van de DEA, agent John Lawn, ooit beschreef als de beste speler van het antidrugsteam dat hij ooit in Panama had. De kosten voor de Amerikaanse belastingbetaler om Panama open te houden voor de drugshandel zijn nooit bekend gemaakt.

Noriega's misdaad was dat hij te veel wist over de drugshandel en de banken die deze bedienen, en in 1989 vormde hij een ernstige bedreiging voor de Rockefeller banken die het geld van deze vermeende illegale handel witwasten. Dus moest hij worden aangepakt. De door Amerikaanse troepen verwoeste wijk ligt nog steeds in puin. In Panama is de perscensuur nog steeds van kracht, zelfs drie jaar na het vertrek van de binnenvallende Amerikaanse troepen. In augustus 1992 viel de burgemeester van Panama-Stad, Mayin Correa, de redacteur van het tijdschrift *Momento* aan omdat hij een artikel had gepubliceerd waarin de activiteiten van de burgemeester en zijn "speciale rekeningen" bij een Panamese bank werden onthuld.

Oppositie tegen de marionettenregering in Washington wordt niet getolereerd. Iedereen die deelneemt aan protestdemonstraties in Panama riskeert arrestatie en gevangenisstraf. Zelfs het "organiseren" van een demonstratie is een misdaad, en organisatoren kunnen zonder proces in de gevangenis worden gegooid. Dit is de erfenis van Bush en diegenen in het Huis en de Senaat die hem lieten wegkomen met het schenden van de Amerikaanse grondwet.

Omkoping en corruptie zijn schering en inslag in Panama, met drugsgerelateerde beschuldigingen die in het rond vliegen tot in de hoogste regionen van de regering van "Porky" Endara, de surrogaat van Washington, inclusief Carlos Lopez, opperrechter van het Panamese Hooggerechtshof. De puinhoop die de regering-Bush heeft achtergelaten vraagt om een onderzoek, maar helaas is niemand in Washington geïnteresseerd om er iets aan te doen. De burgerlijke kruistocht is verdwenen. Het lijkt erop dat de enige burgerlijke kruistocht ging over de bedreiging die Noriega vormde voor de bankiers van Wall Street en hun partners in de cocaïnehandel.

Zal Bush ooit terechtstaan voor de oorlogsmisdaden in Panama? Dat is onwaarschijnlijk, aangezien het Amerikaanse Hooggerechtshof een zeer bescheiden eis van 500 Panamese families voor restitutie van de verliezen die zij tijdens de invasie van december 1989 hebben geleden, heeft afgewezen. En de drugshandel waaraan Noriega's afzetting een einde moest maken ? De waarheid is dat het nergens toe leidde. Volgens mijn inlichtingenbron verhandelt Colon, de vrijhandelszone van Panama, tegenwoordig ongeveer twee keer zoveel cocaïne als tijdens de Noriega-jaren. Uit inlichtingen blijkt dat er dagelijks vijf tot zes schepen met drugs passeren. Terwijl vroeger alleen hoge ambtenaren door de drugsbaronnen werden betaald, is dat nu iedereen; de drugshandel in Panama heeft ongelooflijke hoogten bereikt.

De enorme toename van de drugshandel in Panama gaat gepaard met een overeenkomstige stijging van het misdaadcijfer: 500% meer sinds Noriega in 1989 door zijn ontvoerders werd meegenomen. Bendes werkloze jongeren zwerven door de eens zo bruisende stad Colon op zoek naar werk, maar worden herhaaldelijk afgewezen en aan hun lot overgelaten, meestal criminaliteit. Nu de PDF is ontbonden, behoren de straten en snelwegen toe aan gangsters, waaronder enkele voormalige leden van de PDF, die geen werk kunnen vinden omdat ze op de "zwarte lijst" staan. Verschillende Amerikaanse bedrijven die in de vrijhandelszone van Colon gevestigd waren, werden gedwongen terug te keren naar de Verenigde Staten omdat hun leidinggevenden werden ontvoerd en voor losgeld werden vastgehouden, vaak voor een miljoen dollar, iets wat nooit had kunnen gebeuren toen Noriega nog de leiding had.

Uit vrees voor een hoger misdaadcijfer dan onder Noriega werd een groot leger van particuliere bewakers in het leven geroepen. President Bush vertelde de wereld dat de Panama Defence Force "een instrument van onderdrukking" van de regering-Noriega was, en maakte bekend dat hij en zijn vriend Dr. Bailey van plan waren de macht te ontmantelen. Panama bleef achter zonder zijn eens zo gedisciplineerde PDF en werd vervangen door 15.000 particuliere bewakers en elk lid van de regering met zijn eigen privéleger. Anarchie heerste in de straten van Panama.

De corruptie is overal. Amerikaanse subsidies (geld van de Amerikaanse belastingbetaler), die zouden worden gebruikt voor de wederopbouw van de verwoeste wijken, kwamen terecht in de hebzuchtige handen van politici die door Washington aan de macht waren gebracht. Het resultaat: onbewoonbare, blokhuisachtige betonnen flats zonder ramen, badkamers of keukens, ongeverfd en ongeschikt voor menselijke bewoning. Dit is wat de "democratie" van George Bush heeft bereikt in Panama.

IX. Focus op Joegoslavië

Servië is altijd een onruststoker in de Balkan geweest, zoals blijkt uit de gebeurtenis die tot de Eerste Wereldoorlog heeft geleid. Die gebeurtenis was de moord op aartshertog Ferdinand op 28 juni 1914, toen hij op bezoek was in Sarajevo. De moordenaar, Gavrilo Princip, handelde samen met zijn handlangers namens het Servische geheime genootschap "Union or Death" (de Zwarte Hand), dat in 1911 door Servië was opgericht en werd gebruikt om in naam van Servische territoriale aanspraken onrust te stoken tegen Oostenrijk.

De Servische regering was op de hoogte van het complot en deed niets om het te voorkomen. Europa was woedend over deze misdaad, vooral in het licht van de jarenlange onverdraagzaamheid van Servië. Op 5 juli 1914 werd graaf Alexander Hoyos naar Berlijn gestuurd en verklaarde:

> "... Ik ben hier om eens en voor altijd de problemen van de voortdurende Servische onrust te regelen en gerechtigheid voor Oostenrijk te eisen."

Wat het bezoek van Hoyos onthulde was dat Servië een echt probleem was, een onruststoker van de eerste orde, die van plan was grondgebied te verwerven en een Servische dynastie te vestigen.

Op 23 juli 1914 stuurde Oostenrijk een schriftelijk ultimatum aan Servië:

1) Ontbinding van publicaties en organisaties die zich bezighouden met voor Oostenrijk vijandige propaganda.

2) Ontslag van ambtenaren die door Oostenrijk worden beschuldigd van anti-Oostenrijkse activiteiten.

3) Stopzetting van anti-Oostenrijkse propaganda op scholen.

4) Samenwerking met de Oostenrijkse regering om de verantwoordelijkheid voor de moord op aartshertog Ferdinand vast te stellen.

5) Gerechtelijke procedures tegen de verantwoordelijken voor het complot

6) De arrestatie van twee bekende Servische ambtenaren.

7) Een verontschuldiging van de Servische regering

Uit een onderzoek van de geschiedenis van deze periode blijkt dat de Serviërs sluw waren in een mate die voorheen onbekend was in de Balkan. Nog voordat ze hun antwoord gaven, mobiliseerden de Serviërs zich voor een oorlog tegen Oostenrijk. Hun officiële antwoord leek op het eerste gezicht verzoenend, maar bij nader inzien was het in feite een afwijzing van de Oostenrijkse eisen. Servië had in het geheim van Rusland de verzekering gekregen dat het niet zou toestaan dat Servië werd aangevallen, en privé kreeg Servië dezelfde belofte van de Britse regering...

Op 28 juli 1914 verklaarde Oostenrijk de oorlog aan Servië, gevolgd door de bombardementen op Belgrado, waarbij Duitsland opriep tot de bezetting van Servië. Veel andere landen verklaarden vervolgens de oorlog:

1 augustus: Duitsland tegen Rusland.

3 augustus: Duitsland tegen Frankrijk.

4 augustus: Groot-Brittannië tegen Duitsland.

5 augustus: Montenegro neemt het op tegen Oostenrijk.

6 augustus: Servië neemt het op tegen Duitsland.

6 augustus: Oostenrijk tegen Rusland.

8 augustus: Montenegro tegen Duitsland.

Toen was er een explosie van oorlogsverklaringen, Japan tegen Duitsland, Servië tegen Turkije, Bulgarije tegen Servië, met als hoogtepunt in 1918 Guatemala tegen Duitsland, Nicaragua tegen Duitsland en Oostenrijk, Costa Rica tegen Duitsland, Haïti en Honduras tegen Duitsland. Helaas zag Rusland het grotere plaatje niet: het werd door Groot-Brittannië opgezet voor de komende bolsjewistische revolutie, en tsaar Nicolaas liep recht in de val die voor hem was opgezet door de sluwe Serviërs en de nog dubieuzere Britten.

Op 7 mei 1915 gaven de geallieerden, op instigatie van Groot-Brittannië, Servië een garantie voor de uiteindelijke verwerving van Bosnië-Herzegovina, waaronder een garantie voor "ruime toegang tot de Adriatische Zee". Dit was de oorzaak van de Servische agressie tegen deze staten, die in 1993 Europa opnieuw in een verwoestende oorlog dreigde te storten. Gedurende de vier decennia van onrust en terreur is de hand van de zwarte Britse adel te zien, gespeeld door Sir Edward Grey, de man die de Verenigde Staten in de Eerste Wereldoorlog sleepte. Tegenwoordig zijn de acteurs Lord David Owen, Lord Carrington, Cyrus Vance en Warren Christopher.

Op 18 december 1916 werden de zogenaamde Wilson-voorstellen openbaar gemaakt, waarin de eis van de Britse regering voor het herstel van Servië en Montenegro was opgenomen. In het licht van de Amerikaanse interventie aan de zijde van Groot-Brittannië in 1916, moeten we niet verbaasd zijn over de huidige agitatie om de VS, via het zenden van minister Warren Christopher van de Council on Foreign Relations, te betrekken bij het creëren van een bredere oorlog op de Balkan. Dit is allemaal al eerder gedaan.

Een korte geschiedenis van Joegoslavië onthult de aanwezigheid van Britse oligarchische machinaties. Op 20 juli 1917 werd onder enorme druk van de Volkenbond, de voorloper van de Verenigde Naties, Groot-Brittannië en Italië het Korfoe-pact ondertekend door de Kroaten, Serviërs en Montenegrijnen. Voor de Serviërs betekende de ondertekening van het pact de eerste stap naar een Servische dynastie op de Balkan, waarin de Habsburgers een cruciale rol zouden spelen. De Kroaten, gesteund door de katholieke kerk, waren tegen het pact, maar konden de uitvoering ervan niet voorkomen. Zo kwam één natie onder een Servische dynastie weer een stukje dichterbij.

Op 3 november 1918 werd Duitsland gedwongen de nederlaag in de Eerste Wereldoorlog te accepteren, dankzij de Amerikaanse militaire interventie die was gepland door Grey, kolonel House (Mandel Huis) en president Wilson. Op instigatie van de Britse regering werd in Genève een "Joegoslavische Conferentie" gehouden en op 4 december 1918 werd het Koninkrijk Kroatië, Slovenië en Servië uitgeroepen.

De Serviërs begonnen onmiddellijk met daden van agressie tegen Kroatië in een poging hun rechten op Kroatisch grondgebied te doen gelden, ondanks wat ze in Genève hadden ondertekend. Op 26 november 1917 riepen de Montenegrijnen hun unie met Servië uit en prins Alexander aanvaardde de nieuwe staat. De geschiedenis van deze regio vanaf dat moment toont heel duidelijk alle misleidingen, doofpotaffaires en regelrechte leugens die hebben geleid tot de ineenstorting van Servië, tot aan het huidige conflict, waarin de Britse regering een leidende rol heeft gespeeld.

Zoals ik al zo vaak heb gezegd, is de vijand van vrije volkeren overal niet zozeer het communisme, maar de geheimzinnige en almachtige superieure parallelle regering in Washington, die in feite altijd overal communisten als bondgenoten heeft beschouwd, terwijl ze nooit heeft toegegeven dat het communisme en het socialisme in Groot-Brittannië en de Verenigde Staten zijn ontstaan.

Nergens is dit duidelijker dan in Joegoslavië en Zuid-Afrika. Het Babylonische monetaire systeem, valselijk "kapitalisme" genoemd, is een veel grotere bedreiging voor de westerse beschaving dan de doctrines van Karl Marx, want het creëert wereldwijde omstandigheden en manipuleert deze vervolgens voor hun meesters in de Nieuwe Wereld Orde, de ene regering, ten gunste van de internationale bankiers.

Dit tirannieke oligarchische blok werd tientallen jaren geleden opgericht om naties te ontdoen van hun soevereiniteit, cultureel erfgoed en natuurlijke hulpbronnen. In het geval van Zuid-Afrika nam de Anglo-Boerenoorlog (1899-1902) de vorm aan van massale genocide en was een poging om de Nederlandse taal en de christelijke godsdienst van het volk te vermorzelen. De oorlog ging gepaard met massale diefstal van grote hoeveelheden goud, diamanten, platina, titanium, ijzererts en andere metalen en mineralen.

In Zuid-Afrika is de cirkel van het ongeluk rond: "Judas Iskariot" Pieter Botha heeft zijn ziel verkocht aan de regering van de ene wereld en "Kerensky" Willem De Klerk heeft zijn volk verraden op een manier die Benedict Arnold zou doen blozen. In het geval van Zuid-Afrika was het excuus "apartheid", de bijbelse doctrine van rassenscheiding, terwijl in India het veel ergere systeem van kaste-scheiding dat door de Britse bezetting was ingesteld, ongestoord kon gedijen, zoals ook nu nog het geval is. De "apartheid" in India is veel strenger dan in Zuid-Afrika.

Op basis van een lachwekkende zorg voor het welzijn van de zwarte bevolking werd een veroordeelde crimineel, Nelson Mandela, wiens misdaden inbraak, terrorisme, het maken van bommen en verraad omvatten, plotseling door mediajakhalzen tot een nationale held gemaakt, net als zijn medemisdadigers, onder leiding van Indiase advocaten en de joodse communist Joe Slovo. Dit wordt de nieuwe regering van Zuid-Afrika, zodra De Klerk de macht overdraagt aan Mandela. Het Zuid-Afrikaanse volk beseft nu pas, met schok en afschuw, dat Moskou slechts een zeer kleine rol heeft gespeeld in hun verraad. De hoofdrolspelers waren Washington en Londen.

De supranationale regering, onder leiding van het Comité van 300, hanteert haar agenda van vernietiging van de soevereiniteit van naties rechtstreeks in Kroatië en Bosnië-Herzegovina, en in de Verenigde Staten, waar zij bezig is de Amerikaanse grondwet te onderwerpen aan het VN-Handvest, dat op verraderlijke wijze door de CFR werd geïntroduceerd en in 1945 door de Amerikaanse Senaat werd aangenomen, terwijl slechts vijf senatoren het verdragsdocument daadwerkelijk hebben gelezen.

Kroatië, een 10.000 jaar oude natie, is het slachtoffer geworden van dezelfde samenzweerders die de wereld zoveel schade hebben berokkend. Onder het voorwendsel dat het tijdens de Tweede Wereldoorlog de kant van Duitsland had gekozen, begon Kroatië de greep te voelen van journalisten met gifpennen van de Amerikaanse media. Ondanks een democratisch gekozen regering, ondanks zijn soevereiniteit die door de Verenigde Naties en de Europese Economische Gemeenschap is aanvaard en erkend, is de geheime regering van de Verenigde Staten begonnen met de vernietiging van Kroatië, dat op 1 december slechts met tegenzin de door de "geallieerden" opgelegde eenheid had aanvaard.

Volledig gesteund door Groot-Brittannië en de Verenigde Staten, was het Servische plan om zoveel mogelijk grondgebied in beslag te nemen, zodat zodra de Serviërs hadden gekregen wat zij wilden, de Verenigde Naties zouden worden opgeroepen om te "beslissen". Deze beslissing zou worden genomen op basis van het grondgebied dat door Serviërs werd bezet, vandaar de noodzaak om Kroaten en Moslims zo ver mogelijk te verdrijven. Dit was de oorsprong van "etnische zuivering".

President George Bush maakte zijn standpunt duidelijk op 9 november 1991:

> "We zien in Joegoslavië hoe nationale trots een land kan breken in een bloedige burgeroorlog."

Dit was ook de "lijn" van de Britse regering; nationale soevereiniteit moet naar de achtergrond van de geschiedenis verdwijnen ten gunste van de vestiging van een Nieuwe Wereldorde.

Van alle christelijke leiders had alleen paus Johannes Paulus II de moed zich uit te spreken tegen de Serviërs, nog geen vier dagen nadat Bush president Milosevic het groene licht had gegeven. Veel protestantse kerkleiders bleven opvallend stil:

> "We moeten een einde maken aan deze tragedie, die een schande is voor Europa en de wereld. De afgelopen dagen hebben in heel Kroatië ongekend gewelddadige aanvallen plaatsgevonden, maar vooral in Dubrovnik en Vukovar. In

Dubrovnik vielen onder meer een hotel en een ziekenhuis vol vluchtelingen en gewonden. Dit is agressie, en het moet stoppen. Ik smeek het Joegoslavische leger het leven van weerloze burgers te sparen."

De reactie van de regering in Belgrado was het opvoeren van de bombardementen op burgerhuizen, kerken, scholen en ziekenhuizen, in de wetenschap dat de regering-Bush geen actie zou ondernemen om het geweld te stoppen.

In een van zijn meest verraderlijke acties heeft Slobodan Milosevic de Verenigde Naties verzocht "vredestroepen" te sturen om de twee partijen te verdelen. Dit verzoek werd aanvaard door de Verenigde Naties, die door het stationeren van hun troepen stilzwijgend aanvaardden dat het door het Joegoslavische leger in beslag genomen land nu aan Servië toebehoorde. Hetzelfde verraad werd herhaald in Bosnië-Herzegovina. Lord Carrington, de verrader van de NAVO en Rhodesië, verzocht de Verenigde Naties zijn soldaten in te zetten in wat hij crisisgebieden noemde en voldeed daarmee perfect aan de Joegoslavische doelstelling.

Met behulp van Lawrence Eagleburger, Cyrus Vance en de regering Bush werd Duitsland bedreigd met economische represailles als het de onafhankelijkheid van Kroatië en Bosnië-Herzegovina zou erkennen. Eagleburger, die door congreslid Henry Gonzalez werd gehekeld voor zijn uitgebreide financiële banden met de regering in Belgrado, zei dat de VS nooit zouden mogen toestaan dat een Europese natie de onafhankelijkheid van Kroatië en Bosnië-Herzegovina zou erkennen. Vance, die een rol speelde in het plan van het Interfaith Peace Colloquium in Bellagio, Italië, in 1972, kondigde aan dat het "te gevaarlijk" was om de onafhankelijkheid van Bosnië en Kroatië te erkennen, maar Vance zei niet wat hij werkelijk bedoelde: dat het echt "te gevaarlijk" was voor de Nieuwe Wereld Orde - de Ene Regering!

Paus Johannes Paulus II zette een rem op het plan-Bush door aan te kondigen dat hij "de republieken een boodschap zou sturen om hun onafhankelijkheid te erkennen". Deze aankondiging stuurde een schokgolf door het Comité van 300 en de instellingen in

Washington en Londen en hielp Duitsland ervan te overtuigen Kroatië en Bosnië-Herzegovina te erkennen.

De Servische leider Milosevic heeft "Joegoslavië" opgegeven ten gunste van "Groot Servië". Alle Servische reguliere en ongeregelde militaire eenheden zijn er nu op gericht zoveel mogelijk grondgebied te veroveren voordat de Verenigde Staten en Groot-Brittannië onder druk van de publieke opinie gedwongen worden een slappe poging te ondernemen om een einde te maken aan zijn schurkenstreken. Het model waarop Milosevic zijn territoriale ambities heeft gebaseerd is het model dat de Britten hebben geformuleerd op de conferentie van Lausanne in 1923, waar een plan voor de massale verdrijving van de burgerbevolking van Griekenland en Turkije werd aanvaard en duizenden doden heeft veroorzaakt. Het is ook een bijna exacte kopie van de manier waarop Libanon werd opgedeeld.

De regering Bush, volledig op de hoogte van de Servische strategie, heeft deze gevolgd. Groot-Brittannië en de Verenigde Staten hebben de ogen gesloten voor de voortdurende slachting in de Balkan, waar de massale genocide en de gebiedswinst zo snel gaan dat, als de opmars van Milosevic niet onmiddellijk wordt gestopt, het te laat zal zijn. Er zijn enkele veranderingen; terwijl in Kroatië het grootste deel van de bevolking werd verdreven, worden nu in Bosnië, vooral in moslimgebieden, burgers opzettelijk afgeslacht.

Het vluchtelingenprobleem is overgenomen door de dood op een schaal die sinds de Tweede Wereldoorlog niet meer is voorgekomen. Hele dorpen en kleine steden zijn verwoest, hun inwoners, jong en oud, doodgeschoten of opzettelijk getroffen door granaat- en mortiervuur. Franse inlichtingenbronnen vertelden me dat

> "Bijna 68% van Bosnië dreigt te worden weggevaagd - mensen, kerken, scholen en huizen. Dit is de ergste vorm van terreur die we in de afgelopen zeventig jaar hebben gezien."

"En de VN-troepen," vroeg ik, "wat doen zij om de Bosniërs te beschermen? Is dat niet waarvoor ze daar zouden moeten zijn?" Mijn bron antwoordde:

> "De VN-troepen werken eigenlijk aan de kant van de
> Serviërs, die niet geacht worden te vechten binnen veroverd
> Bosnisch grondgebied waar de VN patrouilleert, maar de
> Serviërs gebruiken de VN-troepen gewoon als schild.
> Anderzijds verhinderen de VN-troepen dat de Bosnische
> troepen het aan de Serviërs verloren gebied heroveren; de
> VN-troepen lopen hen in de weg, maar doen niets om te
> voorkomen dat de Servische troepen van achter de
> blauwhelmen aanvallen."

De Serviërs gebruikten de "gedemilitariseerde zones" om zware
artillerie en tanks binnen te brengen. De Bosnische leiders waren
er nu zeker van dat de VN-troepen het Lausanne-plan van Lord
Carrington begunstigden: terwijl Lord Owen over "vrede" sprak,
namen de Serviërs de VN-troepen te grazen.

Alles wat de VS en Groot-Brittannië tot nu toe hebben gedaan,
inclusief het bespotten van de zogenaamde "sancties" tegen
Servië, is een pluspunt geweest voor Milosevic; hij heeft de
Serviërs kunnen vertellen dat zij het slachtoffer zijn van "Britse
en Amerikaanse agressie", terwijl hij geen nadeel ondervond van
tandeloze sancties. Zelfs de *Washington Post* gaf toe dat de
sancties geen verschil maken en concludeerde dat de gevechten
niet zullen ophouden totdat de Serviërs hun territoriale ambities
hebben bevredigd.

Zoals altijd in het geval van wereldwijde politieke strategie, loopt
de Britse regering voorop als het gaat om het toebrengen van pijn
en lijden aan andere landen. Lord Carrington, een voormalig
"onderhandelaar" wiens palmares van verraad twee boekdelen
zou kunnen vullen, beweert dat "beide partijen liegen", de oudste
truc om de waarheid te verdraaien. De Londense *Daily Telegraph*
verklaarde dat aan Bosnië geen enkele hulp mocht worden
gegeven, zelfs geen voedsel:

> "Het maakt het makkelijker voor hen om te blijven vechten.
> Ze zouden eerder stoppen als ze zouden verhongeren en
> sterven aan wonden of ziekte. Je moet wreed zijn om aardig
> te zijn. Er zijn momenten dat het een moeilijke beslissing is
> om anderen te zien lijden, maar het blijft de juiste."

De Britse regering zou beter moeten weten. Tijdens de Anglo-Boerenoorlog (1899-1902), toen zij er niet in slaagden een onbeduidende en onregelmatige Boerenmacht te verslaan, verzamelde Lord Kitchener alle Boerenvrouwen en -kinderen, stopte hen in concentratiekampen en liet hen verhongeren en sterven door ziekte. Ongeveer 25.000 Boerinnen en kinderen kwamen om, wat in vergelijking zou betekenen dat 17-18% van de Amerikaanse bevolking aan deze barbarij zou zijn bezweken. Lord Carrington en Lord Owen herhaalden blijkbaar Kitchener's tactiek in Bosnië en Kroatië.

Eén ding is zeker: Milosevic, een lafaard in hart en nieren zoals alle pestkoppen, zou het nooit hebben aangedurfd mensenlevens en eigendommen te vernietigen als hij niet had geweten dat hij niet gearresteerd zou worden en dat hij geen represailles van Groot-Brittannië en de Verenigde Staten zou krijgen. Milosevic is niet van plan de gevechten te beëindigen voordat hij 100% van Bosnië-Herzegovina heeft veroverd. Als hij niet snel wordt gestopt, kunnen de gevechten overslaan naar Kosovo, een etnisch Albanees gebied.

Turkije heeft reeds beloofd de moslims te hulp te komen indien Kosovo wordt aangevallen. Turkije zou zijn pact met Albanië gebruiken om een dergelijke actie te rechtvaardigen. Als dit gebeurt, wordt het gevaar van een oorlog in heel Europa des te groter, omdat de vluchtelingen naar Macedonië zullen stromen, dat een grote Albanees-islamitische bevolking heeft. Als Turkije de moslims te hulp schiet, kunnen we verwachten dat Griekenland zich daartegen zal verzetten, waardoor de weg wordt vrijgemaakt voor een snelle escalatie naar een grote oorlog.

Momenteel wordt Macedonië onderworpen aan de "Perfidious Albion"-strategie, wat betekent dat alles in het werk wordt gesteld om de Macedonische regering, die op 1 september 1991 democratisch werd verkozen en op 17 november 1991 haar nieuwe grondwet kreeg, te ondermijnen. Uit de inlichtingenverslagen die ik heb ontvangen, blijkt dat vanuit Londen een politiek isolement wordt aangemoedigd, waardoor het voor de Servische bevolking gemakkelijker wordt om hulp in te roepen, waardoor de deur wordt opengezet voor een aanval van het Servische leger op Macedonië. Mijn inlichtingenbron vertelde mij: "Dit zal vrijwel zeker gebeuren zodra Bosnië voorbij is".

Het Owen-Carrington-Vance vredesplan voor Bosnië is een macabere farce. Het zal voor de Serviërs doen wat zij besloten hebben te doen, zonder hen verder het leven te kosten. Het plan roept op tot de verdeling van Bosnië, waardoor de Serviërs een groter deel van Bosnië krijgen, zonder enige garantie dat de Serviërs, zodra de vrede is getekend en afgekondigd, niet zullen terugkeren om de restanten van de Bosniërs op te ruimen en, wat het belangrijkste is, een einde te maken aan de eeuwenlange aanwezigheid van Moslims.

Lord Carrington uitte zijn minachting voor de bevolking van Bosnië-Herzegovina in The *Times* of London op 13 mei 1992:

> "Als mensen willen vechten, zijn er maar twee opties. Laat ze vechten of scheid ze met geweld."

Dit impliceert dat Bosnië en Kroatië zonder goede reden tegen de Servische agressie hebben gekozen, waarbij Servië de agressor is, en dat dit een familieruzie of een burgeroorlog is. Dit is geen strijd, maar een poging van Kroatië en Bosnië om te voorkomen dat hun land wordt afgepakt en hun volk en cultuur worden weggevaagd.

We kunnen redelijkerwijs afleiden dat Groot-Brittannië al sinds de Eerste Wereldoorlog de leiding heeft over de operaties in de Balkan. Er wordt gezegd dat MI6 in feite vele landen runt, en dit is niet overdreven. Hoe wordt dit bereikt? Voornamelijk door geheime inlichtingenactiviteiten waarvoor de Britse monarch, momenteel koningin Elizabeth II, toestemming heeft gegeven.

MI6 legt alleen verantwoording af aan de monarch, en Koningin Elizabeth II is veel actiever dan de meeste anderen in MI6 zaken. Natuurlijk kan zij dit doen, aangezien de middelen volledig uit haar eigen portemonnee komen. Koningin Elizabeth wordt dagelijks geïnformeerd door Sectie "M" van MI6, waardoor zij beter geïnformeerd is dan de president van de Verenigde Staten. Haar belangstelling voor de Balkan als Britse operatie staat buiten kijf.

In de huidige operatie in Joegoslavië, die begin 1984 begon, heeft de Britse inlichtingendienst de volledige controle. Vooruitlopend op de komende gebeurtenissen werden voor Joegoslavië grote hoeveelheden buskruit besteld in Zuid-Afrika, dat destijds de beste kwaliteit buskruit ter wereld produceerde. Een groot deel van de Zuid-Afrikaanse productie ging in 1984 naar Iran, maar toen begon Joegoslavië, op bevel van iemand in Londen, aanzienlijke hoeveelheden van deze ladingen over te hevelen voor eigen gebruik. Uit inlichtingenverslagen waartoe ik toegang had, bleek dat het financiële aspect werd beheerd door de Arbuthnot Latham bank in Londen, zowel voor de Iraniërs als voor de Joegoslaven. De wapenopbouw ging door in de jaren voorafgaand aan de "constitutionele crisis" in Joegoslavië.

De "constitutionele crisis" brak uit op instigatie van MI6 op 15 mei 1991, toen Milosevic, zijn door MI6 getrainde "bolsjewieken" en een militante factie van het Servische leger het systeem van collectieve staatspresidenten, afwisselend in Servië, Kroatië, Slovenië, Macedonië, Montenegro en Bosnië, blokkeerden. Dit gebeurde toen het de beurt was aan de Kroaat Stipe Mesic om de post te bezetten.

Deze actie blokkeerde ook de ondertekening door alle partijen van een constitutionele overeenkomst om vier afzonderlijke republieken te creëren, zoals door de volksverkiezingen was geëist. Servië, Kroatië, Bosnië en Macedonië waren overeengekomen een confederatie van staten te worden. Als dit was gebeurd, zou de controle van MI6 aanzienlijk zijn verzwakt. Milosevic wilde, in opdracht van MI6, een oorlog beginnen waarin Servië, met het sterkste leger, grondgebied kon innemen dat haar niet toebehoorde.

Mesic stelde op de radio van Belgrado het opruiende gebaar van Milosevic aan de kaak: "Dit is geen interetnisch conflict, maar een crisis veroorzaakt door bolsjewistisch-Servisch expansionisme." Deze profetische woorden ontgingen de meeste westerse leiders en de volkeren van de wereld; voor hen was het slechts een storm in een glas water, niet het begin van de Derde Wereldoorlog. Zelfs in dit stadium is alles nog niet hopeloos; Servië is geïsoleerd, alleen gesteund door Montenegro, en het lijkt erop dat MI6 kan worden tegengewerkt.

Zoals al jaren de gewoonte is van het Comité van 300, mengden de Verenigde Staten zich in het conflict om het vuile werk op te knappen voor de Britten. Bush greep in Joegoslavië in zoals hij in de Golfoorlog had gedaan. Op 20 mei 1991 kondigde Bush aan dat alle Amerikaanse hulp aan Joegoslavië zou worden opgeschort. Bush wist maar al te goed dat zijn actie een delicate situatie zou destabiliseren en een gewapende oorlog zou uitlokken, maar hij hield vol onder het voorwendsel dat "Joegoslavië ernstige repressie uitoefent in Kosovo". Zelfs de timing van de aankondiging was zeer verdacht - Servië was toen in zijn derde jaar van geweld tegen niet-Serviërs in Kosovo - een patroon dat het zou volgen in Kroatië en Bosnië, en spoedig zou volgen in Macedonië.

Wat was de reden voor de kunstmatig gecreëerde crisis? De Britse regering wilde de uitbreiding van de Duitse handel in het Donaubekken en de herstructurering van de Balkan in kleine, gemakkelijk te controleren staten voorkomen. Toen de crisis zich uitbreidde, waarschuwde Rusland dat de Balkan opnieuw het kruitvat zou kunnen worden dat een grote oorlog in Europa zou kunnen ontketenen. In zijn commentaar richtte Moskou zich in het bijzonder tot Londen:

> "Er is een zeer dunne lijn tussen goede diensten en inmenging in interne aangelegenheden.

Door Serviërs gesteunde guerrilla's, die nu weinig voor het Westen lijken te betekenen, beginnen Kroatië aan te vallen, met de zegen van Moskou. Moskou verklaarde onomwonden dat Rusland zich zou verzetten tegen elke stap ter ondersteuning van onafhankelijke staten, en waarschuwde dat "een engagement aan één kant van het conflict zou betekenen dat men in conflict komt met anderen binnen en buiten Joegoslavië, een conflict dat pan-Europees zou kunnen worden". Moskou bleef de Serviërs militair steunen.

Duitsland zei dat "pogingen om grenzen met geweld te wijzigen volstrekt onaanvaardbaar zijn" en suggereerde dat Groot-Brittannië, Rusland en de VS probeerden te helpen een Groot Servië te creëren, een zeer feitelijke opmerking. Bush had Gorbatsjov vlak voor de Duitse verklaring in augustus ontmoet. Maar ondanks alle waarschuwingen dat er een grote oorlog op komst was, deden de VS en Groot-Brittannië niets om hun volk te adviseren of de expansionistische oorlogshandelingen van Servië te stoppen.

Op 6 augustus heeft de Nederlandse minister van Buitenlandse Zaken Van den Broek zijn Europese collega's gewaarschuwd:

> "Onze missie in Joegoslavië is mislukt. Voorlopig kunnen we hier niets doen, maar we willen dat de wereld weet dat het de Servische kant was die verantwoordelijk was voor het mislukken van de besprekingen. Joegoslavië wordt nu geconfronteerd met een tragedie en een catastrofe.

Wat Van den Broek niet zei was dat de Servische onverzettelijkheid in het geheim werd gesteund door Londen, Washington en Moskou. De belangrijkste intrigant van de Verenigde Staten heet Vance. De vlammen van de Derde Wereldoorlog stijgen steeds sneller, maar niemand lijkt op het gevaar te letten.

De geheime informatie die ik te zien kreeg, beschrijft de Brits-Servische expansieplannen min of meer als volgt:

De Serviërs lanceerden een aanval en trokken nieuwe grenzen met Kroatië en Slovenië. De stad Vinkovci, een belangrijk spoorwegknooppunt, zou het middelpunt van de aanval zijn. Hierdoor zouden 170.000 Kroaten worden verdreven en plaats maken voor Serviërs die de bestaande Servische bevolking van 29.000 zouden aanzwellen. Dit is wat er gebeurde: de eerste "etnische zuivering" begon, zonder enig echt protest van Londen of Washington. Hoe kon er ook protest zijn, het gebeurde immers in overeenstemming met de Amerikaans-Britse strategie voor de Balkan.

Het Britse plan, bedacht door MI6, steunt een "Groot Joegoslavië" dat zou trachten terug te keren naar de grenzen van vóór 1915 in de Balkan. Ik zou zeggen dat 1915 het optimale jaar was voor de Servische oorlog tegen Oostenrijk, een oorlog die resulteerde in een aanzienlijke uitbreiding van de Servische grenzen, en alles wat MI6 doet is verder gaan waar het in 1915 was gebleven.

De Britse geheime dienst zei tegen Milosevic dat hij het communistische etiket moest laten vallen en onmiddellijk moest beginnen met het promoten van een Servisch thuisland, wat de mediajakhalzen in de Verenigde Staten ook deden. In de eerste fase van de uitvoering van het Britse plan werden de steden Karolbag, Karlovac en Virovitica onder de voet gelopen door Servische ongeregeldheden onder leiding van Vojslav Seselj, die allerlei wreedheden beging en later aan een Londense krant vertelde:

> "... Kroaten moeten verhuizen of sterven... We willen geen andere nationaliteiten op ons grondgebied, en we zullen vechten voor onze echte grenzen."

Bij dit alles heeft de CIA blijkbaar een oogje dichtgeknepen, net als de regering Bush. Als de Verenigde Staten toen doortastend hadden opgetreden, zou er geen verdere "etnische zuivering" hebben plaatsgevonden. Kunnen we ons voorstellen dat de CIA en de regering Clinton een oogje dichtknijpen als blank Zuid-Afrika de tactiek van Milosevic overneemt en de zwarte stammen met veel geweld en bloedvergieten terugdrijft naar hun thuisland?

Ongetwijfeld zou er een wereldwijde verontwaardiging ontstaan en zouden de Verenigde Naties, Groot-Brittannië en de Verenigde Staten in een oogwenk troepen naar Zuid-Afrika sturen. De hypocrisie van deze mogendheden in hun omgang met Servië en Zuid-Afrika is afschuwelijk.

Het lijdt geen twijfel dat er geen actie is ondernomen om de wreedheden van de Serviërs of de landroof te stoppen vanwege de zionistische druk. De zionisten hopen door massale volksverhuizingen het zogenaamde "Palestijnse probleem" op te lossen. De zionistische schrijver Sholomo Tadmor was een dergelijke mening toegedaan, en haalde ter ondersteuning van zijn bewering de massale overdracht van hindoes en moslims aan ten tijde van de scheiding van Pakistan en India, onder toezicht van Lord Louis Mountbatten. Mountbatten werd vermoord, volgens sommigen op initiatief van MI5, omdat zijn vermeende homoseksuele activiteiten koningin Elizabeth in verlegenheid brachten. "Oom Dicky", zo wordt gezegd, kwam iets te vaak uit de kast en weigerde te luisteren naar het advies van MI5 om terughoudender te zijn met zijn privé-leven.

De banden tussen Servië en het zionisme spelen een belangrijke rol in de door de Nederlandse minister van Buitenlandse Zaken, de heer Van den Broek, voorspelde tragedie. De wrede aanvallen op Duitsland en Kroatië, inclusief de "nazi"-uitingen aan het adres van de Kroatische president Tudjman en de Duitse kanselier Kohl, spreken boekdelen. Volgens mijn inlichtingencontact zijn de Europese inspanningen om een levensvatbare oplossing voor het probleem te vinden "van binnenuit gesaboteerd door Groot-Brittannië en bronnen in Jeruzalem". Blijkbaar is de Britse methode van een machtsevenwicht tussen Frankrijk, Rusland, Turkije en de Verenigde Staten de vooraf bepaalde weg.

Tegen september 1991 was het overduidelijk dat de Serviërs van plan waren Kroatië en Bosnië-Herzegovina op te delen, gevolgd door de "etnische zuivering" van Macedonië. Britse inlichtingenrapporten maakten duidelijk dat het Balkanprogramma op schema lag en volgens plan verliep. Alle verzoeken van de ministers van Buitenlandse Zaken van de Europese Gemeenschap in Brussel om de Servische agressie een halt toe te roepen, werden angstvallig genegeerd door Milosevic, Whitehall en Washington.

Mijn inlichtingenbron zei dat geen van de Europese leiders durfde te onthullen dat hun handen gebonden waren toen James Baker III en de Britten hetzelfde deden.

Minister van Buitenlandse Zaken Douglas Hurd gaf Milosevic het groene licht voor een grootscheepse aanval op Bosnië-

Herzegovina.

> "De Europese ministers weten heel goed dat het een oefening in futiliteit is om te proberen de Serviërs, die weten dat zij door Londen en Washington worden gesteund, ervan te weerhouden onze voorstellen te volgen. Niets kan worden gedaan om de Servische aanval te stoppen tenzij de Britse en Amerikaanse steun wordt ingetrokken."

Deze uitspraak is ongetwijfeld waar: zonder de stilzwijgende steun van de Britten en Amerikanen had Milosevic het niet aangedurfd de verachtelijke wreedheden te begaan die bijna 250.000 doden, 2 miljoen gewonden en minstens 4 miljoen vluchtelingen hebben opgeleverd. De positie van de Serviërs in Joegoslavië wordt geschraagd door Amerikaanse en Britse steun.

De geschiedenis heeft aangetoond dat de Britse geheime regering altijd verbazingwekkend succesvol is geweest in het bereiken van haar doelen door middel van diplomatie door middel van misleiding. Ik denk aan de Palestina onderhandelingen, die vanaf het begin frauduleus waren en gecontroleerd werden door het hoofd van de Zionistische Federatie in Engeland, Lord Rothschild.

In september 1991 was het niet Lord Rothschild, maar zijn ondergeschikte Lord Carrington, een overtuigd zionist, die naar voren trad om in Joegoslavië te onderhandelen. Carrington had uitstekende ervaring opgedaan bij de afbraak van Rhodesië, Zuid-Afrika, de NAVO en Argentinië. Als meester in misleiding was de door Carrington op 7 september 1991 in Den Haag georganiseerde vredesconferentie van de Europese Gemeenschap een aanklacht ten gunste van Servië. Het effect van de conferentie was een versterking van de Servische agressie, waardoor Servië de grenzen van Joegoslavië kon hertekenen in het voordeel van een Groot Servië.

Bij de goedkeuring van een embargo op de handel en economische zaken met Joegoslavië werd niet gespecificeerd dat Kroatië werd gestraft: de meeste Europese handel met Joegoslavië verloopt via Kroatië. Door Milosevic schijnbaar te straffen, was het Kroatië dat het gewicht van de door Groot-

Brittannië gesponsorde stok voelde. De vredesconferentie voor Joegoslavië zou alleen plaatsvinden als de Serviërs ophielden met vechten, maar toen Milosevic zijn neus ophaalde voor deze voorwaarde, hielden de EG-afgevaardigden de conferentie toch, een echte politieke overwinning voor de slager van Belgrado.

Na de frauduleuze conferentie steunde de Italiaanse minister van Buitenlandse Zaken Gianni de Michelis - die de illegale oorlog van Bush tegen Irak vurig steunde - schaamteloos Milosevic door de volgende vraag te stellen: "Zouden we echt oorlog gaan voeren in Joegoslavië? Zouden we sterven voor Zagreb? Zeker niet". Op 19 september erkende Lord Carrington officieel dat de conferentie was mislukt. Natuurlijk zei hij niet dat het de bedoeling was om te mislukken. Hoe kon het een succes worden, als Carrington geweigerd had voorwaarden te stellen voor de ontmoeting tussen de Serviërs en de andere partijen?

Het doel van de door de Britten en Amerikanen gesponsorde conferentie was de Servische agressors alle tijd te geven die zij nodig hadden om meer land in beslag te nemen en meer Kroaten, Moslims en Bosniërs te vermoorden. Dit is precies wat er gebeurde. Bovendien lanceerde de Joegoslavische luchtmacht voor het eerst luchtaanvallen op burgersteden. De gevechten gingen de hele conferentie door zonder dat Lord Carrington Milosevic ook maar één keer op zijn gedrag berispte. De situatie in Rhodesië was bijna identiek: terwijl Carrington over "vrede" sprak en de Rhodesische strijdkrachten hun vuur inhielden, ging de communist Robert Mugabe door met zijn moorddadige aanvallen op vrouwen en kinderen in geïsoleerde gemeenschappen, zonder dat Carrington ook maar de minste kritiek uitte.

Mijn inlichtingenbron vertelde me dat Carrington Duitsland had gedreigd met "economische represailles" als het uit de pas zou lopen en echte steun zou bieden aan de Kroaten en Bosniërs. Lord Carrington nam zijn eigen geheime besluit over een VN-vredesmacht. Na de conferentie vroeg kanselier Kohl om een ontmoeting met George Bush. Zijn verzoek werd ingewilligd op voorwaarde dat er niet werd gesproken over militaire interventie of financiële sancties tegen Belgrado. Het enige waar Bush mee instemde was dat een vredesmacht langs de lijnen tussen Kroatië en Servië zou worden geplaatst, waardoor de Servische bezetting van Kroatisch grondgebied de facto zou worden erkend.

Gewaarschuwd door de Britten wees Milosevic zelfs zo'n onbeduidend gebaar tegen Servië af en verklaarde dat hij "geen enkele buitenlandse militaire aanwezigheid" op prijs stelde. Kohl werd gewaarschuwd dat als Duitsland golven zou maken, dit een grote oorlog in de Balkan zou kunnen ontketenen die zich snel over Europa zou kunnen verspreiden. Wat Bush niet wilde erkennen was dat zo'n oorlog al in volle gang was, en dat niets deze kon voorkomen.

Dus terwijl de diplomaten praatten, bleven de Kroaten, Moslims en Bosniërs bloeden. Om de farce te ondersteunen stuurde Bush Cyrus Vance, een Illuminati lid en hoge functionaris van het Comité van 300, om te onderhandelen over een nieuwe ronde vredesbesprekingen. Bij zijn aankomst in Belgrado op 9 oktober kreeg Vance, een oorspronkelijk lid van het Interfaith Peace Colloquium uit 1972 - dat de basis legde voor de huidige acties in Joegoslavië - maximale media-aandacht.

Het enige resultaat van Vance's bezoek was dat het Amerikaanse ministerie van Buitenlandse Zaken de Amerikanen in Joegoslavië verzocht het land te verlaten en het consulair personeel op de ambassade in Zagreb inkromp. Vance's wapenembargo tegen de Serviërs was, opnieuw, een compleet bedrog, omdat hij wist dat de regering in Belgrado grote voorraden kruit voor haar artillerie had aangelegd en dat haar eigen bloeiende wapenindustrie geen deuk zou oplopen door een door Amerika gesteund embargo. Net als bij het economisch embargo werden vooral Kroaten, Moslims en Bosniërs zwaar getroffen door het wapenembargo. Een wreder beleid van diplomatie door middel van leugens is nauwelijks denkbaar.

Op 6 november 1991 kon de Duitse kanselier Helmut Kohl zich niet langer inhouden. Tegen het spreekverbod van Lord Carrington en George Bush in zei Kohl tegen de Bondsdag dat de onafhankelijke republieken Slovenië, Kroatië en Bosnië-

Herzegovina onmiddellijk erkend moesten worden. De aanleiding voor Kohl was de derde afwijzing door Milosevic van een Europees vredesplan.

Mijn inlichtingenbron vertelde mij dat Kohl woedend was over de tactiek van Lord Carrington, wiens pro-Servische edicten steeds brutaler werden. Carrington had Milosevic verteld dat Servië niet gevraagd zou worden de door Albanezen gedomineerde regio Kosovo te respecteren. Carrington gaf vervolgens het groene licht voor Servische troepen om Kosovo aan te vallen en vervolgens naar Macedonië op te rukken. Kohl had privé met zijn chefs van de inlichtingendiensten de mogelijkheid besproken om alle Joegoslavische tegoeden in Duitse banken te bevriezen en Duitse investeerders te dwingen hun geld van Belgrado-banken op te nemen.

Mijn bron vertelde me ook dat toen Kohls geheime besprekingen naar Carrington "uitlekten", hij in woede uitbarstte en Milosevic waarschuwde voor wat er zou kunnen gebeuren. Milosevic vaardigde vervolgens een dringend decreet uit waarin hij de Joegoslavische Centrale Bank opdroeg tot 95% van zijn buitenlandse valuta - bijna 5 miljard dollar - op Zwitserse bankrekeningen te storten. Deze maatregel werd enkele uren na Carringtons tip aan Belgrado genomen.

Ontevreden over de schade die hij de onafhankelijke republieken Kroatië, Slovenië en Bosnië-Herzegovina al had toegebracht, reisde Bush, waarschijnlijk in opdracht van het Koninklijk Instituut voor Internationale Zaken, naar Den Haag. Op 9 november sprak hij afgevaardigden van de Europese Gemeenschap toe. Hij verklaarde

> "Er is geen plaats voor deze oude sporen van vijandigheid in het nieuwe Europa, en wat we nu zien in Joegoslavië is hoe nationale trots een land kan verdelen in een burgeroorlog".

Bush bekritiseerde toen Kroatië omdat het onafhankelijkheid wilde.

Zijn aanval op Kroatië voortzettend, zei de heer Bush:

> "... Terwijl het dringende werk om democratie op te bouwen

en de markt te hervormen vordert, zien sommigen de triomf van de vrijheid als een bittere oogst. Vanuit dit gezichtspunt heeft de ineenstorting van het communisme een doos van Pandora geopend van oude etnische haat, wrok en zelfs wraak... Heel Europa is wakker geschud door de gevaren van een oude vijand - het nationalisme - gedreven door haat en onverschillig voor nobelere doeleinden. Dit nationalisme voedt zich met oude, afgezaagde vooroordelen die onverdraagzaamheid en achterdocht, en zelfs racisme en antisemitisme aanleren."

Het einde van de toespraak is de sleutel tot Bush' toespraak: het streven naar onafhankelijkheid wordt gelijkgesteld met antisemitisme. Hoe dit verband wordt gelegd zal niet duidelijk zijn voor wie niet vertrouwd is met codewoorden en jargon van de inlichtingendienst. Wat zat er achter deze boodschap? Mijn contacten bij de inlichtingendiensten, die gespecialiseerd zijn in codewoorden, vertelden me dat de boodschap bedoeld was voor Duitsland, als een waarschuwing om Kroatië, Slovenië en Bosnië niet te hulp te komen, opdat het niet zou worden verward met een opkomend nationalisme dat Duitse pogingen om te helpen zou gelijkstellen met "nazisme".

Ook in het Canadese parlement moest de regering kleur bekennen. Op 18 november 1991 moest minister van Buitenlandse Zaken Barbara McDougall aankondigen dat de onafhankelijke republieken Kroatië en Bosnië-Herzegovina niet zouden worden erkend. Onder luid gejoel van woede van beide zijden van het Parlement verklaarde McDougall dat zij er door Carrington en Vance van was overtuigd dat erkenning van de republieken een slechte beslissing zou zijn. Woedende discussies volgden toen de werkelijk kwaadaardige, bedrieglijke en verraderlijke rol van de twee valse "onderhandelaars" werd onthuld. Ongelooflijk, McDougall verklaarde dat

"... de erkenning van Kroatië, Bosnië en Slovenië op dit moment zou het einde betekenen van het onderhandelingsproces en zou betekenen dat geweld en geweld de kwestie moeten oplossen".

Dit is precies het beleid van de Serviërs, en wat ze altijd hebben gewild.

Ondertussen bleef het wapenembargo tegen Joegoslavië een lachertje, want de Serviërs bleven buskruit ontvangen van Zweedse handelaren, evenals andere wapens die niet in Joegoslavië werden geproduceerd. Er kwam geen einde aan de wapentrein. De Moslims kregen geen wapens en de Bosniërs ontvingen slechts een kleine hoeveelheid geweren en granaten via Iran. Deze wapens waren geen partij voor de Servische artillerie en tanks. Het zwaarbewapende Servische leger zette zijn campagne van "dodenkampen" voort. Kroatië en Bosnië, die 7.000 geweren en genoeg munitie voor drie maanden hadden ontvangen, moesten het opnemen tegen Servische 155 mm artillerie, mortieren, zware machinegeweren, granaatwerpers, tanks en pantserwagens.

De Conventie van Genève is door de Serviërs volledig met voeten getreden, maar de Verenigde Staten kunnen daar niet echt over klagen, want wij hebben precies hetzelfde gedaan in Irak, zo niet erger. Ik ken geen incident dat de barbaarse wreedheid van het levend begraven van 12.000 Iraakse soldaten kan evenaren. Servische zware artillerie spoot een moorddadig spervuur af op kerken (waarschijnlijk het belangrijkste doelwit), ziekenhuizen, scholen en zelfs kinderdagverblijven. Het lijdt geen twijfel dat de Serviërs zoveel mogelijk burgers wilden terroriseren, vermoorden en verminken.

De toekomst van Bosnië-Herzegovina is ongetwijfeld zeer somber; de Servische agressors bezetten reeds 78% van de landmassa en duwen dagelijks alles voor zich uit in een formidabele aanval, terwijl de Verenigde Naties zich langs de achterwegen spoeden en niets doen om de terreur en de massale slachting van onschuldige mensen te voorkomen. Mijn bron vertelde me:

> "Ze doen niets om de burgerbevolking te helpen, en nog minder om hen te beschermen tegen Servische wreedheden. Vooral de VN-missie in Bosnië is een schijnvertoning en een schande."

De Raad van Ministers van de Europese Gemeenschap, die niet

tevreden was met de ravage die hij reeds in Kroatië, Bosnië-Herzegovina en Slovenië had aangericht, kwam op 2 mei 1992 in Portugal bijeen en legde onmiddellijk een verklaring af waarin hij weigerde de onafhankelijkheid van de Republiek Macedonië te erkennen. Dit was in feite de derde keer dat destabiliserende krachten van buiten Joegoslavië de arena betraden om ervoor te zorgen dat Macedonië het volgende doelwit van Servische agressie zou worden.

Macedonië heeft recht op onafhankelijkheid, zoals alle Balkanstaten. Het heeft een grondgebied, een soeverein volk, een soeverein parlement en een overweldigende steun voor onafhankelijkheid die door het volk in een op 18 september 1991 gehouden referendum is uitgesproken. Het parlement werd in november 1990 gekozen en een jaar later werd een nieuwe grondwet afgekondigd en aanvaard.

Waarom wil de Europese Raad de onafhankelijkheid van Macedonië dan niet erkennen? Als reden wordt opgegeven dat Griekenland niet houdt van de naam "Macedonië", die in de toekomst tot conflicten zou kunnen leiden. Ondertussen wordt de deur wagenwijd opengezet voor Servische agressie met als argument dat Macedonië geen republiek is, maar een integraal deel van Joegoslavië. Ik verwacht dat Macedonië het lot van Kroatië en Bosnië-Herzegovina zal ondergaan, met de stilzwijgende goedkeuring van de Verenigde Staten, Groot-Brittannië en Frankrijk. De Franse president Mitterrand is vastbesloten een belangrijke rol te spelen in Joegoslavië, ook al is hij een kreupele president.

De etnische zuivering in Macedonië is dus een feit, maar deze keer zal het intensiever worden en zich uitbreiden naar Albanië en Hongarije, met een grote kans dat Rusland zal ingrijpen, wat het begin zou betekenen van een grote Europese oorlog waarin de Verenigde Staten zouden worden betrokken. Onze strijdkrachten zullen de grootste last dragen in termen van manschappen, uitrusting en financiële kosten.

Dit mag niet gebeuren. Het Amerikaanse volk moet wakker geschud worden, ondanks het bedrog van de media. Er zijn vele andere alternatieven die gebruikt kunnen worden om de oorlog te stoppen. Dergelijke maatregelen werden met succes gebruikt om de Sjah van Iran omver te werpen, om zware druk uit te oefenen op Zuid-Afrika, en om Irak te vernietigen nadat het geweld was beëindigd.

Een van de belangrijkste wapens voor de Verenigde Staten en Groot-Brittannië is financiële controle. In een kwestie van dagen kunnen de Serviërs worden gedwongen hun agressie te beëindigen door de handel in Joegoslavische valuta te verbieden, alle Joegoslavische fondsen te bevriezen, waar zij zich ook bevinden, en zware sancties op te leggen aan elk land dat handel drijft met Servisch Joegoslavië. Deze maatregelen, die rigoureus worden toegepast, zullen veel meer effect hebben dan welke grondtroepen ook en kunnen snel worden uitgevoerd. In geen geval mogen de Verenigde Staten grondtroepen naar de Balkan sturen, omdat dit het begin van een grote Europese oorlog zou inluiden.

Naast deze financiële en economische maatregelen zouden de VS Servië drie dagen moeten geven om zijn zware artillerie en mortieren terug te trekken, waarna de VS, met goedkeuring van het Congres, jachtbommenwerpers of opnieuw uitgeruste kruisraketten zouden moeten sturen om Servische wapenopstellingen te vernietigen. Het slappe excuus dat onze piloten hun doelen niet kunnen vinden, bewijst onze strijdkrachten een grote slechte dienst. Gezien de technologische vooruitgang, met name op het gebied van infrarood- en laserbeelden, bestaat er geen twijfel over dat onze piloten hun doelen kunnen vinden in vrijwel alle weersomstandigheden, dag en nacht. Het enige wat een dergelijke actie tegenhoudt is de terughoudendheid van Washington om tegen de belangen van Groot-Brittannië op te treden. Het gebruik van opnieuw uitgeruste kruisraketten zou ook elke mogelijkheid van Amerikaanse slachtoffers in de lucht elimineren.

Volgens deskundigen op het gebied van defensie-inlichtingen is er een troepenmacht van 35.000 tot 40.000 man nodig om de Servische agressie te stoppen. Dit is een absolute onderschatting, bedoeld om het Amerikaanse volk te misleiden, dat misschien bereid is in te stemmen met de inzet van zo'n groot aantal troepen, maar zich zou verzetten tegen een grotere troepenmacht. Het grote plan is om onze grondtroepen in Bosnië of (waarschijnlijker) in Macedonië in te zetten. Te zijner tijd zullen wij te horen krijgen dat onze grondtroepen overweldigd dreigen te worden en dat er 50.000 extra troepen nodig zijn. Wie van ons zou op het eerste gezicht zeggen "niet meer troepen, genoeg is genoeg". Zo gaat de oorlog escaleren. Het is tijd om "NEE" te zeggen tegen grondtroepen en "JA" tegen luchtaanvallen of kruisraketten om de Servische zware artillerie en mortieren te vernietigen.

Een dergelijke actie zou het grote plan van de Britse strategen doorkruisen, die al lang van plan zijn Europa in een staat van economische en militaire onderwerping te houden met behulp van de politieke en militaire vleugels van de NAVO. Misleiding is niet nodig zodra het plan bekend is. Het is een kwestie van duidelijk maken wat er moet gebeuren. De duidelijke bedoeling van Washington en Londen is om de nieuwe wereldorde aan Europa op te leggen, met de Serviërs als surrogaat-terroristen om andere landen te laten zien dat bescherming door de NAVO nog steeds noodzakelijk is.

Wat de voorstanders van de Nieuwe Wereldorde proberen vast te stellen is dat er een langdurige neiging tot anarchie bestaat wanneer nationalistische belangen domineren. De voortdurende fragmentatie van Europa, volgens het IRPC - Bellagio plan uit 1972, moest aantonen dat volkeren die samenleven, of het nu gaat om een meerderheid of een minderheid, altijd verschillen zullen hebben en zullen proberen hun verschillen te beëindigen in gewelddadige conflicten. De bescherming van een niet-nationalistische Nieuwe Wereld Orde regering is dus absoluut noodzakelijk, en zelfs wenselijk.

[10]Volgens NWO-strategen zal een machtsevenwicht tussen naties het probleem niet oplossen, omdat naties elkaar altijd zullen wantrouwen, uit angst dat de een zal proberen een voordeel op

---

[10] Nieuwe Wereld Orde.

de ander te behalen. Een voorbeeld hiervan is de relatie tussen Japan en de Verenigde Staten, die de afgelopen vijf jaar sterk is verslechterd. Een Nieuwe Wereldorde - een enkele wereldregering zal de spanningen aanpakken en doen verdwijnen, omdat de hoofdoorzaak van het probleem nationalistische rivaliteit is, die zou worden weggenomen.

Deze idealistische simulacrum voorgesteld door de Nieuwe Wereld Orde zal natuurlijk gepaard gaan met massale transfers van grote bevolkingsgroepen, die, zo wordt ons verteld, niet gepaard zullen gaan met bloedvergieten. "Je zag wat er gebeurde in Joegoslavië", zullen de NWO-strategen zeggen, "het is zeker beter om dergelijke overdrachten vreedzaam uit te voeren". Ze zouden kunnen verwijzen naar de vreedzame overdrachten van Hindoes en Moslims, Grieken en Turken; de laatste aan het einde van de Eerste Wereldoorlog. De waarheid is heel anders: miljoenen hindoes en moslims stierven, samen met duizenden Grieken en Turken, tijdens deze "vreedzame" overdrachten.

"Misschien", zullen de NWO planners zeggen, "maar het echte voordeel zal komen van een afleiding van de wereldpolitiek". Ter ondersteuning van hun theorie wijzen zij op de verschrikkingen van Joegoslavië, die, zo beloven zij, nooit meer kunnen worden herhaald in een Nieuwe Wereld Orde/One Regering. Zij wijzen op het onvermogen van Europa om de vijandelijkheden in Joegoslavië te stoppen en beloven dat dergelijke conflicten zich onder één regering niet zullen voordoen. Als ze toevallig toch zouden uitbreken, zouden ze snel worden onderdrukt. Het flagrante falen van Europa om het Joegoslavische conflict te voorkomen zal worden gezien als een voorbeeld van hoe de wereld in de toekomst zijn zaken niet meer mag regelen.

Onder deze omstandigheden zou het instorten van Europa in een grote oorlog een groot voordeel zijn voor de Nieuwe Wereld Orde - Eén Wereld Regering. De Fransen haastten zich om Woodrow Wilson te omarmen als vredestichter en redder toen hij met zijn vredesplan in Parijs aankwam, en de misleiding staat op het punt te worden herhaald. De naties van Europa en Amerika zullen zich waarschijnlijk haasten om de Nieuwe Wereldorde -

Eén Wereldregering te omarmen als de enige hoop op eeuwige vrede.

Net als het 14-punten vredesplan van Wilson, zal elke natie eeuwige slavernij en een nooit eerder op aarde geziene barbarij krijgen. De Joegoslavische tragedie is een kunstmatig gecreëerde tragedie, met veel bredere doelen in de mondiale strategie. De wreedheid van de Serviërs is een goede zaak, want elke dag doet het de naties van Europa vrezen dat zij de volgende zouden kunnen zijn en, wanneer het zover is, zullen zij voldoende "verzacht" zijn om hun toekomstige slavenmeesters met open armen te ontvangen.

Na maanden van aarzeling beloofde president Clinton de Bosnische moslims te bewapenen. Verontwaardiging steeg op vanuit Londen. Lord Owen, Lord Carrington en Cyrus Vance veroordeelden het plan met één stem. Volgens mijn inlichtingenbron, was de boodschap die Clinton ontving van deze waardige vertegenwoordigers...

> "Het zou onverstandig zijn de Bosnische moslims te bewapenen, omdat dit het geweld alleen maar zou aanwakkeren en een vreedzame regeling, waarnaar wij streven, zou blokkeren."

Als gevolg van deze ongepaste druk op het buitenlands beleid van de VS heeft Clinton plannen vertraagd om moslims te helpen zichzelf te verdedigen, een vertraging die de Servische agressors in staat zal stellen door te gaan met moorden en land in beslag te nemen. Dit is waartoe "onze" onafhankelijke en soevereine natie is gekomen: we buigen de knie voor alle eisen van het Comité van 300.

We weten nog niet wie van de zwarte adel de Serviërs controleert, maar het is duidelijk dat enkele van hun belangrijkste leden erbij betrokken zijn. Libanon is een goed voorbeeld van wat ons te wachten staat in Bosnië, Kroatië en Slovenië. De "burgeroorlog" in Libanon werd geïnitieerd en gecontroleerd door leden van de zwarte adel, Prins Johannes von Thurn und Taxis, Lord Harlech (David Ormsby Gore) en Lord Carrington, handelend in samenwerking met onder andere Alexander Haig,

Julian Amery, Henry Kissinger, Sir Edmund Peck, Nicholas Elliot (hoofd van MI6's Midden-Oosten station), Rupert Murdoch en Charles Douglas Home.

Deze misdaad tegen Libanon werd door de media beschreven als een burgeroorlog, terwijl dat niet zo was. De moorddadige aanval van Servië op zijn buren wordt op dezelfde manier beschreven. Alleen zijn de samenzweerders deze keer veel voorzichtiger om hun sporen uit te wissen, gezien de manier waarop ze in Libanon werden gevolgd, wat leidde tot hun ontdekking door mijzelf en een andere schrijver. Zodra ik de namen heb van de schimmige controleurs in Servië, zal ik niet aarzelen hen te ontmaskeren.

Net als in Libanon is het plan om de Balkan op te delen in een aantal kleine, zwakke, autonome staten die geen weerstand kunnen bieden aan de plannen van de Nieuwe Wereldorde - één wereldregering. Als Amerikaanse en geallieerde grondtroepen naar Bosnië en Kosovo worden gestuurd, zullen zij de situatie aankunnen.

In Macedonië zullen zij optreden zoals de Geallieerde Expeditiemacht die in de nadagen van de Eerste Wereldoorlog in Moermansk landde.

De slinksheid van gezellen Lawrence Eagleburger en Brent Scowcroft in Joegoslavische zakelijke ondernemingen moet worden ontmaskerd, en het belang van Milosevic' connecties in Washington kan niet worden overschat. De volkeren van Slovenië, Bosnië-Herzegovina en Macedonië zullen geen hulp krijgen van de enige supermacht ter wereld, die als een watje wordt gecontroleerd door het Comité van 300 en zijn afdeling buitenlandse zaken, het Koninklijk Instituut voor Internationale Zaken.

X. Anatomie van de moord

Moord is lang een voorkeursmethode geweest om zich te ontdoen van een politieke rivaal of een leider wiens beleid een andere macht tegenwerkt, of wanneer een door een geheim orgaan aangestelde leider zijn bevelen niet blijft opvolgen, zoals in het geval van president John F. Kennedy.

Moorden worden ook gepleegd om politieke, economische of religieuze veranderingen te bewerkstelligen die wenselijk worden geacht door partijen die zich verzetten tegen een regering, een bestuursorgaan of een religieus voorschrift. De geschiedenis staat bol van de voorbeelden.

Heel vaak zijn er samenzweringen rond moorden die nooit ontdekt worden, zoals in het geval van de moorden op Martin Luther King Jr, John F. Kennedy en Robert Kennedy. In alle drie de gevallen werd de vermeende moordenaar het zwijgen opgelegd: Oswald voordat hij een kans kreeg in de rechtbank; Ray door een gewetenloze advocaat; Sirhan Sirhan in de gevangenis. Als gevolg daarvan zijn miljoenen Amerikanen ervan overtuigd dat noch Ray, noch Oswald, noch Sirhan Sirhan de trekker overhaalde.

Onmiddellijk na de moord op King had de politie van Memphis een gouden kans om vingerafdrukken te nemen van het pension waar Ray zou hebben verbleven. Het pension stond in South Main Street, in een zwarte wijk van Memphis; Ray kwam daar op 4 april 1968 om 15.00 uur aan. Getuigen meldden dat ze drie mannen uit het gebouw zagen komen, waarvan één Ray was. Het zou interessant zijn om te weten waarom er nooit een poging is gedaan om de andere twee mannen te vinden die samen met Ray zijn gezien.

Er was geen positieve identificatie van Ray's vingerafdrukken in het huis van bewaring. Volgens majoor Barney Ragsdale van het Georgia Bureau of Investigation stuurde de Missouri State Penitentiary, waar Ray was opgesloten, de FBI de verkeerde set vingerafdrukken. Om een nog onverklaarbare reden had de FBI twee weken nodig om Ray's afdrukken te vinden voordat ze bekendmaakte dat hij de moordenaar was. Dit is in tegenspraak met de jarenlange bewering van de FBI dat ze iemand in 10 minuten kunnen identificeren door vingerafdrukken te vergelijken. De vingerafdrukken werden vergeleken uit de bestanden van Los Angeles, wat een afwijking is van de normale procedure. Atlanta zou de logische plaats zijn geweest om de bestanden te controleren. De vingerafdrukken van Los Angeles waren die van Eric Starvo Galt. Een foto vergezelde de afdrukken. Had deze vertraging iets te maken met Eric Starvo Galt? Was "Galt" Ray?

Toen de politie van Memphis werd ontslagen door de FBI, schreef AP verslaggever Don McKee:

> "Federale agenten hebben de stad uitgekamd met schetsen van het gezicht van een man en vragen over de naam Eric Starvo Galt, het mysterieuze voorwerp van een jacht in verband met de zoektocht naar de moordenaar van Dr Martin Luther King. Wat de agenten te weten zijn gekomen of wat ze willen van Galt is een goed bewaard geheim."

Gaylord Shaw, ook een verslaggever voor de AP, stuurde een bericht dat zei:

> "De FBI houdt de landelijke verspreiding tegen van een schets van de moordenaar van Dr. Martin Luther King. Toen de witte Mustang, waarmee Ray na de schietpartij zou zijn gevlucht, in Atlanta werd gevonden, werd hij toegeschreven aan Eric Starvo Galt. De FBI gaf een bulletin uit waarin Galt werd gearresteerd voor "samenzwering met een andere man waarvan hij beweerde dat het zijn broer was om Dr King te verwonden, onderdrukken, bedreigen en intimideren".

De nieuwsbrief werd eerst ingetrokken en daarna opnieuw uitgegeven. Onder andere werd onthuld dat Galt danslessen had genomen in New Orleans in 1964 en 1965. James Earl Ray zat toen in de Missouri State Penitentiary.

Twee weken na de moord op King maakt J. Edgar Hoover bekend dat Galt in feite James Earl Ray is. Hoover zei niet wat er was geworden van Galt's broer. Waarom was er geen onderzoek naar het lot van Galt's "broer"?

De mysterieuze uitzetting van Memphis Police Inspector Redditt uit het Lorraine Motel is nog steeds niet opgelost. Nadat Redditt naar huis was begeleid, ontving luitenant Arkin van de Memphis Police een bericht van de geheime dienst waarin stond dat er "een fout was gemaakt" met betrekking tot het "contract" op Redditt's leven." Detective Arkin ging vervolgens naar Redditt's huis voor een onbekend doel. Arkin wil nog steeds met niemand praten over deze vreemde episode.

Redditt werd in feite op zijn surveillance missie vergezeld door W.B. Richmond, een collega detective. Richmond verklaarde dat hij niet op surveillance was op het moment dat King werd neergeschoten, maar dat hij op het hoofdbureau van de politie van Memphis was en niets van de moord afwist. Richmond draaide zich later om en gaf toe dat hij in een brandweerkazerne was, recht tegenover het Lorraine Motel, precies op het moment dat King werd neergeschoten. Waarom deze tegenstrijdigheid? Heeft Richmond dit feit onder ede verklaard voor Justitie en, zo ja, waarom is hij nooit aangeklaagd voor meineed?

Toen Scotland Yard Ray arresteerde op de Londense luchthaven Heathrow, vertelde hij de agenten dat zijn naam "Ramon George Sneyd" was. Opnieuw deed de FBI iets vreemds: Galt's vingerafdrukken in Los Angeles werden naar Scotland Yard gestuurd, in plaats van die in het bestand bij de FBI in Washington.

De nu beroemde foto van King die dood op het balkon van het Lorraine Motel ligt, toont Jesse Jackson en Andrew Young die niet naar het raam van het pension wijzen, maar naar de heuvel waar getuigen zeggen dat ze een met handdoeken bedekte man zich achter wat struiken zagen verschuilen. De richting van de wond op het lichaam van King geeft zonder enige redelijke twijfel aan dat dit hoogstwaarschijnlijk het gebied is van waaruit het schot werd afgevuurd, en niet het badkamerraam van het pension.

Het lijdt geen twijfel dat Ray's proces een karikatuur van rechtvaardigheid was. Ray mocht het woord "samenzwering", dat meerdere malen voorkwam in zijn eerste pleidooi, niet noemen. De rechter weigerde ook om Ray zijn samenzweringsverklaring te laten bespreken en zijn advocaat, Percy Foreman, was het met de rechter eens. Op advies van Foreman pleitte Ray schuldig, wat zijn kansen op een volledig en eerlijk proces teniet deed.

In oktober 1974 kreeg Ray een nieuwe hoorzitting in de federale rechtbank in Memphis, maar na acht dagen verhoren werd zijn pleidooi verworpen. Ray bleef vasthouden aan zijn onschuld en vertelde zijn familie dat hij vastbesloten was dat de waarheid aan het licht moest komen. Misschien werd daarom in 1977, in de Brushy Mountain State Prison, een aanslag op zijn leven gepleegd. Hoewel hij ernstige steekwonden opliep, overleefde Ray het. Er zijn te veel losse eindjes om te bewijzen dat Kay het schot afvuurde dat King doodde.

Het Comité van 300 streeft er voortdurend naar alle natuurlijke hulpbronnen in alle landen te controleren. Hun standpunt is verwoord en bevestigd door H.G. Wells en Lord Bertrand Russell. Nergens is dit standpunt krachtiger toegepast dan in Congo en Zuid-Afrika.

Dit enorme land, het tweede grootste van Afrika, dat bekend staat als Belgisch Congo, werd decennialang meedogenloos ontdaan van zijn natuurlijke rijkdommen: koper, zink, tin, rubber, ivoor en landbouwproducten zoals cacao, koffie en palmolie. De Belgische koning Leopold II zei vaak dat alles van waarde in Congo hem toebehoorde. Dat was zeker waar, want de Belgische regering beheerde de spoorwegen, mijnen, smelterijen, cacao- en palmolieplantages, fabrieken en hotels van het land via dekmantelbedrijven. Dit was het beleid van het Comité van 300 op zijn best.

De Congolese arbeiders ontvingen weinig loon en wat ze kregen was vooral in de vorm van gratis huisvesting, medische voordelen en kleding. Dit alles werd bedreigd door een politieke leider in spe, Patrice Lumumba, die in 1959 de oprichting van een nationale politieke partij aankondigde om zich te verzetten tegen de Belgische overheersing van het land. De Belgische autoriteiten bestempelden Lumumba als "communist" en een gevaar voor het welzijn van het land. Hij werd gearresteerd en vervolgens vrijgelaten. In werkelijkheid ging het Lumumba niet om het communisme, maar om de verbetering van het leven van het Congolese volk.

In 1960 was er grote onrust toen Lumumba onafhankelijkheid van België eiste. Lumumba zocht hulp bij de Verenigde Naties en de Verenigde Staten, maar werd geweigerd. Hij werd door Buitenlandse Zaken bestempeld als "een man die met marxistische taal speelt", zonder dat deze bewering overigens werd gestaafd. Lumumba's verbazingwekkende gave om te spreken maakte zoveel indruk op het Congolese volk dat het Comité van 300 zich voor de zaak begon te interesseren.

In augustus 1960 kregen twee CIA-officieren, beiden met een strafblad, van Allen Dulles de opdracht Lumumba binnen drie maanden te vermoorden. Lumumba's gave voor oratie werd opgemerkt in CIA rapporten uit Congo en beschreef ook Lumumba's vermeende communistische connecties. De volgende maand gaf de CIA opdracht aan Joseph Schneider, een bacteriologisch wetenschapper, om naar Congo te reizen met een diplomatiek zakje dat een flesje met een dodelijk virus bevatte dat moest worden gebruikt om Lumumba te doden. Dulles beval de eliminatie van Lumumba na overleg met Eisenhower, maar het virus dat Schneider bij zich had kon niet worden toegediend omdat Lumumba voortdurend in beweging was.

De Senaats Inlichtingencommissie, voorgezeten door Frank Church, rapporteerde dat de CIA in contact stond met elementen in Congo die Lumumba wilden vermoorden. Het Church rapport suggereerde dat dit agenten van de Belgische regering waren. Lumumba vreesde voor zijn leven en zocht bescherming bij de

Verenigde Naties. In plaats daarvan plaatsten de VN hem onder huisarrest, maar hij wist te ontsnappen in een door zijn broer ter beschikking gestelde auto en met zijn vrouw en een van zijn kinderen vluchtte Lumumba naar Stanleystad, waar hij veel steun genoot.

CIA-rapporten uit 1960 vertellen hoe de dienst Lumumba hielp heroveren door de Congolese militairen te tonen hoe en waar ze wegversperringen konden opzetten. De door het Comité van 300 aangestelde marionettenleider, een zekere Joseph Mobutu, hield toezicht op de zoektocht. Toen Lumumba op 1 december 1960 door de mannen van Mobutu gevangen werd genomen, bleef hij gevangen tot 17 januari 1961.

Op 12 februari 1961 kondigde Mobutu aan dat Lumumba was ontsnapt uit een huis in een afgelegen gebied waar hij werd vastgehouden en was vermoord door vijandige stammen. Maar John Syckwell van de CIA zei dat een CIA-agent het lichaam van Lumumba had rondgedragen in de kofferbak van zijn auto terwijl hij besliste wat hij ermee zou doen, wat nooit precies werd onthuld. De Verenigde Naties meldden echter dat twee Belgische huurlingen, kolonel Huyghe en kapitein Gat, de moordenaars waren. Het Ministerie van Justitie sloot zijn onderzoek af met de conclusie dat er geen bewijs was van betrokkenheid van de CIA bij de moord op Lumumba.

De moord op paus Johannes Paulus I kan ook worden omschreven als een politieke moord, aangezien het Vaticaan een staat is en het titulaire hoofd ervan, de paus, een enorme macht kan uitoefenen die de loop van de geschiedenis heeft veranderd. Uit de documenten die ik heb bestudeerd, blijkt dat vier pausen zijn vermoord, allemaal door toediening van gif.

Het verhaal van paus Clemens XIII (Carlo Rezzonico) is goed gedocumenteerd, zo niet bewezen. Op instigatie van de Europese vorsten besloot Clement een einde te maken aan de ondermijning van de jezuïeten binnen de hiërarchie van de katholieke kerk. Na maanden wachten was Clement's proclamatie tot afschaffing van de jezuïetenorde klaar. Maar hij kreeg nooit de kans om het te lezen en op te nemen in het canonieke recht. Na een nacht van verschrikkelijke stuiptrekkingen en braken, stierf Clément op 12 februari 1769. Cléments proclamatie verdween, om nooit meer teruggevonden te worden, en de jezuïeten werden sterker dan ooit.

Paus Clemens XIV (Lorenzo Gananelli) ging verder waar paus Clemens XIII (door de dood) was gestopt. Op 16 augustus 1773 vaardigde Clement de bul "Dominus ac Redemptor" uit, waarin de Jezuïeten tot vijanden van de Kerk werden verklaard. Onmiddellijke actie volgde, met de arrestatie en gevangenneming van de jezuïetengeneraal en zijn hiërarchie, de inbeslagname van de eigendommen van de jezuïeten en de sluiting van hun onderwijsinstellingen. Het was de grootste klap ooit voor de Jezuïeten. Onmiddellijk daarna begonnen in het Vaticaan sinistere geruchten tegen Clement de ronde te doen.

Op 2 oktober 1774 werd paus Clemens XIV hevig ziek en na urenlang gruwelijk lijden stierf hij. Een krachtig gif, toegediend door onbekenden, maakte een einde aan zijn leven. Het gif was zo krachtig dat het een onmiddellijke instorting van zijn interne organen veroorzaakte, gevolgd door een verrassend snelle ontbinding van zijn hele lichaam. Zijn gezicht was volledig onherkenbaar en zijn lichaam kon niet rusten. De boodschap was duidelijk: laat de vrijmetselarij en de jezuïeten met rust, of je zult de dood vinden.

Toen Albini Luciani met tegenzin de pauselijke kroon aanvaardde en paus Johannes Paulus I werd, besefte hij onmiddellijk hoe groot de invloed was van de vrijmetselaars en jezuïeten in de hoogste concilies van het Vaticaan. Als uitstekend geleerde met een opmerkelijk scherpe geest werd hij door zijn vijanden volledig verkeerd geïnterpreteerd; zijn zachte nederigheid werd aangezien voor dienstbaarheid. Misschien daarom waren onder de 99 kardinalen die voor hem stemden prominente aanhangers van de vrijmetselarij en de jezuïeten.

Maar de houding van paus Johannes Paulus verhulde de ijzeren wil en vastberadenheid van een man die, als hij eenmaal een besluit had genomen, niet te weerhouden was van wat hij vond dat hij moest doen. De liberale kardinalen die voor hem stemden in de misvatting dat paus Johannes gemakkelijk te manipuleren was, waren geschokt toen ze hoorden dat hij van plan was de vrijmetselaars in de hiërarchie van het Vaticaan te ontmaskeren en een einde te maken aan de macht van het grootkapitaal over de Kerk.

Pablo Panerai, hoofdredacteur van *Il Mondo*, een grote krant in Rome, had specifiek een aanval gedaan op wat hij "Vatican Inc" noemde. Panerai noemde Menini en Paul Marcinkus en bekritiseerde hun banden met Sindona en de Continental Illinois Bank van Chicago. Panerai schokte het Vaticaan door bisschop Marcinkus scherp aan te vallen omdat hij zitting had in de raad van bestuur van de Cisalpine Overseas Bank in Nassau, Bahamas.

Dit was genoeg voor paus Johannes Paulus I om actie te ondernemen. Op 27 augustus 1978 nodigde hij zijn staatssecretaris, kardinaal Villot, uit om met hem te dineren in zijn privé-appartement. Er is hier een verontrustend detail: Paus Johannes wist dat Villot's naam op Gelli's P2 lijst stond, waarop meer dan 100 katholieke vrijmetselaars in het Vaticaan stonden. Deze lijst werd in beslag genomen toen de Italiaanse politie een inval deed in Gelli's villa. Dus waarom waarschuwde de Paus Villot voor wat hij ging doen?

Die avond, tijdens het diner, gaf paus Johannes Paulus I Villot opdracht een lijst op te stellen van vrijmetselaars die hoge functies bekleedden in het Vaticaan. Hij vertelde Villot dat het ontoelaatbaar was dat katholieken deel uitmaakten van een geheime organisatie die volgens hem gericht was op de vernietiging van het christendom, zoals drie voorgaande pausen hadden geconstateerd en zoals Weishaupt, de stichter van de Illuminati, had bevestigd.

Toen beval hij dat, zodra Villot zijn taak had volbracht, er een drastische herschikking van de vrijmetselaars zou plaatsvinden; ze zouden in het buitenland worden verspreid, waar ze de Kerk minder kwaad konden doen. Volgens mijn Vaticaanse inlichtingenbronnen was Villot eerst boos, toen verbijsterd, met het argument dat zulke radicale veranderingen alleen maar chaos zouden brengen. Maar zoals zoveel anderen onderschatte Villot de ijzeren vastberadenheid van zijn paus. Luciani was onvermurwbaar dat zijn bevel gehandhaafd moest blijven. Villot moest onverwijld de lijst opstellen.

Degenen die het meest te verliezen hadden waren Marcinkus, Calvi, Sindona, Cody, de Stroebel en Menini in "Vatican Inc", terwijl de leidende Jezuïeten alle macht en invloed dreigden te verliezen als hun naam op Villot's lijst verscheen. Villot zelf had veel te verliezen als lid van de exclusieve financiële club van het Vaticaan, het Bestuur van het Patrimonium van de Heilige Stoel. Hij zou zijn positie als hoofd ervan verliezen, evenals zijn positie als Vaticaanse staatssecretaris. Voor Villot, misschien nog meer dan voor de anderen, was het absoluut noodzakelijk te voorkomen dat Luciani's bevel zou worden uitgevoerd.

Een maand later, op 28 september 1978, werd Villot opnieuw uitgenodigd voor een diner in het privé-vertrek van de paus. Luciani probeerde de vrees van Villot weg te nemen door in het Frans te spreken, één van de vele talen die hij sprak. Volgens kardinaal Benelli, die aanwezig was, had dit geen effect op de ijzige houding van Villot. Met vaste stem eiste Luciani dat zijn bevelen betreffende de lijst van vrijmetselaars onmiddellijk zouden worden uitgevoerd. De paus zei dat hij verontrust was door berichten van kardinaal Bennelli dat het Istituto per le Opere di Religione (OPR, de bank van het Vaticaan) betrokken was bij onregelmatige transacties. Hij wil dat de monseigneurs de Bomnis, Marckinkus, de Stroebel en Ortolani uit hun functie worden ontheven en dat de banden van de OPR met Sindona en Calvi onmiddellijk worden verbroken.

Luciani had een reeks gebeurtenissen in gang gezet die tot zijn ondergang zouden leiden. Anderen, die dachten dat hun macht voldoende was om te zegevieren over die van de Vrijmetselarij, beseften niet hoe verkeerd hun overtuigingen waren. Misschien was Paus Clemens XIV zich bewust van zijn lot toen hij "Ik ben verloren" mompelde toen hij de bul tot ontbinding van de Jezuïeten ondertekende.

De details van wat Luciani voorstelde werden aan kardinaal

Benelli gegeven, en de paus belde zijn goede vriend kardinaal Colombo in Milaan en vertrouwde hem de details toe. Dit werd bevestigd door pater Diego Lorenzi, die voor paus Johannes belde en hoorde wat er tussen hen gebeurde. Zonder dit zou er geen verslag zijn geweest van wat paus Johannes Paulus I van Villot eiste; het pauselijke document met de instructies aan Villot om de namen van de vrijmetselaars te overhandigen is nooit teruggevonden.

Kort na zijn ontmoeting met Villot, op de avond van 28 september 1978, trok paus Johannes Paulus zich terug in zijn werkkamer. Vreemd genoeg had er die avond geen dokter dienst in het Vaticaan en, nog vreemder, stonden er geen bewakers buiten de flat van paus Johannes. Tussen 21.30 uur die nacht en 04.30 uur de volgende ochtend werd paus Johannes Paulus I vermoord. Een Zwitserse bewaker zag een leeslamp die de hele nacht had gebrand, maar de beveiliging van het Vaticaan deed niets om deze ongewone omstandigheid te verifiëren. Paus Johannes Paulus I was de eerste paus die zonder toezicht stierf, maar niet de eerste die stierf door toedoen van gifmengers.

Villot speelde een belangrijke rol in het verbergen van Luciani's dood. Geroepen door zuster Vicenza, die Luciani's eenvoudige behoeften verzorgde en de eerste was die het lichaam van de paus ontdekte op 29 september, stopte Villot een flesje Efortil, een medicijn voorgeschreven aan paus Johannes, van het nachtkastje in zijn zak. Daarna verwijderde hij Luciani's bril en slippers. Villot ging vervolgens naar het kantoor van paus Johannes en verwijderde zijn laatste wil en testament. Daarna verliet hij de flat zonder een woord te zeggen tegen zuster Vicenza, die aanwezig was. Zuster Vicenza beschreef het ongewone gedrag van Villot aan kardinaal Belleni. Toen Belleni hem ondervroeg over zijn daden, ontkende Villot het verslag van zuster Vicenza. Hij loog ook over de omstandigheden rond de ontdekking van Luciano's lichaam.

Andere mensen stierven door toedoen van de gifmengers, zoals president Zachary Taylor, die met zijn leven betaalde omdat hij weigerde de orders van de vrijmetselarij uit te voeren. Deze orders waren uitgevaardigd door Mazzini's vertegenwoordiger uit Leon, oprichter van Young America, een vrijmetselaarsbeweging. Op de avond van 4 juli 1850 werd Taylor ziek en begon een dikke zwarte substantie uit te braken. Hij stierf een langzame en pijnlijke dood, die de artsen toeschreven aan het feit dat hij "te veel koude melk had gedronken en te veel kersen had gegeten". Maar dat verklaart de dikke zwarte substantie niet. Zulke ernstige braakneigingen wijzen op de aanwezigheid van een dodelijk gif. Net als in het geval van paus Johannes Paulus I werd er geen autopsie uitgevoerd op Taylor, en de manier waarop hij stierf werd terloops beschreven door artsen die de exacte oorzaak niet konden weten. In dit opzicht werd de dood van paus Johannes Paulus I op een even arrogante manier behandeld door de Vaticaanse dokter Buzzonnetti, die de sterkste vermoedens van vals spel had moeten hebben.

De moord op congreslid Louis T. McFadden was het resultaat van zijn frontale aanval op de Federal Reserve Board en de Federal Reserve Banks, de meest heilige van Amerika's vele geheime overheids heilige koeien. McFadden was voorzitter van het House Banking Committee in 1920. Hij viel openlijk de Federal Reserve Governors aan en beschuldigde hen van het veroorzaken van de Wall Street Crash van 1929.

McFadden's oorlog tegen de Federal Reserve had weerklank in heel Washington. George Stimpson, oprichter van de *National Press Club*, zei dat McFadden's beschuldigingen tegen de gouverneurs ongelooflijk waren en dat de gemeenschap niet kon geloven wat McFadden zei. Maar toen McFadden ervan werd beschuldigd gek te zijn, was het Stimpson die zei dat hij het geen moment geloofde.

McFadden voerde meer dan 10 jaar lang een meedogenloze oorlog tegen de Federal Reserve en onthulde enkele van de meest verachtelijke misdaden van de 20e eeuw. Een van McFaddens meest vernietigende aanklachten was, dat het Federal Reserve System verraderlijk had samengespannen om de grondwettelijke regering van de Verenigde Staten te vernietigen. Hij viel ook president Roosevelt en de internationale bankiers aan.

Op vrijdag 10 juni 1932 legde McFadden voor het Parlement de volgende verklaring af

> "Mr. Chairman, we hebben in dit land één van de meest corrupte instellingen die de wereld ooit gekend heeft. Ik bedoel de leiding van de Federal Reserve en de banken die lid zijn van de Federal Reserve. De Federal Reserve Board, een overheidsbestuur, heeft de Verenigde Staten en haar bevolking genoeg geld ontnomen om de nationale schuld te betalen... Deze kwaadaardige instelling heeft het volk van de Verenigde Staten verarmd en geruïneerd; het heeft zichzelf geruïneerd en onze regering vrijwel geruïneerd. Zij heeft dit gedaan vanwege de gebreken in de wet waaronder zij werkt, vanwege het wanbeheer van die wet door de Federal Reserve Board, en vanwege de corrupte praktijken van de geldwolven die haar controleren."

In een vurige en gepassioneerde toespraak voor het Huis op 23 mei 1933 zei McFadden:

> "Mr. President, er is geen mens binnen gehoorsafstand die niet weet dat dit land in handen is gevallen van de internationale bankiers, en er zijn maar weinig leden hier die dat niet betreuren... Mr. President, we staan vandaag aan dek. Onze vijand, dezelfde verraderlijke vijand, rukt op naar ons. Mr. President, ik zal ter plekke sterven voordat ik hem een vierkante centimeter Amerikaans grondgebied geef of een dollar van zijn oorlogsschuld aan ons.

> "Mr. President, ik eis dat de Amerikaanse goudvoorraad wordt verwijderd van de Federal Reserve banken... Ik eis een audit van de financiële zaken van de Amerikaanse regering, van boven tot onder. Ik eis de hervatting van contante betalingen, gebaseerd op de volledige waarde van goud en zilver..."

Deze aanklacht, gevolgd door McFadden's onthulling van Reparation Bonds en Foreign Securities in 100 miljoen dollar aan Duitse Reparation Bonds, bracht de geheime parallelle regering op hoog niveau zo aan het wankelen dat samenzweringswatchers geloven dat op dat moment het bevel werd gegeven om McFadden definitief het zwijgen op te leggen.

In totaal zijn er drie aanslagen op McFadden's leven gepleegd. De eerste vond plaats toen hij een etentje bijwoonde en plotseling hevig ziek werd. Een dokter die naast hem zat kon hem uit de klauwen van de dood halen. De tweede poging vond plaats toen McFadden uit een taxi stapte bij het Capitool. Er werden twee schoten gelost, maar beide misten. De derde poging, die succesvol was, vond plaats in New York, waar McFadden een ander diner bijwoonde. Opnieuw kreeg hij een hevige braakaanval en stierf voordat paramedici hem konden bereiken. De vergiftiger slaagde erin om de internationale bankiers en de Raad van Gouverneurs van de Federal Reserve te ontdoen van de enige man die hun activiteiten volledig had kunnen ontmaskeren en de natie tegen hen had kunnen keren, om zo het einde van hun controle over ons monetaire systeem af te dwingen.

Dr. Hendrik Verwoerd is de vader van de apartheid in Zuid-Afrika. Dr Verwoerd, afkomstig uit Nederland, doorkruiste het Zuid-Afrikaanse politieke landschap als een kolos. Zonder angst en minachting voor de Oppenheimer-machine en de liberale politici die deze controleerden, verloor Dr Verwoerd geen tijd om de internationale bankiers en hun lakeien in Zuid-Afrika aan te vallen.

De heer Verwoerd verachtte de Verenigde Naties en stond zeer kritisch tegenover de inmenging ervan in de binnenlandse aangelegenheden van Zuid-Afrika, met name de uitnodiging aan India om de discriminatie van de Indiërs in Zuid-Afrika te bespreken. De Indiërs waren de nakomelingen van contractarbeiders die door Cecil John Rhodes naar Zuid-Afrika waren gebracht. Als klasse hadden zij een enorme welvaart bereikt, vooral ten koste van de Bantoe-indianen, hetgeen werd toegeschreven aan de rellen van 13 januari 1949 tussen Zoeloes en Indiërs in Durban, waarbij 100 doden en meer dan 1000 gewonden vielen. De meeste slachtoffers waren Indiërs.

Dr. Verwoerd wilde niets te maken hebben met de Indiërs en beweerde dat hun leiders allemaal communisten waren. Later, na zijn moord, schijnt zijn bewering ondersteund te zijn door het feit dat de juridische vertegenwoordiging van Indiërs en zwarten die beschuldigd werden van politieke misdaden in handen was gekomen van Indische advocaten, die allen behoorden tot het Indisch Congres, een organisatie die verbonden was met het communisme.

Op 27 april 1950 werd de Group Areas Bill ingevoerd, die vooral tot doel had rassen in verschillende gebieden te scheiden. Na de rellen van april 1953 werd nieuwe antiterreurwetgeving ingevoerd en uitgevoerd.

Toen vond het Comité van 300 een stroman in Alan Paton, wiens boek "Cry the Beloved Country" kunstmatig werd omgevormd tot een internationaal geprezen literair werk. Paton was een favoriet van de liberalen, die een soort held maakten van een door en door onaangename man. Paton richtte de Liberale Partij op, die pleitte voor stemmen voor "alle beschaafde mensen". Hierin had hij de steun van de machtige Oppenheimer machine. Bewijs voor deze beschuldigingen is te vinden in de dossiers van de *Sunday Times*, een krant in Johannesburg die eigendom was van Oppenheimer.

Dr. Verwoerd werd op 3 september 1958 tot premier gekozen. Op 5 oktober 1960 werd in een referendum een voorstel goedgekeurd om een republikeinse regeringsvorm in te voeren en het lidmaatschap van het Britse Gemenebest te beëindigen. Op 31 mei 1961 kreeg Dr. Verwoerd een heldenontvangst bij zijn terugkeer uit Londen, waar hij in het Britse parlement de bombastische terugtrekkingsverklaring had afgelegd. De Verenigde Naties vroegen de lidstaten onmiddellijk de verkoop van militair materieel aan Zuid-Afrika te verbieden.

De politieke lijnen werden getrokken terwijl de Derde Anglo-Boerenoorlog aan de gang was. Op 20 april 1964 bracht een zogenaamd VN-deskundigenpanel een rapport uit waarin werd opgeroepen tot een niet-raciale democratie in Zuid-Afrika, waarbij het al honderden jaren bestaande kastenstelsel in India volledig werd genegeerd. Het kastensysteem, een strikte segregatie van sociale klassen die veel strenger is dan in Zuid-

Afrika, is nog steeds van kracht. Zelfs vandaag nog zwijgen de Verenigde Naties over de "apartheid" in India.

Dr. Verwoerd bestuurde het land op een ordelijke manier en duldde geen zwarte of Indiase anti-regeringsgroepen. Op 12 juni 1964 werden Nelson Mandela en zeven zwarte mannen betrapt op het maken van bommen en het bezit van verboden communistische literatuur. Mandela's mentoren - de aanstichters van deze misdaden - Abrams en Wolpe, ontvluchtten het land, maar Mandela en zijn aanhangers werden veroordeeld tot levenslange gevangenisstraf wegens sabotage, diefstal, gewelddadige misdaden en pogingen om de regering te ondermijnen.

Het proces is op een strikt eerlijke manier gevoerd binnen het kader van het onafhankelijke rechtsstelsel van Zuid-Afrika. Mandela werd gevangen gezet voor gewone misdaden en niet om politieke redenen. De verslagen van de zaak, die ik bij het Rand Supreme Court heb bestudeerd, geven duidelijk de aard van de burgerlijke strafbare feiten aan waarvoor Mandela werd veroordeeld. Het is de westerse pers die deze waarheid heeft verdoezeld en de mensen heeft doen geloven dat Mandela om politieke redenen gevangen werd gezet. De VS en Groot-Brittannië hebben nooit geprobeerd objectief te zijn over Mandela.

Op 6 september 1966 werd Dr. Verwoerd doodgestoken door een bode terwijl het Parlement in Kaapstad in zitting was. De bode was goed bekend, omdat hij de functie al vele jaren bekleedde, en was een bekende figuur die zich vrijelijk door de vergaderzaal bewoog en papieren en documenten aan verschillende leden overhandigde. De politie trok de voor de hand liggende conclusie dat er buitenlandse elementen bij de moord betrokken waren. Duistere krachten waren al aan het werk om de Republiek Zuid-Afrika te vernietigen.

De moordenaar werd beschreven als "geestelijk gestoord", maar agenten van inlichtingendiensten over de hele wereld geloofden dat hij geprogrammeerd was om de moord te plegen, wetende wat we tegenwoordig weten over het gebruik van hypnose door inlichtingendiensten. De moordenaar had voor zijn aanval op Dr Verwoerd nooit enige tekenen van geestelijke stoornis vertoond. De vraag is: "Wie gaf het bevel om Verwoerd te vermoorden en wie deed de programmering?" In die tijd hadden slechts twee inlichtingendiensten de bevoegdheid om missies uit te voeren waarbij mind control betrokken was: de CIA en de KGB. Er is niets bewezen, maar de algemene opinie is dat de moord het werk was van de CIA.

In 1966 waren de geheime experimenten van de CIA met geestverruimende gigahertz-stralen niet openbaar en bleven ze geheim totdat John Markus, in 1977, en Gordon Thomas, in 1990, het gedrag van de CIA op dit gebied volledig blootlegden. Sommige deskundigen zijn er nu van overtuigd dat Dr Verwoerd een van de eerste slachtoffers was van deze CIA-experimenten.

Zoals vele anderen, schreef ik een diepgaand boek over de moord op John F. Kennedy. Veel van de beweringen die ik deed konden destijds niet worden bevestigd, maar nu bevestigen andere onafhankelijke bronnen wat ik zei. Tot op heden is geen van de daders van deze gruwelijke misdaden gearresteerd, en het is onwaarschijnlijk dat een van hen ooit zal worden aangehouden. De dreiging van moord, op welke manier dan ook, hangt altijd boven alle nationale leiders, vooral in de Verenigde Staten, waar als iemand het op zich neemt om de waarheid aan het licht te brengen, de mogelijkheid van schade niet kan worden uitgesloten.

Een van deze bronnen is Robert Morrow, een voormalig CIA contract medewerker. Morrow bevestigt dat Kennedy moest sterven omdat hij een hekel had aan de CIA en omdat hij had aangekondigd dat hij zowel Hoover als Lyndon Johnson uit de weg zou ruimen. Morrow bevestigt wat ik zei over Tippit, dat hij was gestuurd om Oswald te vermoorden om hem te laten stoppen met praten, maar dat Oswald, die hem herkende, hem eerst neerschoot.

Morrow bevestigde ook wat ik zei over Oswald die na de schietpartij naar een bioscoop ging voor een ontmoeting met Jack Ruby. Morrow bevestigde ook dat Oswald Kennedy nooit heeft neergeschoten, en dat Oswald ten tijde van de schietpartij op de tweede verdieping van het Texas School Book Depository een cola dronk en een broodje at.

Morrow gelooft ook dat Kennedy werd gedood door een hoofdschot vanaf een grasheuvel voor de autocolonne. Hij bevestigt ook mijn verhaal dat de limousine van de president werd verwijderd van de scène en verscheept om te worden ontmanteld voordat iemand een volledig forensisch onderzoek kon uitvoeren.

Morrow doet een aantal interessante beweringen; een in het bijzonder is dat George Bush de baan van Directeur van de Centrale Intelligentie (DCI) kreeg met als enige doel te voorkomen dat de Senaatskerkcommissie alle feiten over de moord op Kennedy zou krijgen, wat hij ook deed. Morrow beweert ook dat Bush alles weet over de moord op Kennedy.

XI. Apartheid en het kastenstelsel in India

Het Comité van 300 sprak veel over het "kwaad" van het beleid van rassenscheiding in Zuid-Afrika. Toch is er weinig of niets gezegd over de rigide klassenscheiding in de Indiase samenleving. Zou het kunnen dat Zuid-Afrika wordt aangevallen omdat het de rijkste goudvoorraden ter wereld heeft, terwijl India slechts enkele natuurlijke hulpbronnen van minder waarde heeft?

Actief geholpen door de bedrieglijke meester Cecil John Rhodes, een dienaar van de Rothschilds, werd een agitatie voor "rechten" opgewekt door de carpetbaggers en hordes buitenlanders die naar Transvaal stroomden toen de ontdekking van goud werd aangekondigd. Deze zwervers en gelukzoekers eisten stemrecht, de eerste van de "one man, one vote"-zwendel die werd gebruikt om de Boeren en hun nakomelingen te scheiden van hun nationale soevereiniteit. De agitatie werd georkestreerd door de Rothschild-Rhodes politieke machine in Johannesburg en zorgvuldig gecontroleerd door Lord Alfred Milner uit Londen.

Het was voor de Boerenleiders duidelijk dat door de nieuwkomers stemrecht te geven, hun regering zou worden weggevaagd door de horden buitenlandse avonturiers die op hen waren neergedaald. Toen het duidelijk werd dat de Boerenleiders niet gedwee zouden toestaan dat hun volk rechteloos zou worden gemaakt door de politieke eisen van "één man, één stem", braken de oorlogsplannen uit, die een jaar lang waren uitgewerkt terwijl de ministers en gezanten van koningin Victoria over vrede spraken.

Koningin Victoria stuurde het machtigste leger ooit om tegen de kleine Boerenrepublieken te vechten. Er is een levendige verbeelding voor nodig om te geloven dat de koningin van Engeland zich bekommerde om het stemrecht van de gelukszoekers en tapijtjagers die de Boerenrepublieken overspoelden. Na drie jaar van het meest brute conflict, waarin de Britten geen genade toonden voor de Boer vrouwen en kinderen, waarvan er 25.000 omkwamen in de eerste concentratiekampen ooit gecreëerd. De Boeren, grotendeels onverslagen op het slagveld, werden gedwongen aan de onderhandelingstafel te gaan zitten. In Vereeniging, waar de conferentie werd gehouden, werd de Boeren alles afgenomen waar ze voor stonden, inclusief de enorme rijkdom die onder de dorre grond van hun republiek lag.

Het is belangrijk te onthouden dat de Boeren een vroom christelijk volk waren. Koningin Victoria's Illuminati-Gnostisch-Katharistisch-Bogomiliaanse volgelingen en adviseurs waren vastbesloten om de Boeren niet alleen militair te verslaan en de minerale rijkdom van hun republiek in beslag te nemen, maar ook om hen te verpletteren en hun taal en cultuur uit te roeien. De belangrijkste architect van deze criminele onderneming was de hooghartige aristocraat Lord Alfred Milner, die in 1915 de bolsjewieken financierde en de "Russische" revolutie mogelijk maakte. De Britten verbande Paul Kruger, de eerbiedwaardige president van Transvaal, samen met de meeste van zijn ministers en degenen die de gewapende strijd tegen het Britse imperialisme hadden geleid. Dit is het eerste geregistreerde geval van zo'n barbaarse behandeling door een zogenaamd beschaafde natie.

De reden waarom flagrante en ongebreidelde apartheid in India kon en mag gedijen, is dat India de bakermat is van de New Age-religie, die door de zwarte adel van Venetië en de oligarchen van Groot-Brittannië wordt bevoordeeld. De New Age religie is volledig gebaseerd op de Hindoeïstische religie. Aan de theosofische hogepriesteres Annie Besant wordt toegeschreven dat zij na een bezoek aan India in 1898 de hindoereligie heeft aangepast aan de ideeën van de New Age.

Het idee van "one man, one vote", waarin apartheid wordt afgeschilderd als de schurk, hoort niet thuis in de Amerikaanse geschiedenis. Het was gewoon een list om de wereld ervan te overtuigen dat de Verenigde Naties zich zorgen maakten over het welzijn van de zwarte stammen in Zuid-Afrika (de zwarten zijn verdeeld in 17 stammen en vormen geen homogene natie van politiek verenigde mensen). De anti-apartheidsophef was bedoeld om het werkelijke doel te verhullen, namelijk de totale controle over de enorme minerale rijkdommen van Zuid-Afrika, die nu zullen worden overgedragen aan het Comité van 300. Zodra dit doel is bereikt, zal Mandela terzijde worden geschoven als een versleten werktuig dat zijn doel heeft gediend.

De Amerikaanse grondwet voorziet niet in "één man, één stem", een opmerking die verloren kan gaan in de kreten over het "kwaad van de Zuid-Afrikaanse apartheid", zoals Mandela het graag noemt.

Het Amerikaanse Congres wordt bepaald door de telling van de bevolking in bepaalde gebieden door het Census Bureau, eens in de tien jaar, niet op basis van "one man, one vote". Daarom worden om de vier jaar de grenzen opnieuw getrokken. Het is het aantal mensen dat binnen deze grenzen woont dat vervolgens zijn vertegenwoordiger kiest.

Liberale politici willen misschien een zwarte of Latijns-Amerikaanse vertegenwoordiger voor een bepaalde regio, van wie ze hopen dat die met hen mee zal stemmen over hun liberale agenda. Maar misschien zijn er niet genoeg zwarte of Latijns-Amerikaanse kiezers in de regio om de noodzakelijke verandering te bewerkstelligen, dus zullen liberale politici proberen de grenzen te veranderen, zelfs met de belachelijke uitvlucht om twee regio's die 160 km van elkaar verwijderd zijn, met elkaar te verbinden door een smalle corridor tussen de twee regio's. Het idee is dat als zwarten of Spanjaarden in het doelgebied in de minderheid zijn, er een meerderheid ontstaat door twee gebieden te verbinden, die een zwarte of Latijns-Amerikaanse vertegenwoordiger zullen kiezen die zich gedienstig opstelt tegenover de liberalen in het Huis en de Senaat.

Bij alle ophef over de apartheid heeft de Britse pers zorgvuldig een veel grotere apartheid verzwegen, die honderden jaren vóór Zuid-Afrika bestond: het Indiase kastensysteem, dat nog steeds bestaat en streng wordt gehandhaafd.

Sinds de Britse inval in India in 1582 zijn soefi's gebruikt om moslims en sikhs te verdelen en tegen elkaar op te zetten. In 1603 arriveerde John Mildenhall in Agra op zoek naar concessies voor de Engelse Oost-Indische Compagnie, opgericht in Londen op 31 december 1600. De maatschappij veranderde haar naam in de British East India Company en gebruikte haar agenten om de macht van de Sikhs, die tegen het kastensysteem waren, te breken. In 1717 waren de steekpenningen en de bedrieglijke diplomatie van de BEIC, samen met donaties van medische benodigdheden, voldoende om enorme concessies te verkrijgen van de Mughals, die de BEIC ook vrijstelden van belasting op inkomsten uit de papaverteelt en de productie van ruwe opium.

Tegen 1765 had Clive van India, een legendarische figuur in de Britse bezetting van India, de volledige controle verworven over 's werelds rijkste papavervelden in Bengalen, Benares en Bihar en controleerde hij de inning van de inkomsten van de Mughals. Tegen 1785 was de opiumhandel stevig in de greep van de BEIC, onder leiding van Sir Warren Hastings. Een van Hastings' Indiase 'hervormingen' bestond erin alle papaverteeltgronden veilig te stellen en onder zijn controle te brengen. Dit omvatte ook de productie van ruwe opium.

De Britse Kroon verlengde het handvest van de BEIC met nog eens 30 jaar nadat er in 1813 bij het Parlement protest was aangetekend. In 1833 verlengde het parlement het handvest van de BEIC opnieuw met 20 jaar. Omdat ze zagen dat de macht hen ontglipte, begon de Indiase bovenkaste via de BEIC in opstand te komen tegen de Britse overheersing. Om dit te voorkomen bedroog de Britse premier de Indiase leiders door op 2 augustus 1856 de Government of India Act aan te nemen. Deze wet droeg ogenschijnlijk alle bezittingen en landerijen van de BEIC in India over aan de Britse kroon. Deze diplomatieke manoeuvre was gebaseerd op een regelrechte leugen, want in feite was er niets veranderd. De BEIC was de Kroon.

Premier Disraeli ging nog een stap verder toen het parlement in 1896 op zijn instigatie koningin Victoria uitriep tot "keizerin van India". In datzelfde jaar werden meer dan 2 miljoen Indiërs uit de lagere kasten door hongersnood gedood. In totaal stierven onder Brits bewind (opgelegd door de BEIC) meer dan 6 miljoen Indiërs uit lagere kasten van de honger. Deze ramp heeft zich in Zuid-Afrika in de verste verte niet voorgedaan. Tijdens de Sharpeville rellen, op instigatie van de CIA, was Zuid-Afrika het onderwerp van wereldwijde verontwaardiging en veroordeling toen minder dan 80 zwarte relschoppers werden gedood door de veiligheidstroepen. Zwarte mensen werden door externe krachten tot rellen aangezet, zonder te beseffen dat zij werden gebruikt.

Het Indiase "Jati" kastensysteem is voor 100% gebaseerd op ras. Aan de top van de piramide staan de Ariërs (blank met blauwe ogen, vermoedelijk de afstammelingen van Alexander de Grote - een Griek die het land bezette). Direct daaronder staan de Brahmanen, wier kleur varieert van wit tot lichtbruin. Uit deze kaste komen de brahmaanse priesters. Onder de Brahmanen komen de krijgers en heersers, de Kshatriya's, die ook een zeer lichte huidskleur hebben. Onder de Kshatriya's staan de Vaisya's, een klasse van kleine ambtenaren, kooplieden, handelaren, ambachtslieden en geschoolde arbeiders. Zij hebben een donkerder huidskleur.

Daarna komen de Sudra's of ongeschoolde arbeiders, zij die geen loodgieter, elektricien, automonteur of iets anders zijn. Tot slot, aan de zeer brede basis van de machtspiramide staan de "Harijans", wat letterlijk "verschoppelingen" betekent, collectief bekend als "Paria's". Zij staan ook bekend als "onaanraakbaren" en hebben een zeer donkere of zwarte huid. Hoe donkerder hun huid, hoe minder "aanraakbaar" zij zijn. In 1946 bood Lord Louis Mountbatten (Battenberg), als directe vertegenwoordiger van het Comité van 300, volledige onafhankelijkheid aan India aan, een uitvlucht om de ernstige onlusten, veroorzaakt door de aanhoudende hongersnood die honderdduizenden Harijans het leven had gekost, tot bedaren te brengen. Deze gebeurtenis werd grotendeels genegeerd door de westerse pers. In een ander loos gebaar werd "onaanraakbaarheid" een jaar later illegaal verklaard, maar de praktijk ging door alsof de wet nooit was aangenomen.

Onaanraakbaarheid" was het wreedste van alle rigide kastensystemen in India. Het betekende dat Harijans geen leden van andere kasten mochten aanraken.

Als dit gebeurde, had het beledigde lid van de hogere klasse het recht om de beledigende Harijan te laten doden. Het systeem van strikte scheiding was niet alleen een klassenmaatregel, maar was ook bedoeld om de verspreiding van ziekten te voorkomen die onder de Harijans veel voorkwamen.

De Harijans zijn de grootste raciale groep in India en eeuwenlang zijn zij op schandalige wijze mishandeld en misbruikt. Wanneer politieke veranderingen gewenst zijn, wordt deze groep gebruikt als kanonnenvoer, waarbij hun leven als weinig of niet waardevol wordt beschouwd. Dit werd aangetoond toen de Harijans werden gebruikt om een oude moskee in India te vernietigen om politieke veranderingen binnen de Indiase regering te bewerkstelligen. Dit kwaad wordt zelden of nooit vermeld in de westerse pers of op televisie.

Helaas voor de zwarten zijn zij slechts pionnen in een spel. Hun belang zal eindigen wanneer het Comité van 300 zijn doel heeft bereikt en Mandela terzijde wordt geschoven als een versleten instrument dat zijn tijd heeft gehad. Het Global 2000 bevolkingsverminderingsprogramma zal dan voorgoed op hen worden toegepast. Zij verdienen een beter lot dan dat van Mandela's controleurs, de Oppenheimers en het Comité van 300.

XII. Opmerkingen over massabewaking

De Verenigde Staten en Groot-Brittannië werken zeer nauw samen om hun burgers en buitenlandse regeringen te bespioneren. Dit geldt voor alle verkeer: commerciële, diplomatieke en privécommunicatie. Niets is heilig en niets ligt buiten het bereik van de National Security Agency (NSA) en het Government Communications Headquarters (GCHQ), die hun krachten hebben gebundeld om op grote schaal illegaal telefoon-, telex-, fax-, computer- en spraakverkeer te controleren.

Deze twee agentschappen hebben de expertise om iedereen op elk moment af te luisteren. Elke dag worden 1 miljoen communicaties opgevangen door de GCHQ afluisterstations in Menwith Hill in Yorkshire en Morwenstow in Cornwall, Engeland. Deze stations worden beheerd door de NSA om de Britse wetten te omzeilen die de nationale veiligheid verbieden haar burgers te bespioneren. Technisch gezien overtreedt GCHQ de Britse wet niet, aangezien de afluisterpraktijken door de NSA worden uitgevoerd.

GCHQ/NSA-computers zoeken naar trigger-woorden die worden gemarkeerd en opgeslagen. Dit is een eenvoudige procedure, aangezien alle communicatie wordt verzonden in de vorm van digitale pulsen. Dit geldt voor zowel geschreven als gesproken communicatie. De gemarkeerde berichten worden vervolgens geanalyseerd, en als er iets is dat voor deze instanties van belang is, wordt verder onderzoek ingesteld. Het feit dat de hele operatie illegaal is, belet geen van deze instanties om de taak die zij zich hebben gesteld, uit te voeren.

De HARVEST-computers van de NSA kunnen 460 miljoen tekens per seconde lezen, het equivalent van 5.000 bladzijden boeken. Inlichtingenbronnen schatten momenteel dat de door

GCHQ en de NSA gebruikte HARVEST-computers meer dan 80 miljoen gesprekken per jaar onderscheppen, waarvan er 2,5 miljoen worden gemarkeerd en opgeslagen voor verder onderzoek. Beide agentschappen beschikken over een grote staf van specialisten die de wereld rondreizen om nieuwe producten te vinden en te evalueren die kunnen worden gebruikt om de individuele privacy te beschermen, en die zij vervolgens manieren vinden om deze te breken.

Met de komst van mobiele telefoons is een grote uitdaging ontstaan. Momenteel wordt het mobiele telefoonverkeer "afgeluisterd" door het afluisteren van celsignalen (die bedoeld zijn voor factureringsdoeleinden) en worden de verschillende celcodes, die een eigen identificatie hebben, getraceerd om de herkomst van het gesprek te achterhalen. Maar de nieuwe generatie A5 mobiele telefoons vormt een ernstig probleem voor overheidsspionage.

Deze nieuwe telefoons zijn uitgerust met een A5-code, die sterk lijkt op militaire coderingssystemen, waardoor het voor overheidsinstanties vrijwel onmogelijk is de berichten te ontcijferen en de herkomst van het gesprek te achterhalen. Momenteel zou het GCHQ- en NSA-surveillanceteams 5 maanden kosten om door A5-telefoons verzonden berichten te ontcijferen.

De regering beweert dat dit haar inspanningen om de drugshandel en de georganiseerde misdaad te bestrijden ernstig zal belemmeren, een oud slap excuus dat weinig mensen accepteren. Er wordt niets gezegd over het feit dat, als onderdeel van deze misdaadbestrijdingsmaatregelen, het recht op privacy van de burgers op grove wijze wordt geschonden.

Nu eisen de NSA, FBI en GCHQ dat mobiele telefoons met de bestaande A5-storzender worden teruggeroepen voor "aanpassing". Hoewel ze dat niet zeggen, moet de overheid dezelfde toegang tot privé-uitzendingen hebben als tot de komst van het A5-stoorsysteem. Britse en Amerikaanse overheidsinstanties eisen daarom dat het A5 cellulaire stoorsysteem wordt vervangen door een A5X systeem, waardoor ze een "valluik" krijgen naar voorheen beveiligde mobiele telefoons.

Vaste telefoongesprekken (lokale gesprekken) kunnen gemakkelijk worden onderschept doordat zij worden "doorgeschakeld" naar een door het NSA en GCHQ beheerde centrale. Langeafstandsgesprekken vormen geen probleem, omdat zij over het algemeen door microgolftorens worden doorgegeven en gemakkelijk in de lucht kunnen worden opgepikt. Bovendien beschikt de NSA ook over haar RHYOLITE-satellieten, die alle gesprekken kunnen opvangen die via telex-, microgolf-, radiotron-, VHF- en UHF-signalen worden uitgezonden.

Bruce Lockhart van MI6, de controleur van Lenin en Trotski...

Sydney Reilly - MI6 economisch specialist.

Somerset Maugham - MI6 speciale agent voor Kerensky.

MI6 hoofdkwartier, Londen.

Voormalig VS President Bush en Emir Al-Sabah.

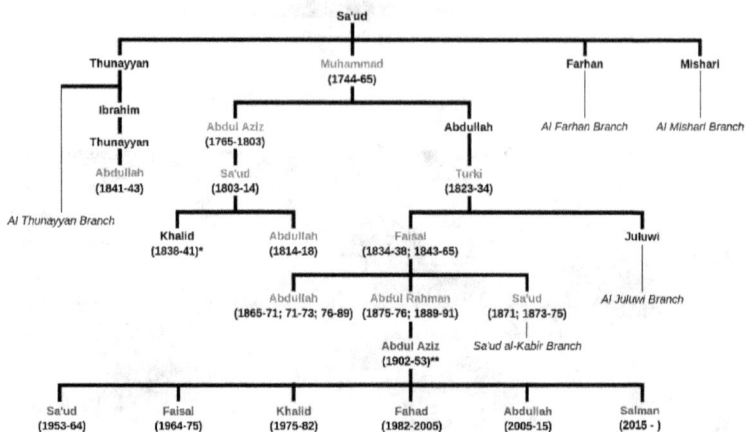

De Saoedische Wahhabi dynastie.

Opmerkingen over bronnen

De bron voor de moord op **Martin Luther King Jr** was een verslag van Associated Press uit Memphis op 9 april 1965. Twee andere Associated Press reportages werden gemaakt in Memphis, één door Don McKee en de andere door Gaylord Shaw, op 14 april 1965. De echte moordenaar werd gezien door *New York Times* verslaggever Earl Caldwell, die nooit werd geïnterviewd door enige wetshandhaver of onderzoeksinstantie.

Privé documenten van Vittorio Orlando.

Privédocumenten van generaal Anton Denikin.

Notulen van de vergaderingen van de Conferentie van San Remo.

United States Congressional Records, Huis en Senaat.

Notulen van vergaderingen, Conferentie van Lausanne.

Wells. H. G. "After Democracy".

Russell. Sir Bertrand. "Het effect van de wetenschap op de samenleving.

British East India Company (BEIC). India House, Londen. Wilson, President Woodrow.

Congresverslag, Huis en Senaat.

Documenten van het Verdrag van Versailles, Parijs, Frankrijk.

Jan Christian Smuts. Boer War Memorial Archives, Pretoria.

Geallieerde eisen voor herstelbetalingen. Conferenties van Versailles en San Remo.

De verzamelde toespraken van congreslid L.T. McFadden.
Volkenbond documentatie, Genève.

Koninklijk Instituut voor Internationale Zaken.

Dr Coleman, "Comité van 300".

Socialisme: F. D. Roosevelt "Onze Weg". Communistisch Manifest van 1848.

"Fabian Freeway: de weg naar het socialisme in Amerika." Rose Martin.

Senator Walsh. De dictatuur van de Grote Vijf bij de Verenigde Naties.

Congresverslag, Senaat, pagina's 8165-8166.

Dr. J. Coleman. "De doelstellingen van de Golfoorlog onderzocht".

Public Law 85766, sectie 1602. Public Law 471, sectie 109.

John Rarick. "V.N. een schepsel van onzichtbare regering"

Congressional Record, House, blz. E 10400-10404, 14 december 1970.

Debat tussen Senator Allen en Senator Teller Congressional Record (Senaat) 6586-6589 1 juli 1898.

Dr. J. Coleman. "Geen soeverein lichaam.

Handvest van de Verenigde Naties, bekend als het "Handvest". Pagina's 2273-2297 Congressional Record, House 26 februari 1900.

Rep. Smith. Grenzen van de Presidentiële Macht Congressional Record Page 12284.

Allen Dulles. Pressure on Congress, Congressional Record Pages 8008 - 80209, 25 juli 1945.

Leonard Mosley. "Dulles; Een biografie van Eleanor, Allen en John Foster Dulles."

Grondwettelijk recht. Cooley J. De Grondwet geeft niet toe aan verdragen of statuten.

Professor van Halst "United States Constitutional Law".

House, Col. CFR en controleur van Wilson en Roosevelt, documentatie van het British War Museum, en het British Museum, Londen.

Dr. J. Coleman "Buitenlandse hulp is onvrijwillige dienstbaarheid". Land van Arabië. British Museum, en Cairo Museum.

De principes van de Koran. Uit de Koran.

Lawrence of Arabia verraden. Sir Archibald Murray Arab Papers.

Berichten van het Britse Ministerie van Buitenlandse Zaken, British Museum, Londen.

Balfour Verklaring.

Documenten van Sir Arthur Balfour, British Museum, Londen.

Generaal Edmund Allenby, Palestina Papers, British Museum, Londen.

Louis Fischer. "Olie-imperialisme: de internationale strijd om olie".

Onafhankelijkheid van Irak.

1923 Protocol. Documenten van de Volkenbond, Genève.

L. M. Fleming, Olie in de Wereldoorlog.

Annalen van de American Academy of Political Science. Bijlage van mei 1917, "De Mexicaanse Grondwet".

Washington Soviet Review, januari 1928. *London Petroleum Times*, 26 november 1927.

Dr. J. Coleman "William K. D'Arcy. De mysterieuze Nieuw-Zeelander die de weg vrijmaakte voor het Comité van 300 oliemaatschappijen. Het Comité van 300."

Turkse Petroleum Maatschappij. Documenten, Sir Percy Cox, London Petroleum Institute, Buitenlandse Zaken, Londen.

De status van Koeweit en Mosul blijft vaag.

Notulen van de conferenties van San Remo en Lausanne, 1920 en 1923.

Status van Palestina.

Brits Witboek van de Passfield Commissie.

Consulaire richtlijn van het US State Department van 16 augustus 1919. Benadrukt de vitale noodzaak voor de VS om buitenlandse olieconcessies te verkrijgen en moedigt consulair personeel aan buitenlandse agenten te bespioneren die met de VS concurreren om de controle over olie.

Ministerie van Buitenlandse Zaken "Buitenlandse Betrekkingen van de Verenigde Staten". 1913 pp. 820.

Federal Trade Commission supra pp XX-XXI, 69e Congres, State Dept. Doc. vol 10 p 3120.

Mohr, Anton. "De olie oorlog.

Eaton, M. J. "De reactie van de olie-industrie vandaag".

Commerce Dept T.I.B No.385 "Buitenlandse Combinaties voor Prijsbeheersing Grondstoffen".

Bertrand Russell. "Een van de belangrijkste grondstoffen is olie." Uitspraak gedaan in 1962.

Coolidge. Federal Oil Conservation Council. Federale regering's "open deur" beleid inzake olie. Verklaringen van Charles Evans Hughes aan deze raad.

Olie- en landconcessies met Mexico: uit de archieven van de Library of Congress van het Verdrag van Guadalupe en Hidalgo, 1848.

"Rockefeller Internationalists" Emmanuel Josephson beschrijft het internationale oliebeleid van R Rockefeller.

Het Theepot Dome schandaal. De rol van Albert B. Fall en de oorsprong van de term "fall guy".

De geraadpleegde documenten zijn afkomstig uit bronnen in het British Museum, het Congressional Record, het Huis en de Senaat en krantenberichten uit die tijd.

Hoorzittingen van de Commissie Buitenlandse Betrekkingen van de Senaat over de "Revolutie in Mexico" 1913. In 1912 wakkerde president Wilson het Amerikaanse volk aan door te verwijzen naar het "Huerta-gevaar" als gevaar voor het Panamakanaal.

Henry, J. D. "Greep naar Russische olie, Bakoe en bewogen geschiedenis". L'Espagnol de la Tramerga, Pierre. "The World Struggle for Oil".

Review of the Soviet Union, Jan.1928.

McFadden, L.T. De Huerta Thomas Lamont overeenkomst

Informatiebureau van de Sovjet-Unie. "Russische economische omstandigheden 1928".

De verdeling van Palestina.

"Joden en Arabieren kunnen niet samenleven." Het Peel Commissie rapport, Britse Buitenlandse Zaken documenten.

Staatsdepartement memo aan James Baker III, oktober 1989. "Wall off Agricultural Department" in verwijzing naar het BNL schandaal.

Nationale Veiligheidsrichtlijn 26 over Irak en BNL, die uitgebreide kredieten aan Irak toestaat.

Memo van de Federal Reserve Bank van New York van 6 februari. Onthult de mechanismen die gebruikt werden om BNL leningen voor Irak te verbergen.

Het Committee of Interagency Deputies van de Nationale Veiligheidsraad belegt een vergadering in het Witte Huis om de schade van BNL-Irak te beperken.

"Inwoner Bush vervalst Irakese troepensterkte. Joint Session of Congress, Congressional Record 11 september 1990.

Henry Gonzalez stelt gênante vragen: Congresverslag, Huis en brieven aan procureur-generaal Thornburgh september 1990. Kopieën van brieven van House, Congressional Record.

William Barr, procureur-generaal, weigert samen te werken met congreslid Gonzalez. Brieven mei 1992.

Gerechtelijke documenten, rechter Marvin Shoob, Christopher Drougal, BNL-zaak, Atlanta, rechter Shoob vraagt het ministerie van Justitie een speciale aanklager aan te stellen.

Brief van senator Boren aan procureur-generaal Barr, met het verzoek een speciale aanklager aan te stellen. 14 oktober 1992.

"Boeken verkopen" aan Irak en Iran. Getuigenis van Ben Mashe tijdens zijn proces in 1989, uit rechtbankdocumenten.

Dr John Coleman. "Cecil John Rhodes, extraordinaire samenzweerder."

Dr. J. Coleman. "Geen 'één man, één stem' wet in de Grondwet".

De Britse opiumhandel met India.

India House Documenten over de Britse Oost-Indische Compagnie, India House, Londen. John Mildenhall, die de eerste concessie van India verkreeg, wordt genoemd. Er zijn ook details over het werk van "Clive of India" en hoe verschillende opium "charters" werden onderhandeld met de Indiase Mughals.

Disraeli. Toespraak tot het Lagerhuis over de Indische politiek, "Hansard" 1896.

Thomspon-Urruttia Verdrag 20 april 1921. Documenten in het British Museum en Congressional Record, Huis en Senaat.

Vattel's "Law of Nations" over verdragen en overeenkomsten. Dr. Mulford. "Soevereiniteit van naties.

John Lawn. Directeur van de US Drug Enforcement Agency (DEA). Brief aan Manuel Noriega, 27 mei 1987.

Britse Geheime Inlichtingen Dienst.

Het begin, Sir Francis Walsingham, spion van Koningin Elizabeth I, documenten in het British Museum, Londen.

George Bernard Shaw. "Notes on the Fabian Society".

Reeds gepubliceerd

www.ingramcontent.com/pod-product-compliance
Lightning Source LLC
Chambersburg PA
CBHW061720270326
41928CB00011B/2056